グローバル情報システムの再構築

1

会計関連
業務／システム

デロイト トーマツ コンサルティング
Japan Technology Leader
安井 望 編著
YASUI, Nozomu

中央経済社

シリーズ発刊にあたって

　1990年代後半から，日本企業では基幹システムの再構築やBPR（Business Process Reengineering：事業再構築）が一世を風靡した。基幹システムの再構築ではERP（Enterprise Resource Planning）の導入が進み，グローバルベストプラクティスという言葉とともに，グローバルスタンダードへの対応が2000年代中盤まで横並びに進められていた。

　現在日本企業はグローバル化の波に呑み込まれ，以前に構築したERPの老朽化が進む中，何らかのシステム的な対応が求められてきている。そして，以前に導入したグローバルスタンダード（グローバルベストプラクティス）が，思ったように機能していない現実を認めつつある。そのため，過去の反省を踏まえ，システムのグローバル再構築を果たしている日本企業も出てきているが，多くの企業は道半ばである。あまりにも複雑に作ってしまった基幹システムに対して，どこから手をつければよいか正直わからないという企業，以前の導入があまりにも大変だったため，もう一度再構築をやると言い出せない企業，そうこうしているうちに業績が落ち込み，再構築のための投資ができなくなっている企業等，さまざまである。

　しかし，日本企業は今グローバル競争のまっただ中にあり，生き残りをかけた勝負を海外企業に仕掛けている。その際，意思決定のスピードやその効率的な経営を目の当たりにし，グローバルでのシステム再構築を余儀なくされる企業が数多く出てきている。システム再構築の道のりは長く，以前ERPを導入した時のノウハウが活かせるものでもない。時代は移り変わっており，今そして今後を見越した柔軟性を持ったシステムが求められている。

　本書は，このようにグローバルレベルでシステムを再構築しようとしている日本企業が，業務およびシステムのグローバル化に対してどう取り組んでいけばよいのか，どこに留意して設計を進めていけばよいのかについてまとめたものである。特に，昨今の企業活動において，業務オペレーションとシ

ステムは別々に考えることができないくらいに融合してきており，システムが経営戦略上重要な存在として認識されるようになってきている。したがって，これまで個社最適で作ってきたシステムではなく，グローバルで統合されたシステムを構築していくために，どの業務で連携を注意すべきか，といった点にも触れている。

　グローバルでのシステム再構築を行うチャンスはそう多くはやってこない。このタイミングを逃すとグローバル競争に敗れ，投資しようにもできないという負のスパイラルに陥る可能性もある。そのタイミングを見極めるとともに，グローバルシステム再構築を必ず成功させるための準備もあらかじめ行っておくべきであろう。グローバルシステム再構築を進めていくうえでの参考として，またその準備のための一助として本書が少しでも役に立つことを願っている。

2015年9月

　　　　　　　　　　デロイト トーマツ コンサルティング合同会社
　　　　　　　　　　　　　執行役員　パートナー　安井　望

第1巻「会計関連業務／システム」の特徴

　本書は，日本企業の基幹業務のうち，財務会計および管理会計に関連する業務において，グローバルレベルで業務／システムを再構築する際のポイントについて記載している。

　財務会計の領域では，日本でもIFRS（国際財務報告基準）を採用する企業が増えてきており，グローバル標準化の動きが加速している。しかし，会計基準が統一の方向に動いたとしても，会計業務のオペレーションそのものは子会社によってバラバラであるケースが多く，グローバル標準の会計業務／システムが実現できていないケースがほとんどである。とはいえ，グローバル競争のまっただ中で会計システムをグローバルに統合するニーズは高まっており，そのためには業務オペレーションにおいても標準化を進めていく必要がある。

　一方で管理会計の領域でも，これまでの各社単体の管理会計ではなく，グローバル（グループ）全体の管理を行う必要性が高まっている。さまざまな切り口の情報をタイムリーに把握し，グローバルレベルで意思決定を行っていくことは，グローバル競争において必須の事項となっている。会計システムをはじめとする基幹システムがグローバルで統合されていない場合，情報の統合も行えていないとグローバルで意思決定を行うことが事実上困難となる。このような状況を打開するためには，システムや情報の統合を進めていかなくてはならないが，会計システムのグローバル再構築はその中でも最も着手しやすい領域である。これは会計という業務そのものが，会計基準をはじめとしておおよそ似通った業務になっているという点と，最終的にさまざまなオペレーションを経た結果としての仕訳データとして集計するという特性にある。

　本書では，第1章から第4章で，会計関連業務／システムをグローバルで再構築する場合に論点となる業務上のポイント，システム構築上のポイント

に言及し，業務とシステムの連携ポイントについても解説を加えている。財務会計と管理会計双方の領域に触れているため，グローバル全体で会計関連業務／システムをどう再構築すればよいのかを体系的に理解することができると考えている。第5章では再構築を進めるためのアプローチを，これまでの日本企業が行ってきた失敗にも触れながら解説をしている。

　最後の章では，会計関連業務／システムのグローバル再構築において役に立つであろう新しい技術や考え方について解説を加えている。本格化してきたクラウドで提供される会計システム，モバイル化の兆候，そして昨今のグローバルシェアードサービスやBPO（Business Process Outsourcing）について触れている。今後の方向性として再構築時に考慮しておくべきポイントであると理解いただければ幸いである。

　間接業務にあたる会計関連業務／システムは，なかなか改革が進まない分野であるが，グローバル再構築という文脈では非常に大きな効果を発揮する分野である。新しい技術を取り入れながら，グローバル競争力を確保するための再構築を実現していってもらいたい。

――CONTENTS――

第1章 会計関連業務／システムを取り巻く状況 1

1 会計業務のグローバル再編 ……2

(1) 日本企業でグローバル再編の必要性が取り沙汰される背景　2
  ① クロスボーダー M&A の増加　3
  ② IFRS への移行　7
  ③ グローバル経営管理への対応　10
  ④ グローバルシェアードサービスの構築　11

(2) 多くの日本企業に見られるシステム統合の課題　14
  ① 海外子会社への影響力のなさ　14
  ② 標準化の遅れによるシステム間連携の難しさ　16
  ③ 経営者の Technology に対する理解の低さ　19
  ④ ERP の老朽化　21

2 「グローバル」重視の経営管理 ……23

(1) これまでの日本型経営管理　23
(2) 今求められているグローバル経営管理　25
(3) 会計システムに求められる要件とは　28

第2章　会計関連業務／システムの基本 — 31

1　会計関連業務の範囲 …………………………………………… 32

(1) 単体会計業務の範囲　33
　① 一般会計　33
　② 債権管理　34
　③ 債務管理　34
　④ 固定資産管理　34
　⑤ 原価計算　35
　⑥ 決　　算　35

(2) 連結会計業務の範囲　35

(3) 管理会計業務の範囲　35
　① 業績管理　35
　② 予算管理　36
　③ 利益管理　36
　④ 原価管理　36

2　単体会計業務／システム設計における論点 …… 37

(1) 一般会計における論点　37
　① 誰が伝票登録するのか　37
　② 入力画面への考慮　38

(2) 債権管理における論点　39
　① 請求プロセス　39
　② 入金消込みプロセス　44

③　請求および入金消込み以外のプロセス　50

　(3)　**債務管理における論点**　50
　　　①　未払金の計上　50
　　　②　債務の支払　52

　(4)　**固定資産管理における論点**　58

　(5)　**原価計算における論点**　61

　(6)　**決算における論点**　63

3　連結会計業務／システム設計における論点……64

　(1)　**連結パッケージ収集における論点**　64
　　　①　管理会計を含めた検討　64
　　　②　収集方法の決定　65

　(2)　**連結処理における論点**　71
　　　①　債権債務の相殺消去の業務設計上の論点　71
　　　②　債権債務の相殺消去のシステム設計上の論点　74
　　　③　管理連結のみの論点　77

　(3)　**開示対応における論点**　77

4　管理会計業務／システム設計における論点……78

　(1)　**業績管理における論点**　79
　　　①　業務設計上の論点　80
　　　②　システム設計上の論点　85

　(2)　**予算管理における論点**　86
　　　①　業務設計上の論点　86

② システム設計上の論点　88

(3) 利益管理における論点　90
　　　① 業務設計上の論点　90
　　　② システム設計上の論点　95

(4) 原価管理における論点　96
　　　① 原価管理の前提　96
　　　② 業務設計上の論点　97
　　　③ システム設計上の論点　102
　　　④ 原価差異分析における論点　104

第3章　会計関連業務／システムのグローバル再構築上の論点　109

1　グローバル再構築時に認識すべきこと　110

(1) 本社（国内）システムの特殊性　110
　　　① 投資対象は本社（国内）なのか　110
　　　② グローバルで統一すべき内容を考える　111

(2) グローバルという名のハードル　112
　　　① グローバルの範囲　112
　　　② 国・地域を越えた部分への対応　113

(3) 易きに流れないための新技術に対する理解　114

2　多くの日本企業で検討が必要となるグローバル再構築時の論点　116

(1) 企業のIT資産（既存システム）の状況を見極める　116

① 思った以上に把握できていない子会社システム　116
　　② 万能であり，癌であるエクセル　119
　　③ 一気にいくか徐々にいくか　121

(2)　グローバル標準化の範囲設定　123
　　① すべての業務が標準化できるという妄想　123
　　② システム標準化という言葉の罠　126
　　③ ローカル要件に対する理解　129

(3)　財管一致　130
　　① 人によって異なる財管一致という言葉　130
　　② そもそも財管一致は可能なのか　132
　　③ 財管一致がもたらすシステムへの影響　133

(4)　配賦計算の精度　135
　　① 客観的な配賦基準は存在するのか　135
　　② 管理不能な費用に意味はあるのか　137
　　③ 意思決定者が理解しているかどうかが重要　139

(5)　パッケージ vs スクラッチ　140
　　① 多様性を増す会計システムの形　140
　　② 寡占化が進む連結会計パッケージシステム　143
　　③ 「パッケージのほうが導入期間が短い」は本当か　145

(6)　費用対効果　147
　　① そもそもコストは回収可能なのか　147
　　② 定性的効果の見極め　149
　　③ 経営者が判断すべきこと　150

(7)　シェアードサービス／BPOとの関係　152
　　① 標準システムだとシェアードサービス化しやすいという妄想　152
　　② BPOだと自社にシステムは必要ないのか　154

第4章　会計関連業務／システム連携のポイント　——157

1　業務／システム連携の重要性 …………………… 158

(1) なぜ連携が重要なのか　158

(2) 会計関連業務／システム連携の失敗事例　159

(3) なぜ連携がうまくいかないのか　161

2　業務／システム連携のポイント …………………… 162

(1) 業務だけで完結する部分／システムだけで完結する部分の見極め　162

(2) 各業務における業務／システムで連携に注意すべきポイント　163

　① 一般会計　163
　② 債権管理　165
　③ 債務管理　166
　④ 固定資産管理　168
　⑤ 原価計算　169
　⑥ 単体決算　170
　⑦ 連結会計　171
　⑧ 管理会計　173

第5章 会計関連業務／システムのグローバル再構築の進め方 ───175

1 必須となる基本構想策定 …………………………176

(1) グローバルシステム再構築の失敗事例　176
(2) 効率的なグローバル展開　177
　① 「声の大きい」海外子会社を巻き込む　178
　② グローバルテンプレートを活用する　178
　③ テンプレートの展開　180
　④ グローバル展開時のスケジュール　181
　⑤ アウトプットは極力少なくする　182
(3) 失敗しないシステムベンダーの選定　183
　① RFPで伝える内容　183
　② ベンダーの選定　184
　③ 構想を外部任せにしない　186
(4) プロジェクト体制の重要性　186
　① 社長がオーナーシップを持つ　187
　② グローバルプロジェクト体制　188
　③ グローバルプロジェクトのPMO　189

2 雌雄を決する業務／システム設計 ………………190

(1) スコープのコントロールはトップダウンで実施　190
(2) 要件（要求）定義を曖昧にしない　191
　① コンセプトを理解する（させる）　191
　② 過剰な要件（要求）は聞かない　192

- ③ 意思決定できる人を参加させる　193
- ④ 課題は解決するまで徹底的に追い込む　194

(3) グローバルでの業務標準化をどこまでやるか　196
- ① グローバルでインスタンスは1つにするか　196
- ② パッケージソフト導入の論点　198
- ③ グローバル標準とローカル対応の明確化　200

(4) 仕様凍結　200
- ① 追加開発工数のハードル（上限）を決める　200
- ② Nice to have は不要　201
- ③ 仕様凍結宣言は社長から　202

3 確実な遂行が求められる開発・導入フェーズ……202

(1) 開発ベンダーの選定　202

(2) 開発管理の見える化　203
- ① 進捗管理の方法　203
- ② 品質管理の方法　204
- ③ 開発物承認の方法　205
- ④ 仕様変更は役員決裁　205

(3) 周辺システム開発の盲点　206
- ① インターフェース開発は要注意　206
- ② 簡易ツール対応の罠　207

(4) テストは仕切りが肝心　208
- ① テストの目的，ゴールは明確に　208
- ② テストシナリオ作成にはユーザーが参画する　209
- ③ グローバルでのテストは時間管理が重要　210
- ④ ツールの利用による効率化　210

4 稼働可否を決める移行とトレーニング……………211

(1) システム導入の失敗の多くはデータ移行が要因　211
- ① ドキュメントは確実に残す　211
- ② 環境は段階的に構築する　212
- ③ データ変換はシンプルに　213
- ④ 現場の参画が必須　214

(2) 移行リハーサルの進め方　215
- ① リハーサルは本番と同じ　215
- ② テストとの連携　216

(3) トレーニングによるスキルアップ　217
- ① トレーニングの種類　217
- ② グローバルテンプレートの理解　218
- ③ マニュアルの作成，および活用方法　219

5 稼働後の過ごし方……………………………………221

(1) カットオーバープラン作成の留意点　221
- ① カットオーバープランとは？　221
- ② 有事を考慮したプラン　221
- ③ 関係者へのアナウンス　222

(2) 稼働後の体制（ヘルプデスク）　224
- ① 稼働直後の体制　224
- ② 安定化後の体制　224
- ③ トラブルシューティング　225

第6章 会計関連業務／システムにおける技術・サービスの活用方法 —— 229

1 クラウド化の波はERPへ ……………………230

(1) クラウド化が進む背景　231

(2) クラウドで提供される会計システムとは　233

(3) ハイブリッド化による早期グローバル統合の実現　233

2 モバイルをどこまで取り込むか ……………………238

(1) 情報端末によるワークスタイル変革の波　239

(2) Concurに見られるモバイル活用　239

(3) 効率化の対象は原始伝票入力とワークフロー　241

3 新たなシェアードサービス化の潮流 ……………………241

(1) SSC/BPO活用の変遷　241

(2) SSCからGBS（グローバルビジネスサービス）へ　244

(3) GBS最新事例　245

① GBS成功事例1―数多くのM&Aを実施する企業A　246

② GBS成功事例2―BPOを積極活用して付加価値向上に取り組む企業B　248

(4) GBS活用ポイントと日本企業への示唆　251

索　引 —— 255

第 1 章

会計関連業務／システムを取り巻く状況

1 会計関連業務のグローバル再編

　日本企業がグローバルでビジネスを展開し，昨今ではさらにそのグローバル化を深化させてきていることは周知の事実として受け止められている。日本というマーケットが成熟化し，成長スピードが鈍ってきている，あるいは衰退してきている業種も増えつつある環境の中で，日本企業は生き残りをかけて海外のマーケットに打って出て，グローバル全体をマーケットとして海外企業と対峙している状況にある。グローバル企業との競争において，各国の商習慣や法制度に対応していくことはもとより，グローバル全体での効率化もあわせて考えながら，事業そのものを最適化していくことが求められている。

　本書では，そのようなビジネス環境において，企業業績を把握していくうえで重要な基幹業務となる会計関連業務に関して，グローバルレベルで業務を再構築していくための論点に触れ，どのように再構築を行っていけばよいのかについて解説を加えていく。

　まずは，グローバルレベルで会計関連業務の再構築が必要となっている背景を見ていこう。

(1) 日本企業でグローバル再編の必要性が取り沙汰される背景

　グローバルでビジネスを展開している日本企業は，各国にある子会社の業績を把握する必要があるだけでなく，各国ローカルの法制度への対応（会計制度や税務対応を含む）も並行して行っていく必要がある。当然，日本とは違う会計制度や税法に対応できる会計関連業務が必要であり，その業務を支える会計システムも必要となってくる。

　加えて，単に各国個別で対応すればよいというわけにはいかなくっ

てきている背景として，クロスボーダーで発生するM&Aの増加，IFRS（International Financial Reporting Standards：国際財務報告基準）への移行，グローバル経営管理への対応，グローバルシェアードサービスの構築，といった企業活動が大きく影響している。これらの背景を1つひとつ見ていこう。

① クロスボーダーM&Aの増加

もともと海外の企業が行う経営手法としてM&Aが捉えられていたきらいはあるが，日本企業もビジネス拡大のための1つの手法としてM&Aを取り入れるようになってきた。件数ベースでは2000年前後から急激に伸びてきており，金額ベースで見ると，特に円高を背景として2008年以降はクロスボーダーのM&A（日本企業による海外企業のM&A）が増加している。グローバルにビジネス展開をしていくうえで，自社では持っていない技術やその地域における販売チャネルやノウハウを，海外企業の買収という形で早期に手に入れようという動きが，日本企業の中で一般化してきているといえよう。為替が円安に振れてきている昨今においても，クロスボーダーのM&Aが減ってきているわけではないことを勘案すると，今後も日本企業が海外企業を買収していくという戦略は継続的に実行されていくことが予想される（図表1-1）。

通常，M&Aを行うにあたって，単に他社を自社グループに足し込むというよりは，さまざまなシナジーを想定してM&Aに対する意思決定を行う。シナジーを発揮するためには，それぞれの企業グループが持つノウハウや技術を相互に利用していくだけでなく，重複する組織を統合したり，さまざまな業務上のルールを統一したりすることで，1＋1を2以上にしていく活動をDay1（統合日）以降進めていく必要がある。その際，正しくグループ全体の会計数値を把握する，あるいは重複している経理・財務の組織を統合していくという会計関連業務の最適化という流れの中で，会計業務およびシステムを標準化・統合していく必要が生じてくる（図表1-2）。

会計関連業務標準化や統合といった活動を推進しないと，会計システム

| 図表 1 - 1 | 1985年以降のマーケット別M&A件数／金額推移

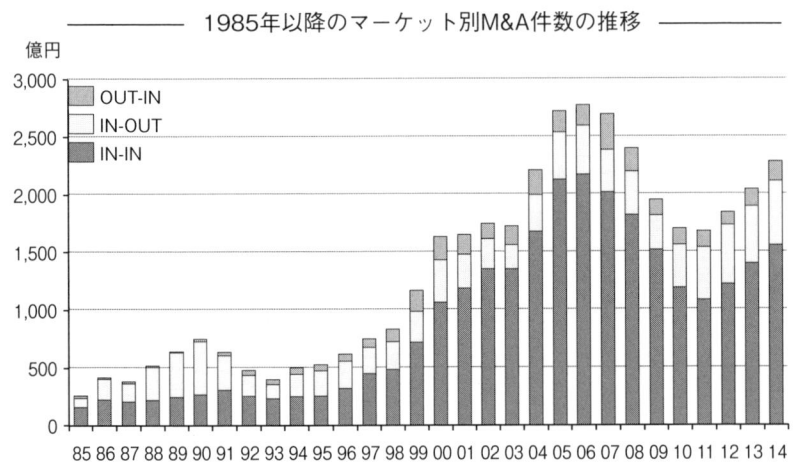

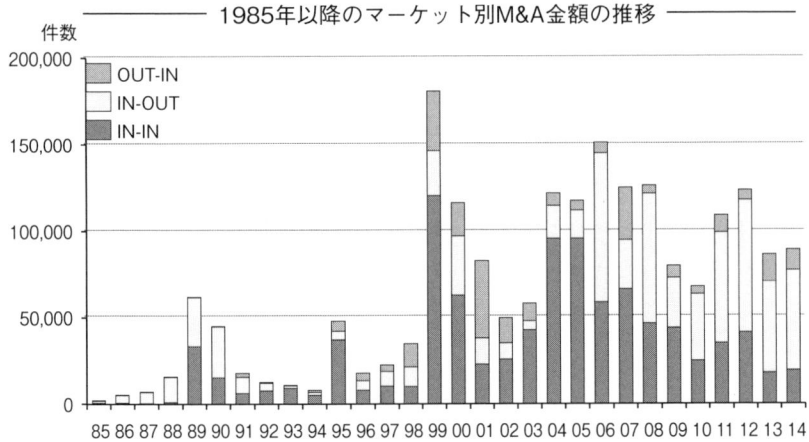

出所：「MARR2015」のデータをもとにデロイト トーマツ コンサルティング（DTC）作成

の二重持ち，連結数値を作るための追加業務の発生，重複業務の発生，個別会計ルールに基づく処理の非効率化，といった課題が放置され，M&Aによるシナジー発揮の足枷となる。特に，業績を同じ尺度で把握し，個社のみならず企業グループ全体の経営数値を正しく捉えるためには，業務ルールの統

一を含む標準化や決算早期化のための自動化（システム化）は必須の対応事項である（図表1-3）。

日本企業が行うM&Aでは、もともとの自社グループの会計関連業務およびシステムが統合されていない状態であるため、その中にルールや文化、

図表1-2　M&Aのシナジー発揮と会計業務およびシステム

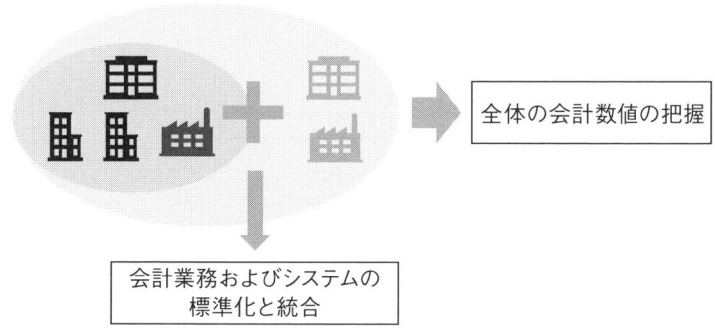

図表1-3　M&A実施後の会計関連業務における課題

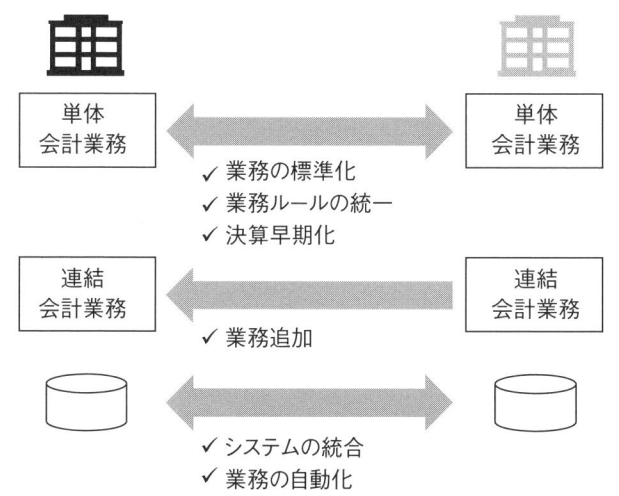

システムまで違う新しい企業グループが入ってくると，大きな混乱を招くケースが多い。また，ただ既存の買収企業の統合のことを考えておけばよいというわけではない。今後もクロスボーダーM&Aを企業戦略の実現に向けて活用していくケースは増えてくることを想定すると，会計関連業務およびシステムの標準化や統一はあらかじめ済ませておく必要があり，その標準化された仕組みに買収企業をどう合わせていくかという作業に注力する形に変貌を遂げなくてはならない状況にある（図表1−4）。

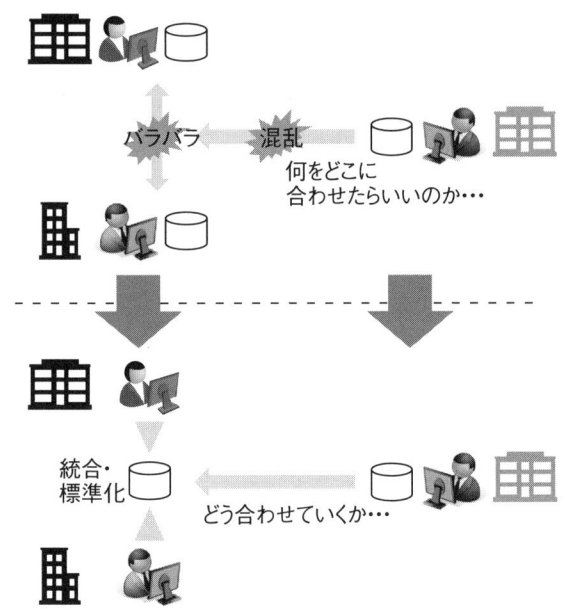

図表1−4　今後のM&Aを想定した事前の会計業務／システムの標準化や統一

これまでのM&Aのメリットを享受するために，また今後想定されるクロスボーダーM&A後の統合スピード（シナジー創出のスピード）を速めるために，現在の会計関連業務およびシステムをグローバルレベルで再構築（標準化を含む）することが求められている。グローバルにビジネスを展開

している海外企業では，すでにグローバルでの標準化を終えている企業も多く，日本企業はこのような海外企業との競争に打ち勝っていかなくてはならないため，少なくとも同レベルの統合を目指していく必要がある。

アメリカに本社を置くあるグローバル企業では，会計関連業務およびシステムがグローバル統合されており，新しく企業を買収した際にはそのシステムを買収企業に使わせることで，45日以内に会計関連のオペレーションを統合するということをルール化し，実践している（図表1-5）。

図表1-5 会計関連業務／システムのグローバル再構築によるM&A後の統合スピードアップ

日本企業が一足飛びにこのアメリカ企業と同様の仕組みを構築するのは難しいかもしれないが，海外の先進企業のスピードを理解し，そのような企業と対峙していけるレベルに業務やシステムを再構築する検討は早期に行わなくてはならない。そうしないと，せっかく大枚をはたいて買収した企業を活用することなく競争に敗れるという事態を引き起こすかもしれない。

② IFRSへの移行

すでに欧州ではIFRSへの移行は進んでいたが，2000年代後半からグロー

バルにIFRSの採用に向けて各国が動き出すことになった。日本でも2009年から企業のIFRS対応が本格化し，大企業を中心に対応に向けたプロジェクトを組成し，業務やシステムの対応を推進する企業が増加した。しかし，2015年3月期での強制適用を見送るとの声明が当時の金融担当大臣から出されたことを受け，IFRS対応プロジェクトを解散する企業が続出した。一部の企業はIFRS対応を進め，IFRSによる決算報告を行っている日本企業は年々増加してきている（図表1-6）。

図表1-6　IFRS任意適用・適用予定会社数推移

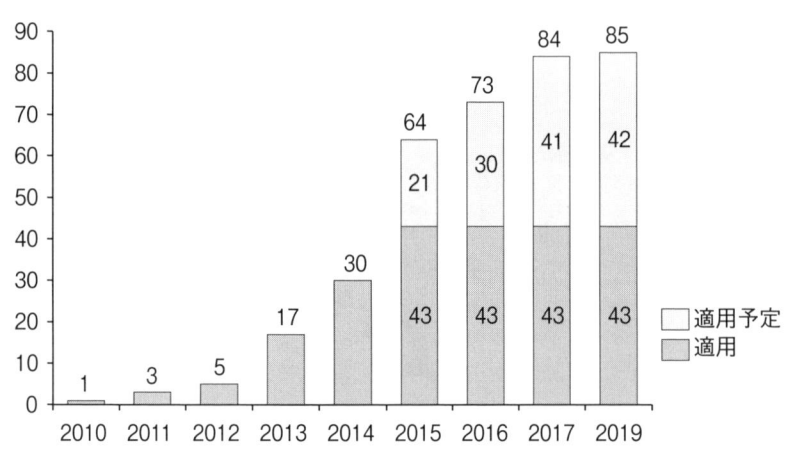

出所：日本取引所グループ「IFRS任意適用・任意適用予定会社一覧」（平成27年5月現在）をもとにDTC作成

その背景には，グローバルに投資を行う投資家が企業の国際比較を行うにあたって，同一会計基準で横並びに比較し，投資判断を行いたいというニーズが高いという側面に加え，前述のクロスボーダーM&Aにおいてデューデリジェンスを行う際に，正しく企業業績を評価するためには同一会計基準での比較が必要になってきているという側面がある。特にグローバル競争下にある日本企業にとっては，他社とのベンチマークを行ううえで会計基準

の違いから正確に比較できないことは，経営戦略を策定するうえでネックとなっており，国際基準での比較を行うことが急務となっている。

IFRSへ移行するきっかけは企業それぞれの環境に依存しているが，IFRSを採用する日本企業が増えてきているのは事実であり，次年度に向けて準備を進めている企業も多数存在している。日本企業の多くは，日本基準での連結を行うスキームと同じ状態で，連結決算時にIFRSへの組替えを行うのが大半であるが，効率の面で考えると，各子会社がIFRS基準でオペレーションを行い，IFRSベースの財務諸表を本社が収集のうえ連結する方式がベストである（図表1-7）。

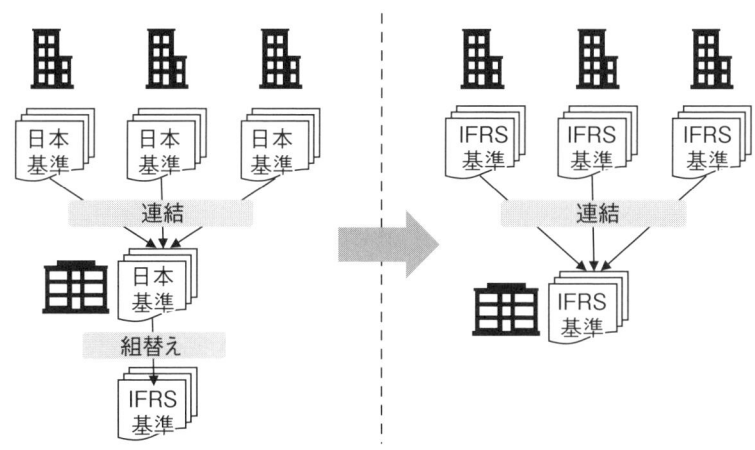

図表1-7　IFRSの採用時の連結業務の効率化

そのためには，各子会社がIFRSベースのオペレーションを行っている必要があり，基幹システムや個別の会計システムの改修が必要となるケースが多い。そのため，連結時にIFRSへの組替えを行う選択を行っている企業が多いのである。しかし，グローバルレベルでの最適化を進めるため，IFRS対応をきっかけに会計を含む基幹システム（特にERP）の再構築を行ったり，

グローバルで統合会計システムを再構築したりする企業が出てきている。

　販売や生産といった業務／システムをグローバルで統合していくことは，商習慣や工場の工程が異なるといった理由で難しい面が多いが，会計に関してはそこまで大きくグローバルでオペレーションが異なるケースは少なく，IFRSへ基準を統一することでグローバル共通化を図りやすくなるということから，会計業務／システムをロジスティクス関連業務とは別にグローバルで再構築する動きは今後活発化することが予想される。

③　グローバル経営管理への対応

　グローバルにビジネスを展開していると，グローバルという広範囲で経営管理を行っていく必要がある。各地域や各国の売上の状況を把握し，しかるべきタイミングでしかるべき製品を投入し，利益を最大化していくような経営管理を行っていく必要がある。このようなグローバル経営管理を進めていくうえで，各国の業績を同一の管理会計ルールで捉え，必要に応じて製品別といった粒度の細かい情報を連結して，本社や地域統括会社が把握する必要がある。

　しかしながら，各国の情報を同じ粒度で収集することが難しかったり，タイムリーに欲しい情報が集まらなかったりするケースが多く，グローバル経営管理の側面から，情報の源泉となる会計システムを含む基幹システムの再構築が求められるようになってきている。

　特に経営管理上必要となる金額情報は，会計システムの明細データに依存することが多いため，その明細データをインプットするオペレーションからグローバルレベルで最適化されることが求められる（図表1-8）。

　特に競合となる海外の先進企業は，グローバル経営管理に必要な情報を迅速に収集／分析し，自社の戦略の実行に役立てている。グローバル競争に生き残るためには，海外の先進企業と同等のレベルで戦略の策定と実行を進めていかなくてはならず，そのためにもグローバルでの再構築は待ったなしの状況になっている。グローバル経営管理と会計業務／システムの再構築に

ついては，後ほど項を改めて解説していく。

図表1-8 会計関連業務／システムに求められるグローバル経営管理への対応

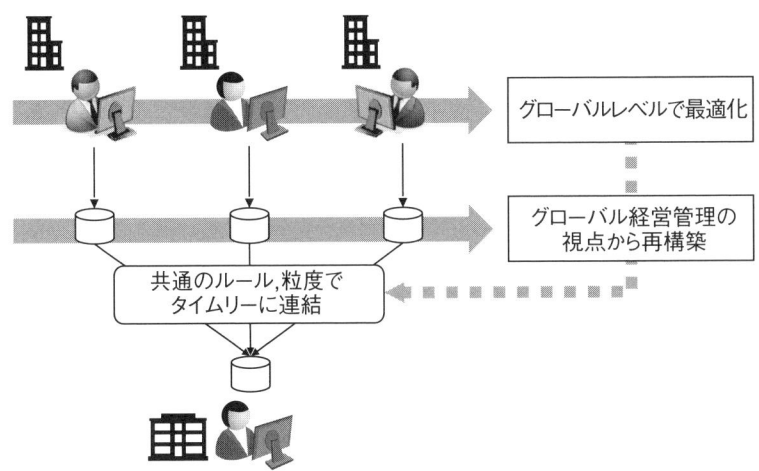

④ グローバルシェアードサービスの構築

　日本企業は1990年代にシェアードサービスに取り組み始め，主に経理や人事といったバックオフィス業務を中心にシェアード会社を設立し，合理化を図っていた。当時は日本国内が主な対象で，多くのケースでは経理部門を子会社として切り出し，経理業務をその会社で集中的に行うことで効率化を進めるというものであった。

　シェアード会社では各支店の経理を一手に引き受ける，または子会社の経理業務もシェアード会社で引き受けていた。しかし，結果的に合理化はあまり進まず，本社に再度取り込むという企業も多かった。その理由は，経理を単に別の会社にしたに過ぎず，業務そのものの合理化等を行うことなく，別法人化されたことで余計に非効率を生み出した点にある。また，管理会計上，シェアード子会社に売上の目標を持たせる企業も多く，合理化によるコストの極小化を狙ったにもかかわらず，その子会社は売上を最大化する（結

果として企業グループとしてはコストが最大化する) 活動をするという矛盾を引き起こすケースも散見された。

その後2010年代に入り, バックオフィス業務を中心とする合理化を推進するために, シェアード化の動きがグローバルにビジネスを展開する日本企業を中心に高まっている。海外に子会社を複数作り, 同一の国に複数の事業部が別々に子会社を作るようなケースも多い中, 経理や人事といったバックオフィス業務の重複や現地の業務レベルの低さからトラブルを抱えるといった課題に関する対応を求められていることが背景にある (図表1-9)。

図表1-9 グローバルでのバックオフィス業務シェアード化推進が求められている背景

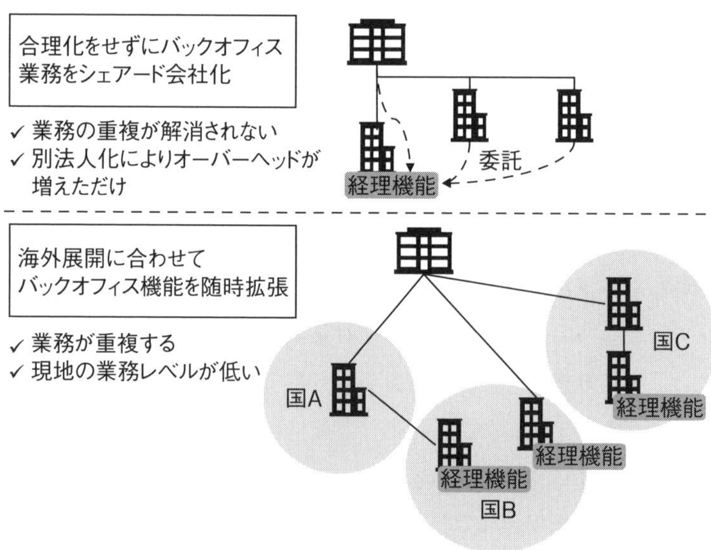

合理化をせずにバックオフィス業務をシェアード会社化
- ✓ 業務の重複が解消されない
- ✓ 別法人化によりオーバーヘッドが増えただけ

委託 → 経理機能

海外展開に合わせてバックオフィス機能を随時拡張
- ✓ 業務が重複する
- ✓ 現地の業務レベルが低い

国A / 国B 経理機能 / 国C 経理機能

1990年代とは違い, 範囲は国内だけでなくグローバルでのシェアードサービス導入となる。国内のみが範囲のときとは大きく異なり, 言葉や文化の違いも考慮する必要がある等, 難易度は飛躍的に高まる。一方で効果も大きくなるため, これまで思うような効果が出ていなかった国内シェアードの再構

築とあわせて，新たなグローバルシェアードサービスの構築に乗り出す企業が増加している。

　グローバルでシェアードサービス会社を設立し，業務の標準化を進めながらシェアード会社で業務を巻き取っていく動きの中で，標準化された業務を遂行するために必要なシステムを再構築するニーズが高まるのは当然の帰結であろう。合理化を図るうえで，各社各様の会計業務を各社の会計システムを使って処理するのは，シェアードサービスで業務を巻き取る側からすると複数の業務を覚えなくてはならず非効率である（図表1−10）。シェアードサービス用のシステムを構築し，それらが各社の会計システムを含む基幹システムと連携する仕組みがどうしても必要になってくる。

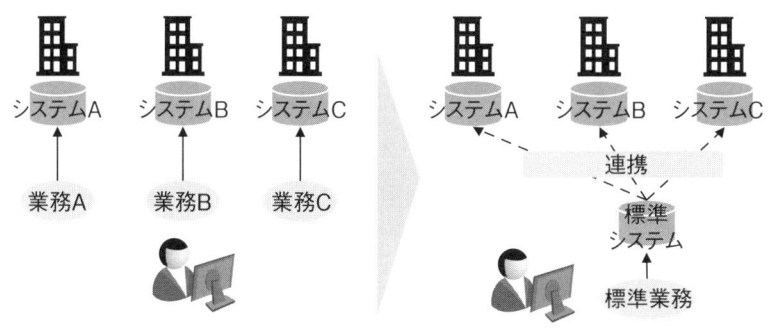

図表1−10　シェアードサービス合理化のための業務／システム標準化

　こういったグローバルシェアードサービスの構築に合わせて，グループ全体の会計業務およびシステムの再構築を行わないとグローバルシェアードサービスの効果が表れてこない。特にシェアードサービス会社に新たなシステムを構えることになると，そのシステムと各社の会計システムとの連携をどう構築するかは非常に重要な論点となり，会計業務そのものとあわせて最適解を導くことが求められる。

(2) 多くの日本企業に見られるシステム統合の課題

　企業によって会計業務およびシステムを再構築する目的はさまざまであるが，前項で触れたようにM&Aやシェアードサービスセンターといったグローバル化の深化が進むにつれて，再構築を行わないとグローバル競争に生き残れなくなってきたという側面が強くなってきている。その中で，前述したように業務の遂行を支えるシステムの問題は避けて通れない状況にある。本項では，グローバル再構築を進めるうえで，特に日本企業で大きな課題となるシステム面での課題について触れていく。

　多くの日本企業は海外に事業を展開する中で，業務を遂行する基幹システムを子会社ごとに独自に導入してきた経緯がある。本社のガバナンスはあまり効いていない状況で，事業の立上げを派遣したメンバーに任せてしまったことで，各子会社に最適化されたシステムが導入されてしまったのである（図表1-11）。また，システムの更改も子会社任せにしているため，ある子会社は比較的新しいパッケージシステムが入っているが，別の子会社では20年同じスクラッチのシステムが稼働しているという例も珍しくない。

　このような状況に鑑みると，会計業務／システムの再構築を進めるためには，4つの課題を克服しなくてはならない。

① 海外子会社への影響力のなさ

　その1つ目は，海外子会社に対するガバナンスの問題である。グローバルで対峙する海外の先進企業を見ると，本社のガバナンスがうまく働いており，グローバルのルールに従いつつ，ローカライズすべきところはローカライズしてビジネスを展開している（図表1-12）。

　一方で，日本企業は各子会社で各々のルールのもと事業を推進しており，本社から指示を出しても言うことを聞かないという例も多い。これは，日本企業の文化として，海外子会社が独立して運営されてきており，子会社の社

図表1-11　ガバナンスが効かない状況でのシステム構築例

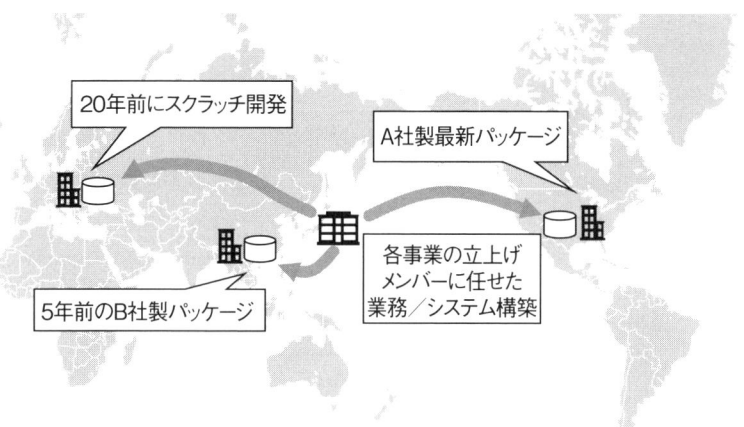

図表1-12　海外先進企業のビジネス展開イメージ

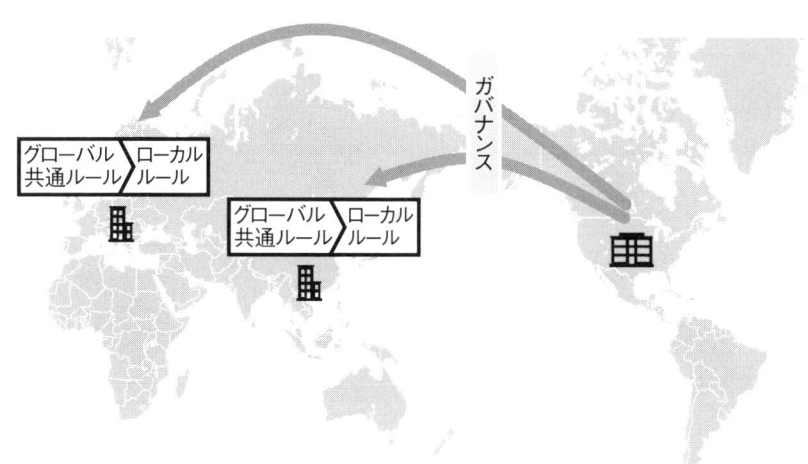

長の裁量でビジネスを展開し成功してきたという背景がある。子会社側に自分たちでビジネスを確立してきたという思いが強く，本社の指示に対して，何も知らない外野が口を出すなという思いを持ってしまっているため，本社

のガバナンスがまったく効かない状態になっているのである。また，日本特有の問題かもしれないが，海外子会社の社長が，本社から指示を出している人の元上司であるといった場合では，まったくガバナンスを効かせられないということもある。

　いずれにせよ，本社からの指示は絶対だという意識は弱く，現場を知らない外野は口を出すなという風潮が強いため，ガバナンスを効かせてグローバルに統合していくためには，この文化そのものを何とかしなくてはならない。

　特にシステム再構築の局面では，現場の業務が新しいシステムによって少なからず変更され混乱を招く可能性があることから，反発は相当強いものとなる。本社でグローバル標準を定義し，その標準システムを導入することになるため，自由度が低いシステムの導入には簡単に同意してもらえないものとして，プロジェクトを推進しなければならない。

　この課題に対する対応策としては，構想の段階から声の大きい子会社に方針を説明する等，なるべく早い段階から巻き込み，合意を得ていくというアプローチが重要なポイントとなる。日本企業は横並びの意識が強いため，影響力のある子会社が再構築の取り組みに好意的だと，他の子会社もその動きに合わせることになるので，全体にガバナンスを効かせた再構築を実現することが可能になる。

② 標準化の遅れによるシステム間連携の難しさ

　2つ目の課題として挙げられるのは，システム再構築時に必ず生じるシステム間連携の課題である。子会社でシステムがバラバラであるケースが日本企業に多いことについてはすでに触れたとおりだが，システム構築時のあらゆる部分で標準化されていないことが影響して，多くの問題を引き起こしている。標準化されていない例としては，採用するパッケージ，開発言語，データベース，ネットワークプロトコル，保守体制，EA（Enterprise Architecture）等，多岐にわたる（図表1−13）。

図表1-13 標準化の遅れによるシステム間連携の課題

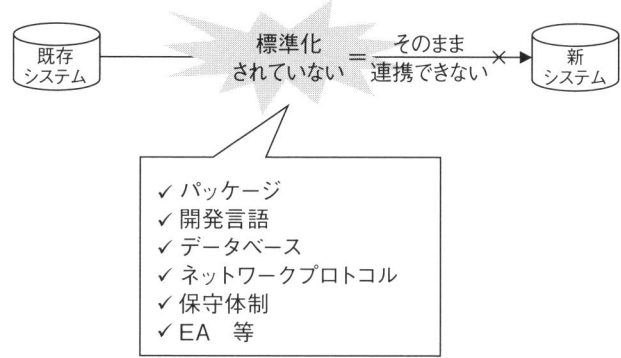

　標準化されていないことでグローバル再構築時に引き起こされる問題は，新たに構築するグローバル統一会計システムと既存システム（会計システムの場合もあればロジスティクス関連のシステムの場合もある）との連携がうまくいかず，連携するための仕組み作りに期間とコストを大きく消費してしまうことである。例を挙げると，採用するデータベースが標準化されていないために，新しく導入するグローバル統一会計システムと既存のシステムとの連携にパッケージ標準の連携ツールが使えず，新たなI/Fプログラムの開発が必要になるようなケースである。データベースがOracleやMicrosoftの製品に限定されていれば問題なかったが，特殊なリレーショナルデータベースで構築されていたために標準ツールにアダプタが用意されていないような場合に，このような問題が生じる（図表1-14）。

　また別の例では，採用するパッケージが標準化されていないため，グローバル統一会計システムはSAP，既存システムはOracleといった構成になってしまい，データの自動連携はできず，新たなI/Fを構築しなくてはならないことに加え，ソフトウェアライセンスや保守料も二重にかかる結果となった（図表1-15）。

　このようなケースは日本企業に多く見られ，グローバル再構築を阻む1

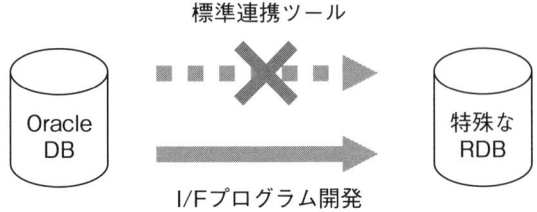

図表1-14 標準化されていないデータベース間の連携

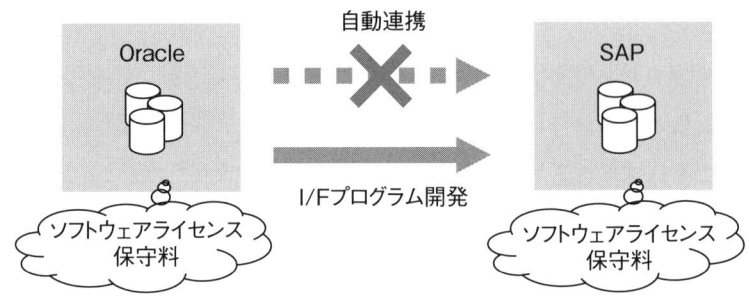

図表1-15 標準化されていないパッケージ間の連携

つの大きな要素となっている。特に，長い間バージョンアップが行われておらず，かなり古いアーキテクチャーで開発されたシステムの場合は，データ連携のプロトコルも異なることが多いため，このような問題が生じやすい。開発言語が違うと保守運用の複雑性が増すとともに，再構築時に既存システム側の改修を担当する人が手当てできずに頓挫するようなケースもある。

　対応策としては，標準化を徐々に図っていくしかないのだが，グローバル再構築のスピードを落とすことがないように，システム間連携に問題が出る子会社や対象システムを構想段階から捉えておき，その部分の対応を別途行うように工夫したり，古いアーキテクチャーの部分を新調するといった大改革を企画したりすることで，全体のグローバル再構築を最適化できる構想

を最初の段階で描いておくことが重要である。

③ 経営者の Technology に対する理解の低さ

　課題の3つ目として挙げるのは，経営者の Technology に関する理解の低さである。欧米の企業は，IT をはじめとするあらゆる Technology を経営にどう活かしていくのかを常に考えて行動する傾向が強い。競合他社がまだ使っていない Technology をいち早く取り入れることによって競争優位を確立する，あるいは，IT を活用することで人が介在する業務を極力排除し合理化や標準化を推し進める，といったことに常にチャレンジしている。IT 投資についても欧米企業は旺盛で，日本企業と比べても規模や売上に対する比率は高い傾向を示している（図表1-16）。

図表1-16　地域別IT支出対売上比率（2014年）

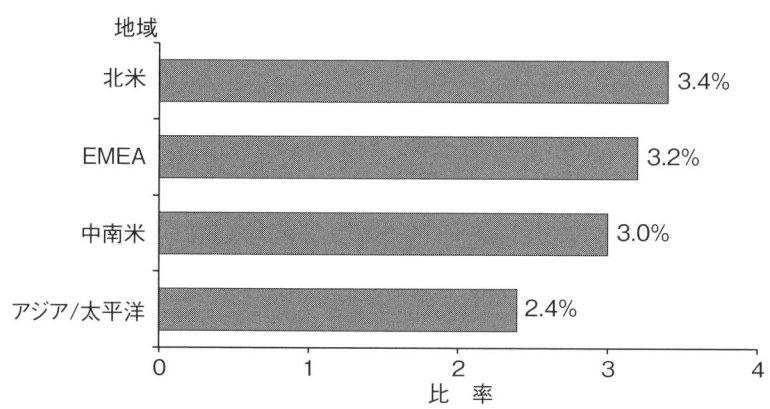

地域	比率
北米	3.4%
EMEA	3.2%
中南米	3.0%
アジア/太平洋	2.4%

出所：Gartner Key IT Metrics Data をもとに DTC 作成

　一方，日本企業はというと，Technology を経営に活かしたいという思いはあるものの，Technology そのものに対する理解や IT 投資をどちらかというと極小化しようという動きが目立つ。特に，新しい Technology の導入に対しては及び腰で，枯れた Technology になるまで待とうという傾向が強

い。また，欧米企業と違い，パッケージを導入する際にも相当の追加開発を行う日本企業は多く，ERP 導入においても標準化が進まず，失敗に終わっている企業が目につくのが現実である。

　日本がパッケージを使いこなせない中，お隣の国・韓国は ERP をはじめとするパッケージをうまく使い，グローバル展開を早期に行うことで標準化を進め，グローバル競争に対峙できるインフラを整えた点は対照的である。この違いは経営者の IT を企業経営に活かしていくにあたっての理解度の違いに起因していると考えられる。パッケージ導入では標準化を進めるために安易な追加開発を避けることが鉄則であり，そのためには経営トップが強い意志を示してプロジェクトを推進していく必要がある。その点で，韓国企業は強力なリーダーシップのもと導入を早期に完了したのに対し，日本企業は本社の導入だけで数年を費やす等，未だグローバル展開が滞った末にグローバル競争力を失うという結果を招いてしまっている（もちろん，すべての日本企業ではないが）。

　これまで各子会社に対してガバナンスを効かせられず，無秩序にシステムが開発されてきたのは，日本企業の経営者が Technology を企業経営の中心に据えることなく，単にコストのかかるものとして扱い，その時々のコストミニマムになるソリューションを導入してきた結果である。もちろん，コスト意識は大切で，ソフトウェアベンダーや SI ベンダーの言いなりで高いコストを払い続けるシステムを構築するのは経営的にマイナスである。しかし，コストを削ることと先を見越した投資を行うことは別の論点であり，その部分を混同してきたことに問題がある。

　グローバル再構築を推進していくためには，どの部分にお金をかけ（投資をし），どの部分が必要最低限な対応でよいのかを見極め，必要なところにはしっかりと投資をしていくことが重要になる。日本企業が ERP を導入した時のような失敗を二度と繰り返さず，欧米企業が成功した事例の参考になる部分は取り入れていくべきであろう。そのためには，経営者自らが，Technology を経営にどのように役立てることができるのかを理解し，活用

の方向性をグループ全体に示していくことが重要なポイントになる。CIO（Chief Information Officer）や情報システム部長任せではなく，経営陣全体が共通の理解をしていることが重要であり，グローバルレベルの再構築には経営陣全体のコミットメントが必要であることに留意しておく必要があるだろう。そうでないと，プロジェクトは途中で方向性を失いかねない。

④ ERPの老朽化

1990年代後半から，日本でERP導入のブームが起こり，日本の大企業はグローバルベストプラクティスの導入と銘打って，SAPやOracleに代表されるERPパッケージの導入に取り組んだ。基幹システム全体をERPで構築するビッグバン方式での導入を行う企業もあれば，会計のみをERPパッケージで導入する企業もあったが，2000年問題という要素もあったとはいえ，大きなシステムインフラの転換期であったことは間違いない。その後，2005年前後にバージョンアップを行う段階に入る。日本企業は前述のとおり相当量の追加開発を行いながら最初の導入を行っており，バージョンアップ時にその追加開発部分が新バージョンで機能するかどうかを検証する必要がある等，単なるテクニカルバージョンアップであってもコストをかけなくてはならない企業は多かった（図表1-17）。

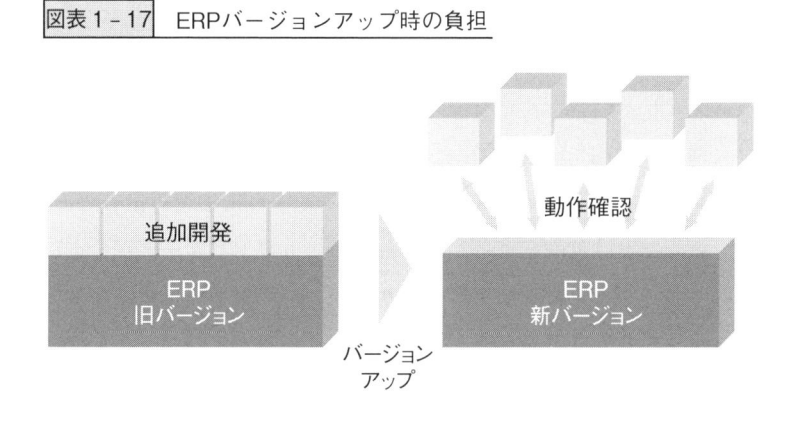

図表1-17　ERPバージョンアップ時の負担

その後,グローバルにERPを展開する日本企業がいくつかあるものの,特に大きな改修を行うことなく今に至っている企業は多く,基幹システムそのものの刷新を行う必要性に迫られている日本企業が増えてきている。このERPの老朽化という課題に対して,グローバル再構築を想定して検討を開始しようとしている企業は出てきているが,過去のERP導入の苦労をもう一度繰り返すのではないかという不安,あるいはこれまで何ら管理してこなかった海外子会社を巻き込んでのグローバル再構築の難しさに対する尻込みからか,思うように再構築への道筋を示せていないのが現状である(図表1–18)。

図表1–18 老朽化したERPを抱える企業のグローバル再構築に対する不安

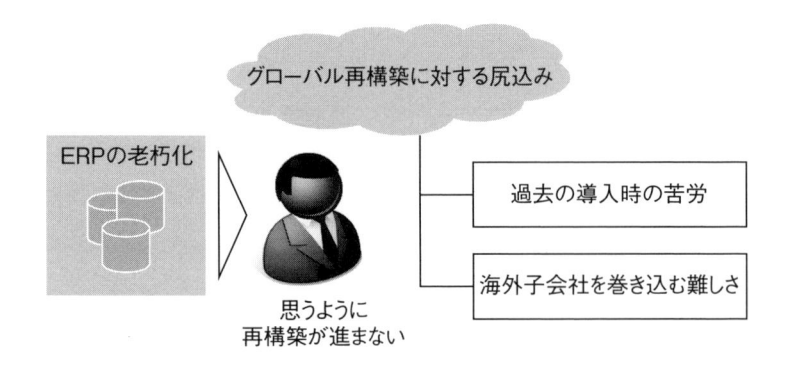

ERPベンダーは,もともとのパッケージのプラットフォームを,クラウドやインメモリといった新たな技術を投入することで刷新してきており,企業に導入済みのERPが技術的にどんどん古くなっている状況にある。今現在業務を回すことができているからといって,このまま老朽化したERPを放置しておくことは危険をはらんでいる。ホストコンピュータが全盛だった時代から,オープン系のシステムに移り変わり,今後さらに新たなステージに企業情報システムは移ろうとしている。したがって,グローバルで会計関連業務／システムを再構築するにあたっては,現行のERPをグローバルレ

ベルで見直すことを視野に入れて検討することが重要なポイントとなる。新たな技術をどこまで取り入れるか，既存の安定しているシステムをどこまで残すのか，ERP をすべて入れ替えるのか会計関連に絞るのか，検討のポイントは数多い。しかし，グローバル再構築のためには検討が避けて通れないものとして認識し，しっかりと構想を策定していくことが求められている。

2 「グローバル」重視の経営管理

前節でグローバル経営管理に対する要請から，グローバルでの会計関連業務およびシステムの再構築が求められていることについて簡単に触れた。本節では，もう少しその内容について詳しく触れていきたい。

(1) これまでの日本型経営管理

一部の業種を除いてグローバル化がそれほど進んでいなかった 1990 年代や 2000 年代初頭，日本企業は単体の管理会計を高い精度で行う傾向が強かった。これは，本社の売上がグループ全体の大部分（少なくとも 7 割以上程度）を占めており，本社の管理会計がしっかりできていれば，グループの経営全体をコントロールできているということと同義であったためである（図表 1 - 19）。

その後，小さな本社を志向する企業が多くなってくると，経営管理の分野としては，本社単体からグループ全体を管理する連結経営に比重が移ってくる。制度決算の際にのみ行われていた連結会計を，月次決算時に簡易的に行う管理会計用の連結として実施する必要が出てきた。それでも日本での売上が大部分という環境に変化はなかったため，国内子会社が対象になっていたり，海外子会社でも規模の大きいところのみ管理連結に含まれていたり，という状況であった（図表 1 - 20）。

図表1-19　1990年代や2000年代初頭の経営管理

売上比

7割以上
：
3割未満

本社の管理会計
＝
グループの経営管理

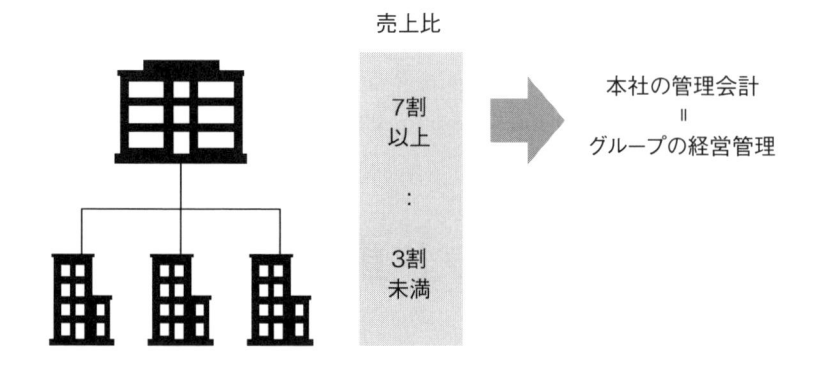

図表1-20　単体を主とした経営管理からグループを中心とした経営管理への発展

小さな本社の志向	月次決算時の管理連結によるグループ経営管理	国内売上が中心のため管理連結対象を限定する場合が多い
連結経営への比重		

　また，日本の管理会計は実績の分析を重視する傾向が強く，予算は年度初めに設定されるものの，その見直し頻度は少なく，実績を詳細に分析するという経営管理が主流で，予測を重視する欧米企業とは違ったアプローチでの管理であった。実績の管理から問題点をあぶり出し，その問題を解決するためのアクションを実行していくというPDCAが回っており，当時はこの経営管理が日本企業の強みであったといえる。

　日本企業はこの当時，組織別の管理会計を中心に行っており，営業部門は販売実績や売上を中心に管理され，工場は原価管理に比重が置かれていた。管理会計数値の正確性や粒度の細かさが重視される管理会計であったため，管理会計制度そのものも，欧米企業に比べて複雑に設定されている企業が多かった。当然，経営管理系のシステムにその管理会計制度を実装する傾向が

強く，詳細な配賦基準や多彩な切り口の管理に起因して，データ量の増加や開発／テスト工数の増加といった問題を抱えることが少なくなかった。

　当時は日本だけでプロジェクトが行われていたため，日本こそスタンダードだという意識が強く，パッケージ導入の際にも日本独自仕様を追加していく企業が続出した。結果として，非常に大きなシステムを本社に入れることになり，そのシステムを使って経営者自らが培ってきた感覚をもとに意思決定するモデルができ上がった。当時の日本型経営管理は，日本という地域に限定して詳細な管理を行うというモデルだったといえよう。

(2) 今求められているグローバル経営管理

　そして，グローバル化が進んだ昨今では，これまでの日本に注力した日本型経営管理ではなく，グローバルレベルでの経営管理，とりわけ日本国内ではなく海外での経営数値を管理する方向へと変化してきている。海外売上比率が7割を超える企業が多くなってきた日本企業の現状を見ると，その比率からも，海外市場の経営管理が経営戦略上重要な位置を占めてくることに疑う余地はない（図表1-21）。

図表1-21　今求められているグローバル中心の経営管理

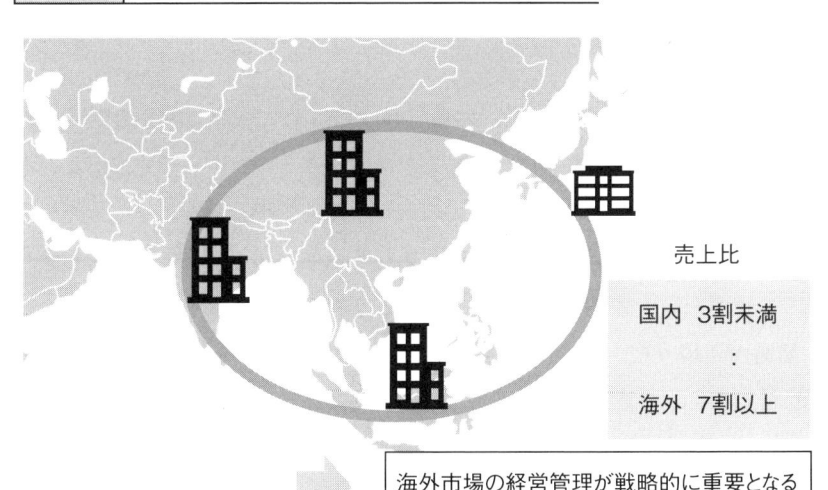

売上比

国内　3割未満
：
海外　7割以上

海外市場の経営管理が戦略的に重要となる

そうした状況の中，日本企業には，これまでとは違う，グローバルという広範囲にさまざまな意思決定を行える経営管理の仕組みが求められている。日本に閉じた形で経営管理を行っていた頃と違い，情報技術の発展により市場を駆け巡る情報のスピードが飛躍的に上がり，そのスピードに追随した経営をグローバルに求められるようになっている。このスピードに追随するためには，実績を見て問題点をあぶり出してからの対応では間に合わず，精度の高い予測を行いながら，将来に向けた対応をあらかじめしていくことが必要となる（図表1-22）。

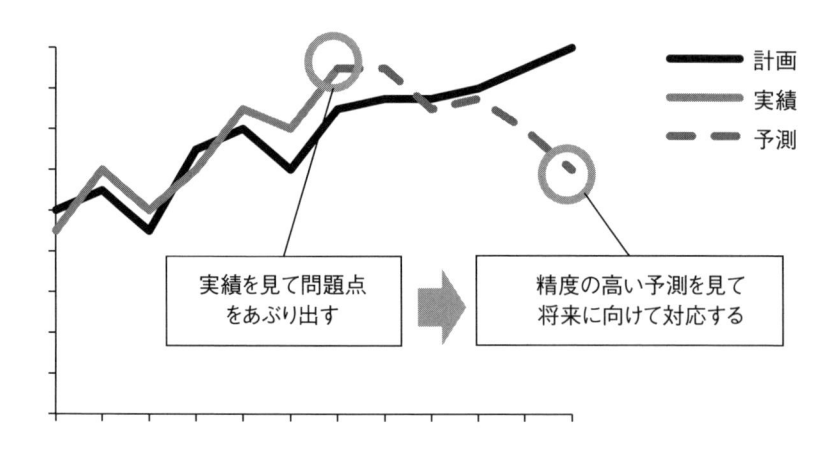

図表1-22　グローバルでの意思決定ができる経営管理の仕組み

実績を見て問題点をあぶり出す → 精度の高い予測を見て将来に向けて対応する

計画／実績／予測

　ここで1つ論点となるのが，日本で行ってきたような詳細な粒度での管理をグローバルレベルで実施する必要があるかどうか，という点である。前述したように，日本企業は歴史的に細かな組織別管理会計を行ってきた。工場管理という面でもかなり詳細な管理を行う傾向が強く，海外でも同じレベルでの管理を行う必要が本当にあるのかどうかが論点となっている。
　結論からいうと，グローバル経営管理の範疇からすると，そこまでの細かな情報をもって意思決定をすることはない。グローバルという枠組みの中で，どこの地域で何が売れているのか，売れていないなら次にどういうアク

ションをとるべきか,どの製品を市場から撤退させるべきかといった意思決定ができるレベルの情報が必要となる。もちろん,以前の管理会計と違って予測というものが必要になってくる。一方で,工場の工程における差異がどれぐらい出ているかという情報は,各工場内では必要となるが,経営者にとっては細かすぎる情報になるため,グローバル経営管理上は必要とならない。したがって,グローバル経営管理では,これまでのような日本国内に閉じた管理会計で使っていた粒度は必要なく,グローバルという広範囲での意思決定に足る粒度の情報をもとに管理を行っていくことになる。また,日本国内で使っていた管理会計と同じ粒度の管理は,海外子会社単独では有用であるため,各国への導入は各子会社の状況に応じて判断していくことになろう(図表1-23)。

図表1-23　グローバル経営管理に求められる粒度

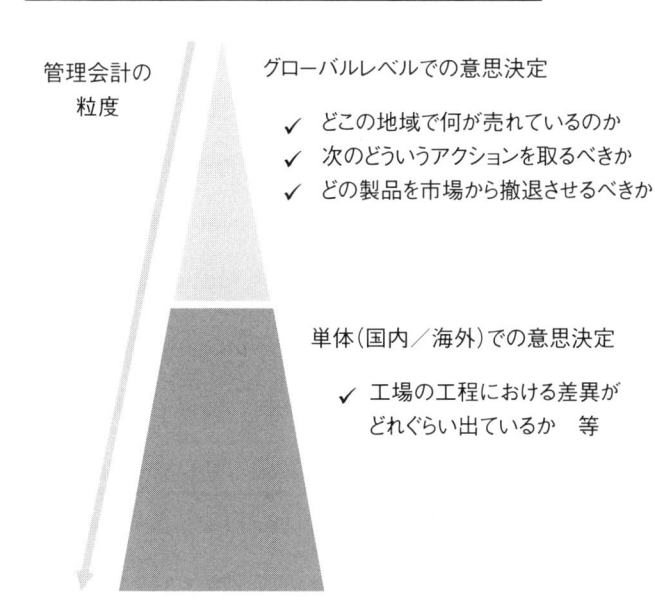

管理会計の粒度

グローバルレベルでの意思決定
- ✓ どこの地域で何が売れているのか
- ✓ 次のどういうアクションを取るべきか
- ✓ どの製品を市場から撤退させるべきか

単体(国内/海外)での意思決定
- ✓ 工場の工程における差異がどれぐらい出ているか　等

(3) 会計システムに求められる要件とは

では、グローバル経営管理を整備していくにあたって、会計システムに対して必要となる要件は何であろうか。財務会計システムおよび管理会計システム双方の側面から整理してみよう。

まず財務会計システムの側面からである。グローバル経営管理を実現するためには、当然、各国の業績を把握するための財務諸表が作成できる（データとして担保できる）ことが必要である。財務会計上は、グループの会計基準として用いられている会計基準での財務諸表作成、および子会社がある国の法制度（会社法、税法等）に準じた財務諸表作成をサポートできていなければならない。もちろん、制度決算に必要な連結会計処理も必要になる。また、管理会計への連携ということを想定すると、すべての会計伝票明細が必要な切り口のデータ（例えば、売上明細なら製品や得意先といった付随情報）を持った状態で、総勘定元帳（あるいは補助元帳）に転記されていることが求められる（図表1-24）。

図表1-24　財務会計システムに求められる要件

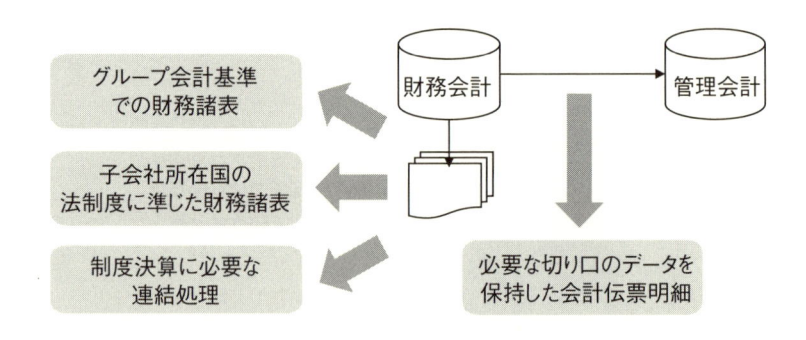

一方、管理会計システムの側面から見ると、グローバル経営管理業務において意思決定に必要な切り口での分析が行えることが、まず必要となる。会計システム内に管理会計で必要となる切り口の数値データが保持されてお

り，必要に応じてデータの加工(配賦処理を含む)が行えることが前提となる。また，グローバルでの横串管理が必要になるため，地域別や製品別といったさまざまな切り口での管理連結を行えることが要件として必要となろう（図表1‐25）。

図表1‐25　管理会計システムに求められる要件

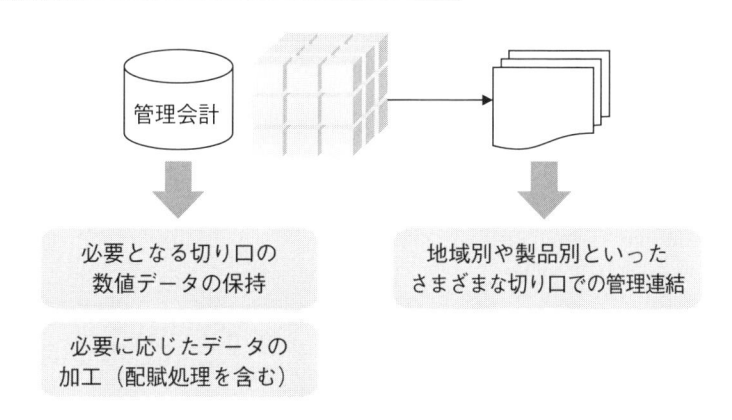

- 必要となる切り口の数値データの保持
- 必要に応じたデータの加工（配賦処理を含む）
- 地域別や製品別といったさまざまな切り口での管理連結

　このように会計システムに求められる要件は，単なる会計処理という側面を除いた状態でも多く存在する。グローバルに会計関連業務／システムを再構築するためには，会計システムとして当然備えておかなくてはならない会計処理に関する機能に加えて，前述のような経営管理の側面から必要となる機能をどこまで実装する必要があるのかを明確にする必要がある。再構築時には，単に会計処理に着目して設計／開発を行っていくのではなく，構想段階からグローバル経営管理の側面も押さえた対応を行っておくことが重要である。

　本章では，グローバルで会計関連業務／システムを再構築する必要性の高まりと，再構築を進めるうえで解決が必要となる課題について触れてきた。その中で重要な要素となってきている，グローバル経営管理への対応という

観点からの構想の重要性についても触れた。次章では,日本企業にとって重要性を増すグローバル再構築を進めるにあたって基本となる,業務およびシステムに関する論点を整理していくことにしよう。

第2章

会計関連
業務／システムの基本

本章では，会計関連業務をグローバルで再構築していく際に最低限知っておくべき業務およびシステムの基本について整理していく。特に昨今，再構築時に意識しなくてはならない業務／システム設計における論点を整理している。また，会計システムの再構築においては，システム設計時に特に検討が必要となる論点が存在するため，その点についても整理を行っている。

ではまず，会計関連業務の範囲から整理していこう。

1 会計関連業務の範囲

本書で取り扱う会計関連業務の範囲をまず定義しておこう。大きく分けると財務会計と管理会計となる。財務会計は，いわゆる日々の会計オペレーションを指しており，現場あるいは経理における会計処理の多くがこの範囲に含まれることになる。業務の特徴から，連結会計処理のみ特殊な面があり，本書では単体会計業務と連結会計業務に分けて論点を整理していく。一方，管理会計は，経営管理上必要な会計数値を企業が定めたルールに基づいて処理し，PDCA（Plan Do Check Action）あるいはP-FDCA（Plan-Forecasting Do Check Action）サイクルを回す業務を指す。財務会計は法的に定められている会計基準や処理基準に基づいているが，管理会計は独自の基準やルールに基づき処理されているという大きな違いがあることを前提としている（もちろん財管一致の場合は同一ルールである）（図表2-1）。

本書では，税務に関しては特に論点となる場合のみ扱い，その業務の詳細については触れていない。同じく，財務会計に含めるか管理会計に含めるかが議論になる資金管理についても，本書では扱っていない。その理由は，グローバル再構築時に整合性をとって検討するというよりは，資金管理だけで導入を進めることが一般的であること，日本企業ではシステムを独自に導入するケースがほとんどなく，銀行のシステムを活用するケースが多いため

| 図表2-1 | 本書で取り扱う会計関連業務の範囲 |

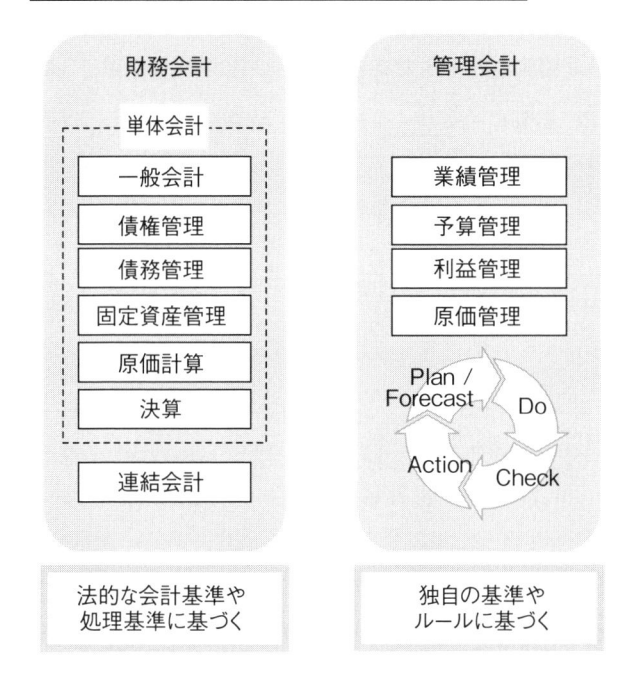

財務会計
- 単体会計
  - 一般会計
  - 債権管理
  - 債務管理
  - 固定資産管理
  - 原価計算
  - 決算
- 連結会計

法的な会計基準や処理基準に基づく

管理会計
- 業績管理
- 予算管理
- 利益管理
- 原価管理

Plan / Forecast → Do → Check → Action

独自の基準やルールに基づく

である。

(1) 単体会計業務の範囲

では，財務会計領域における単体会計業務の範囲を，もう少し詳細に定義しよう。単体の会計業務としては「一般会計」「債権管理」「債務管理」「固定資産管理」「原価計算」「決算」に分けることができる。

① 一般会計

GL（General Ledger）と呼ばれることもあるが，いわゆる単純な会計伝票登録がこの業務の範囲になる。振替伝票の登録や債権債務に関連しない会計取引が，この業務で処理されることになる。

② 債権管理

　AR（Account Receivable）と呼ばれることもあるが，取引先に対する売上債権やその他債権を管理する業務である。通常，人名勘定（取引先を特定した勘定管理）を用いて取引ごとに管理されることになり，再構築時に主に対象となるのは，売掛金勘定および未収入金勘定の大きく2種類である。厳密には長期と短期で分けるようなケースもあるが，本書では短期債権を対象に，上記2勘定の管理を対象にする。

　本業務の対象プロセスは，出荷時（もしくは取引先への着荷時）の債権計上から請求，入金，消込み，受取手形管理を含む未回収管理となる。

③ 債務管理

　AP（Account Payable）と呼ばれることもあるが，取引先に対する仕入債務や経費・給与といった未払金を管理する業務である。通常，人名勘定（取引先を特定した勘定管理）を用いて取引ごとに管理されることになり，再構築時に主に対象となるのは，買掛金勘定および未払金勘定の大きく2種類である。債権管理と同様に長期と短期に分ける場合もあるが，本書では短期債務を対象に，上記2勘定の管理を対象にする。

　本業務の対象プロセスは，検収受入れ時の債務計上から請求書受領，支払，手形をはじめとする支払管理となる。

④ 固定資産管理

　FA（Fixed Asset）と呼ばれることもあるが，土地・建物や工場の設備や什器・備品といった大型の資産を管理する業務である。固定資産管理といいながら，再構築時の業務設計の中では，無形資産やリース資産も含めて扱うことが多い。資産番号ごとの管理となり，対象プロセスは，資産登録（購入）から移動，償却，除売却，資産税申告となる。

⑤ 原価計算

　管理会計上行われる原価管理とは区別し，財務会計上の原価計算処理のみを対象として業務設計することが多い。製造業の場合は製造原価計算がその対象となり，工事等のサービスを提供している場合は工事原価がその対象となる。

　原価計算そのものがほとんどシステムで計算されるのが一般的であるので，対象プロセスとしては定義しないことが多いが，定義する場合には労務費や間接費の実績収集，配賦等が対象となる。

⑥ 決　　算

　財務諸表を作成するための業務が範囲となる。P/L，B/S，C/F を作成するために必要な処理としては，外貨評価替え，棚卸処理，決算整理仕訳（各種振替えを含む）の登録等が対象となる。

(2) 連結会計業務の範囲

　財務会計領域における連結会計業務の範囲は，制度上必要となる連結会計処理がその対象である。全社の連結とセグメント別の連結が必要となる。対象プロセスとしては，子会社側での連結パッケージ作成，連結パッケージの収集，外貨換算，各種仕訳登録，内部取引消去，貸倒引当金調整，未実現利益の消去，投資と資本の消去，持分法処理，税効果会計が対象となる。

(3) 管理会計業務の範囲

　管理会計領域では，「業績管理」「予算管理」「利益管理」「原価管理」の4つに大きく分類される。

① 業績管理

　組織別の業績管理と事業別の業績管理に大きく分けられる。組織別の業績管理は，部別，課別といった物理的組織に沿ったパフォーマンスのマネ

ジメントを指し，PDCA サイクルのプロセスとともに KPI 管理が対象に含まれる。事業別の業績管理は，組織にとらわれない事業単位でのパフォーマンスのマネジメントを指し，事業ポートフォリオマネジメントにおける PDCA サイクルのプロセスや KPI 管理が対象に含まれる。予実によるパフォーマンスの計測が基本となるため，予算管理と整合性をとる必要がある。

② 予算管理

年度ごとの予算策定とその見直し（予測を含む）が範囲となる。予算策定の種類は企業によって異なるが，組織別および事業別については業績管理と同一のメッシュで策定する必要がある。それ以外に，機能別予算，投資予算等の個別予算作成が含まれることもある。業務プロセスとしては，予算策定およびその見直しが対象となる。

③ 利益管理

採算管理と呼ばれることもあるが，さまざまな切り口で企業業績の分析を行う業務を指す。企業における事業ごとの利益創出状況の分析を行う事業別利益管理，地域や得意先といった市場軸単位で利益創出状況の分析を行う市場別利益管理，製品や製品グループといった製品軸単位で利益創出状況の分析を行う製品別利益管理の3つがある。

④ 原価管理

製造業の場合は製造原価の管理，サービス業の場合はサービスコスト（販管費）の管理が対象となるが，主に製造原価の管理がその対象として扱われる。PDCA（もしくは P-FDCA）サイクルを回すことが前提となるため，原価管理では Plan（または Forecast）としての標準原価もしくは目標原価が用いられる。標準原価設定と実績収集後の差異分析，売上原価と棚卸資産への原価差異配賦が対象プロセスとなる。

第2章 会計関連業務／システムの基本　37

　以上で示した範囲に従って，次節以降では，それぞれの業務／システムを再構築する際の論点となる内容を整理していこう。業務設計上必ず考慮しなければならない点や，システム設計時に苦労する部分を中心に解説を加える。

2 単体会計業務／システム設計における論点

(1) 一般会計における論点

① 誰が伝票登録するのか

　債権債務といった特定の取引に依存しない領域の伝票登録が，メインの業務となる。振替伝票が最も多いケースとなるため，当該領域の論点はそれほど多くない。

　企業の業種や業態によってさまざまであるが，振替伝票を登録する業務は意外に多く存在する。部門間の付替えであったり，伝票明細の手作業による分割であったり，管理会計の要件に起因する伝票登録の機会は多い。論点としては，そのようなパターンがどれだけあるのかを整理し，その伝票登録を誰が登録する前提で業務を策定するかという点が挙げられる。振替伝票の発生量によって業務負荷は大きく変わってくるため，その業務負荷を見ながら誰が伝票登録を行うのかを設計する必要がある（図表2-2）。

図表2-2　一般会計業務の設計における主な論点

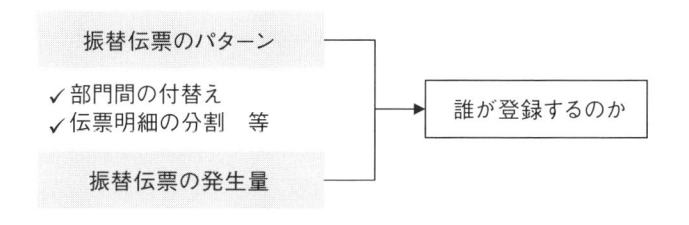

振替伝票のパターン
✓部門間の付替え
✓伝票明細の分割　等

振替伝票の発生量

　→　誰が登録するのか

② 入力画面への考慮

　システム設計の論点は，この伝票登録をどこまで自動化するかである。業務設計上の誰が伝票登録をするのかを考えるうえでも，エクセルで用意したデータをアップロードするだけで済むのか，もともとシステム内に伝票登録したデータをもとに自動伝票登録をさせるのか，マニュアルでシステムに登録するのか，という点を考慮して全体を設計する必要がある（図表2-3）。

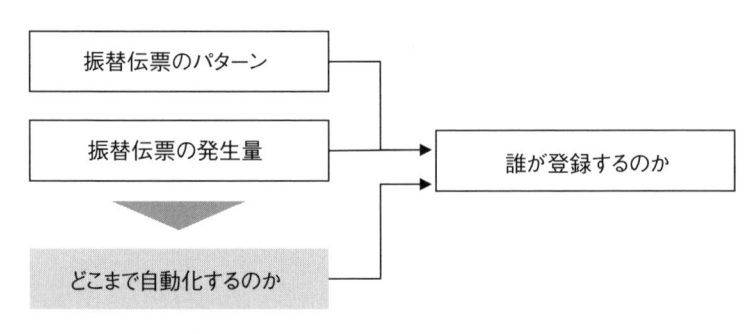

図表2-3　一般会計システムの設計における自動化の論点

```
┌──────────────────┐
│　振替伝票のパターン　│─────┐
└──────────────────┘      │
┌──────────────────┐      │   ┌──────────────────┐
│　振替伝票の発生量　　│─────┼──▶│　誰が登録するのか　│
└──────────────────┘      │   └──────────────────┘
          ▼                │
┌──────────────────┐      │
│　どこまで自動化するのか│
└──────────────────┘
```

　✓　エクセルアップロード
　✓　登録済み伝票からの自動登録
　✓　マニュアル登録

　また，伝票入力の画面による負荷軽減も考慮する必要がある。パッケージを導入した際には，基本的にパッケージの用意した画面を変更することなく標準機能（画面）を業務で使用することで，追加開発によるコスト増や保守の難しさを回避することが鉄則とされる。しかし，振替伝票に限らず，他の伝票を含めてマニュアルインプットの機会が多く（伝票量が多く），短時間に相応の量を処理する必要がある場合には，画面の使い勝手が効率に大きく影響を及ぼすことになる。2000年代はこのようなケースにおいて，独自の画面プログラムを開発したり，ERPをはじめとするパッケージの画面の上に，新しい画面をかぶせるようなプログラムを開発したりすることが多

かったが，技術の進歩により現在では簡単に画面を用意し，直接パッケージのデータベースを更新することが可能になっている（図表2-4）。このようなツールを使うことも考慮に入れてシステム設計を行うことが重要なポイントとなる。

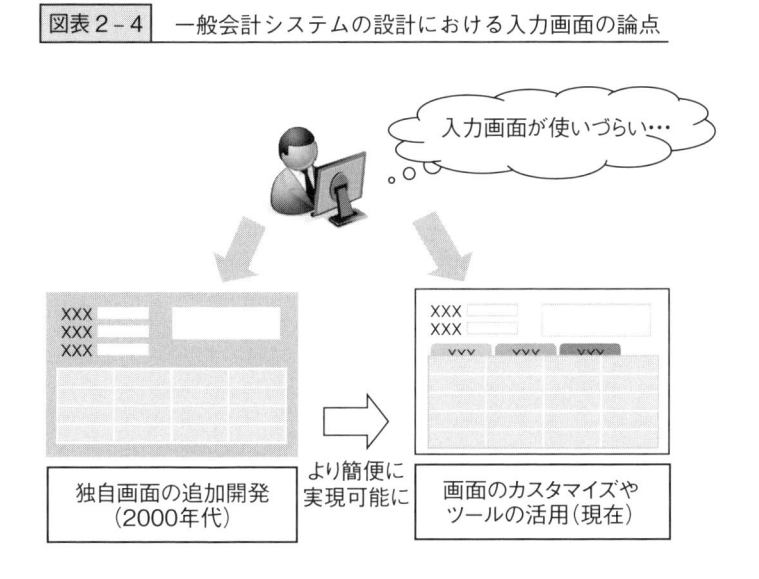

図表2-4　一般会計システムの設計における入力画面の論点

入力画面が使いづらい…

独自画面の追加開発
（2000年代）

より簡便に
実現可能に

画面のカスタマイズや
ツールの活用（現在）

(2) 債権管理における論点

　債権管理では，特に売上債権（いわゆる売掛金）の管理とその他債権（いわゆる未収入金）にまつわる管理が論点になる。計上から消込み，年齢別管理等がプロセスの範囲となるが，業務設計上論点となるのは，請求から入金消込みに関わるプロセスと年齢別管理である。売掛金，未収入金ともに基本的な考え方は同じである。

① 請求プロセス

　請求のプロセスは日本と海外で大きく異なるため，それぞれで業務を検

討する必要がある。特殊なのは日本の商習慣であるため，グローバル再構築を進める際には，海外の処理を標準テンプレートとして用意する前提で設計することに留意が必要である。

(a) 日本のケース

日本のケースから論点を整理しよう。売掛金は，主に販売システムに登録された受注伝票の内容をもとに，製品の引当てもしくはサービス提供の手配等が行われ，出荷やサービス完了の通知をもってシステム上処理されることで計上される流れが一般的である（図表2-5）。

図表2-5　売掛金計上の流れ

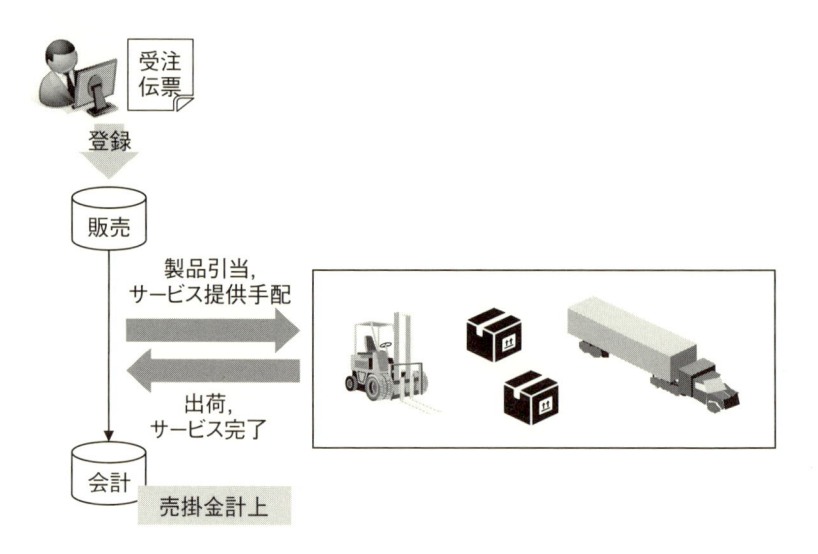

この売掛金には，取引先もしくは個別の取引ごとに設定される支払サイトに従って請求の日付や入金の予定日が設定される。請求はこの情報に基づき行われることになる。

日本では，請求を都度行うのではなく，月次で行うことが通例となっている。また，業種・業態によって，あるいはこれまでの取引先との商慣行の中で，必

ずしも前月に取引のあったものをすべて請求するのではなく，個別に営業担当と話し合いながら請求対象を決めていくケースも存在する。特定の取引先に対する特殊な条件を考慮する必要があったり，複雑なリベートやコミッションの計算が必要だったりと，売掛金の請求に関しては業務要件およびシステム要件が肥大化する可能性があるため，注意が必要である（図表2-6）。

図表2-6　売掛金の請求による業務／システム要件肥大化のリスク

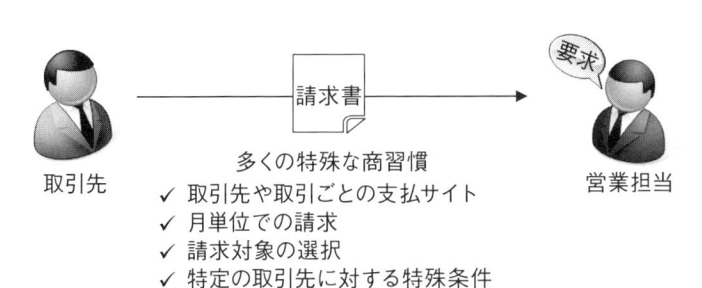

取引先 → 請求書 → 営業担当（要求）

多くの特殊な商習慣
✓ 取引先や取引ごとの支払サイト
✓ 月単位での請求
✓ 請求対象の選択
✓ 特定の取引先に対する特殊条件
✓ 複雑なリベートやコミッション

業務要件やシステム要件の肥大化を避けるため，再構築にあたっては取引先との事前条件交渉が重要

　日本企業がERPを導入する際に追加開発が肥大化した一因でもあるため，再構築にあたっては，既存の取引条件を是とするのではなく，取引先と条件交渉をすることを前提とした業務設計を行う必要がある。システムも含めた再構築にはある程度時間がかかることになるが，システム導入よりも取引先との交渉に時間がかかってしまう例も散見されるため，業務／システム設計や開発が終わってからというよりは，できるだけ早く取引先との交渉はスタートさせることが重要である。

(b)　海外のケース
　一方，海外の請求に関しては，インボイスごとの請求となるため，日本

とは異なり，シンプルな標準化されたプロセスを構築することになる。

　日本の場合と異なるのは，輸出が絡むため，輸送費や関税等の諸費用を請求に反映させることである。顧客都合でBoat（水上輸送）ではなくAir（空輸）を使うこともあれば，自社側の都合でAirを使うこともあるため，請求すべきかどうかを制御し，インボイスに反映できる仕組みが必要である（図表2-7）。業種や国によっては特有のリベートやコミッションの計算が必要になるケースがあるため，業務設計時には漏れのないよう要件を整理しておく必要がある。

図表2-7　海外の請求に関する業務設計上の論点

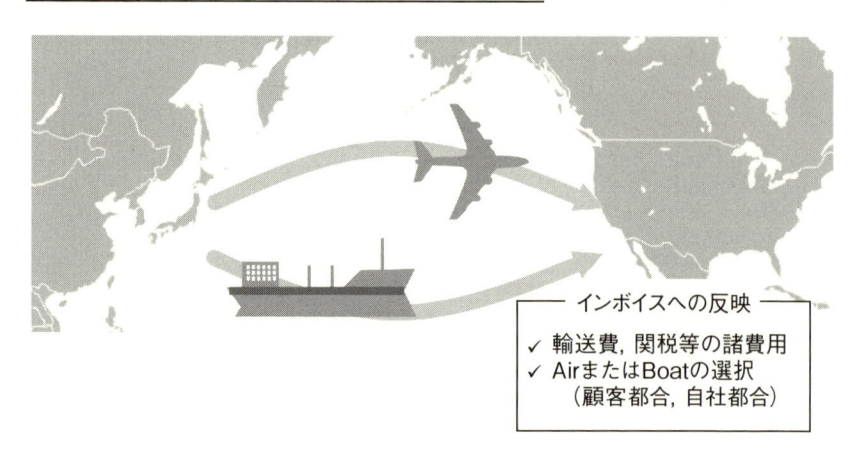

インボイスへの反映
- 輸送費，関税等の諸費用
- AirまたはBoatの選択
  （顧客都合，自社都合）

(c) システム設計上の論点

　システム設計上の論点を整理しておこう。

　まず，日本の要件に合わせて請求書発行プログラムを開発する必要がある。特に海外製のERPパッケージを導入する場合には，特殊な日本要件（海外からすると日本のローカル要件）は盛り込まれていないため，その部分に対しては追加開発が必須となるケースがほとんどである。取引先ごとにフォーマットが違う等，個別システムを構えなければならない場合には，その開発工数を最

小化する手立てを講じる必要がある。EDI（Electronic Data Interchange）を使ったシステム連携を前提に取引先と交渉することも，1つの有効な手段である。取引先ごとに請求書を送付することは，バックオフィスへの負担も大きくなるため，請求書発行代行業者にデータを連携して請求書発行から送付まで一切をアウトソーシングすることも，再構築時には検討すべき内容である（図表2-8）。

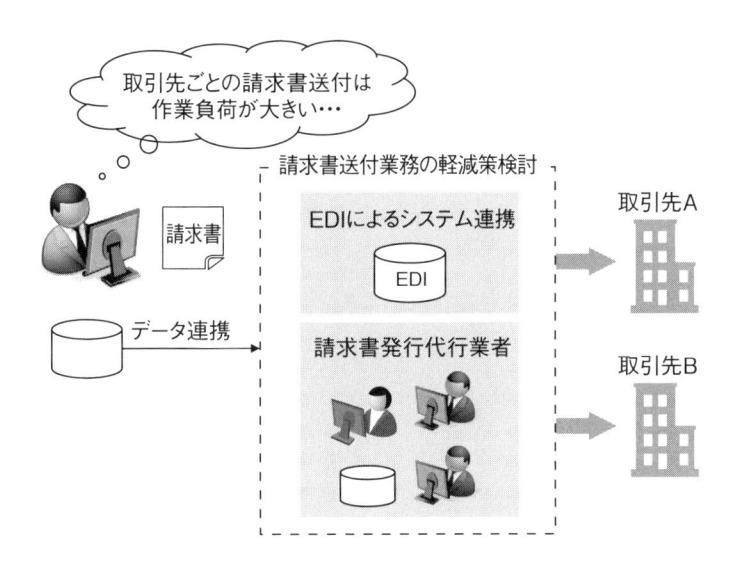

図表2-8 請求書送付業務における取引先とのデータ連携策

海外の請求に関しては，日本ほどの論点は存在しない。グローバルで共通だが，リベートやコミッションの計算については要件を整理のうえ，システム的に対応する必要がある。業種によっては非常に複雑なロジックを設定する必要があるため，システム設計において要件確認は慎重に行っておく必要がある。海外では，多くの取引種別への対応やルール変更が頻繁に発生する等の理由から，業種によってはリベートやコミッションの計算を行うためのパッケージを導入するケースが増えてきている。取引先ごとの売上やその

他取引データを基幹システムから取り込んで、あらかじめパラメータにより設定されたロジックに従ってリベートやコミッションを計算、その結果を基幹システムへ返すといった仕組みである（図表2-9）。

図表2-9 海外請求におけるリベート／コミッション計算のためのパッケージ活用

売上等の取引データ

基幹システム　⇄　外部パッケージ　←　パラメータでロジックを設定

リベートやコミッションのデータ

多くの取引種別への対応や頻繁なルール変更への対応が容易

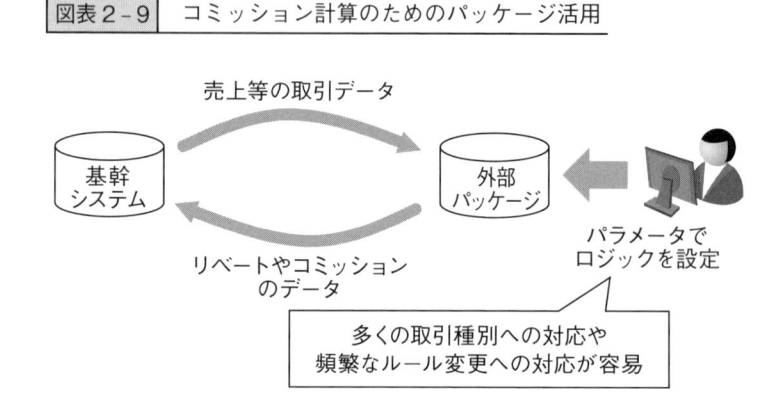

日本は商習慣が特殊なところもあるため、ある程度の追加開発を覚悟しなくてはならないが、一から開発するよりも工数が削減できる可能性があるため、システム設計時に検討の俎上に載せるべきであろう。

② 入金消込みプロセス

請求に続き論点となるのは、入金消込みのプロセスである。業務設計ではこのプロセスにおけるルールの整備やパターン整理に多くの時間が費やされる。

このプロセスも日本と海外に分けて考える必要がある。基本は入金方法ごとにどういったプロセスにするかを設計する必要がある点と、消込みを行うタイミング、ルール、担当者の定義が必要となる点に留意して設計を進める。

(a) 日本のケース

日本の場合、現金や小切手の入金はほとんど見られなくなっているため、銀行振込み、手形、期日現金、ファクタリングの4つを基本的には想定して

おけばよい。このうち手形に関しては，受取手形の現物管理が必要となるため，別途プロセスを設計する必要がある点に留意しなくてはならない。

業務プロセスを設計する際に必ず問題になるのは，誰が消込みを行うかである。入金に関わる業務は，ほとんどの日本企業で経理部門が行っている。銀行に入金があった情報を確認するのは経理であり，ファクタリングを行うのも経理である。したがって，入金情報については経理で把握しているものの，どの債権に対する入金であったのかについては経理では把握できていない。自社の口座に取引先から何に対する入金かはわからない（請求に対して足りているのかどうかもわからない）が，入金の事実は把握できたという状況である（図表2-10）。

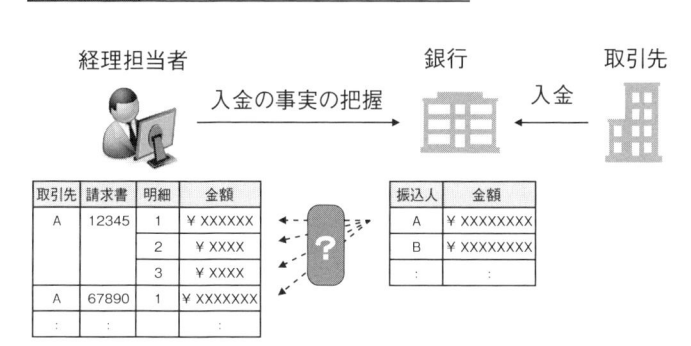

図表2-10 経理部門による入金情報の把握

一方で，営業担当は日頃の接点からどの分を請求分にしているかを把握している，あるいは請求明細のうちどの明細に対する支払を行う予定なのかを取引先から情報として得ているケースが多い。また，請求金額どおりに入金がされていない事実を捉えた際に，取引先に確認する（できる）のは営業担当者であり，その意味からも，請求明細に対する入金情報を把握できるのは営業側といえる（図表2-11）。

この経理と営業をつなぐ業務をどう設計するかがポイントとなる。明細レベルで消込みを行っていない企業もあるが，基本的な考え方としては，請

図表2-11　営業部門による入金情報の把握

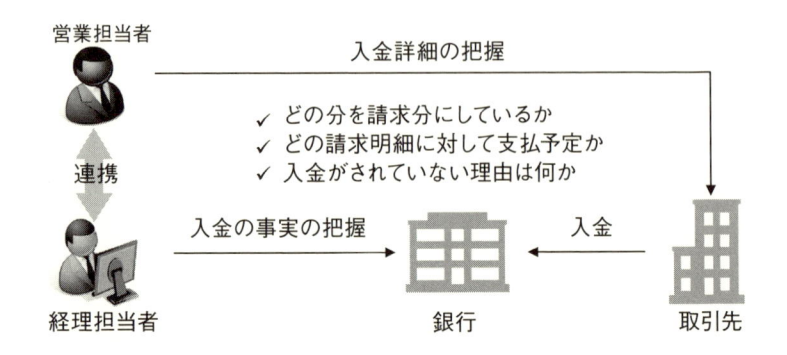

- 営業担当者　入金詳細の把握
  - ✓ どの分を請求分にしているか
  - ✓ どの請求明細に対して支払予定か
  - ✓ 入金がされていない理由は何か
- 連携
- 経理担当者　入金の事実の把握　銀行　←入金　取引先

求明細を送っている以上その単位で消込みを行うことが原則である。通常は請求明細に固有の明細番号が振ってあるため，その番号をキーに消込みを行う。取引先への問い合わせも請求書の明細番号で行う。したがって，入金情報の確認は経理，その情報をもらって個別明細の消込みを行うのは営業，そして消込状況や消込み後の債権残高の管理は再び経理，という全体のプロセスを，整合性を保った状態で確立することが重要なポイントとなる（図表2-12）。

　また，取引量としては多くはないケースがほとんどだが，前払金をもらってから取引を行うケースでは，消込みのタイミングが異なるため，業務設計時には注意する必要がある。営業が先方に消込対象を確認するといったプロセスは同様のプロセスに乗せられるので，通常のケースを設計した後に，前払金決済のケースを検討すればよいだろう。

(b)　海外のケース

　海外の債権に対する入金消込みは，国内とは異なる。通常，インボイス単位で入金され，消込みもインボイス単位で行われるので，国内ほど面倒なプロセスを確立する必要はない。インボイス単位に消し込まれないような例外ケースのみに気を配っておけばよいだろう。

図表2-12 整合性が取れた入金／消込みプロセスの設計

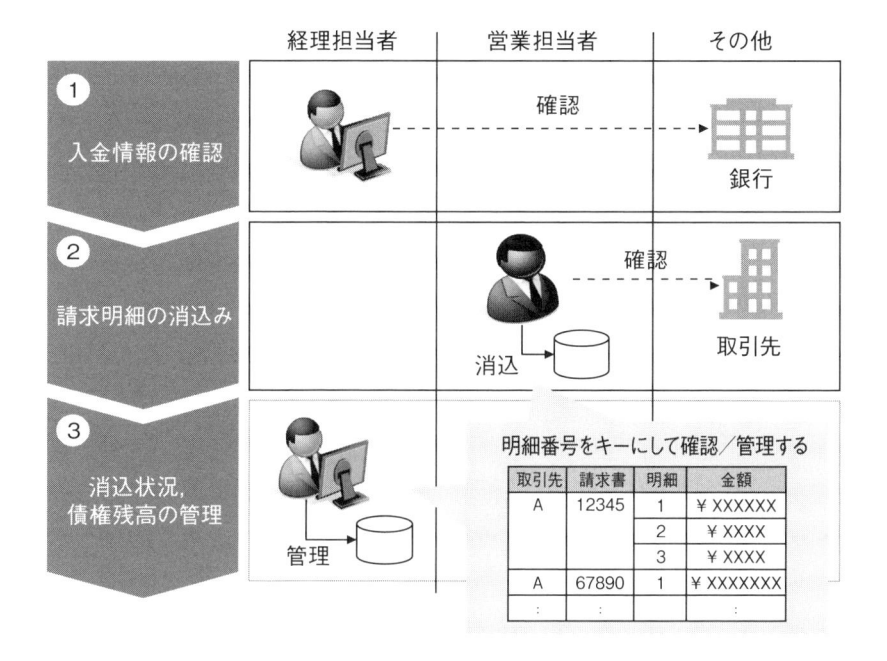

	経理担当者	営業担当者	その他
① 入金情報の確認	確認 →		銀行
② 請求明細の消込み		確認 → 消込	取引先
③ 消込状況，債権残高の管理	管理	明細番号をキーにして確認／管理する	

明細番号をキーにして確認／管理する

取引先	請求書	明細	金額
A	12345	1	¥XXXXXX
		2	¥XXXX
		3	¥XXXX
A	67890	1	¥XXXXXXX
:	:		:

　確立しておく必要があるのは，入金方法ごとの経理プロセスである。貿易実務のうえでは，A/P（Advance Payment），L/C（Letter of Credit），D/P（Document against Payment），D/A（Document against Acceptance），TTR（Telegraphic Transfer Remittance）等が使われるため，どういった取引の際にどの支払方法を用いるかというルール設定から，各支払方法におけるプロセスを銀行とも調整しながら設計する必要がある。通常最も用いられるのはL/Cなので，まずL/Cのプロセスを確立し，その後，その他のプロセスをL/Cのプロセスをもとに微修正していく形をとるのが一般的である（図表2-13）。

(c) システム設計上の論点

　システム設計における論点は，入金消込みをどこまでシステムに自動で

図表2-13 L/Cの業務プロセス例

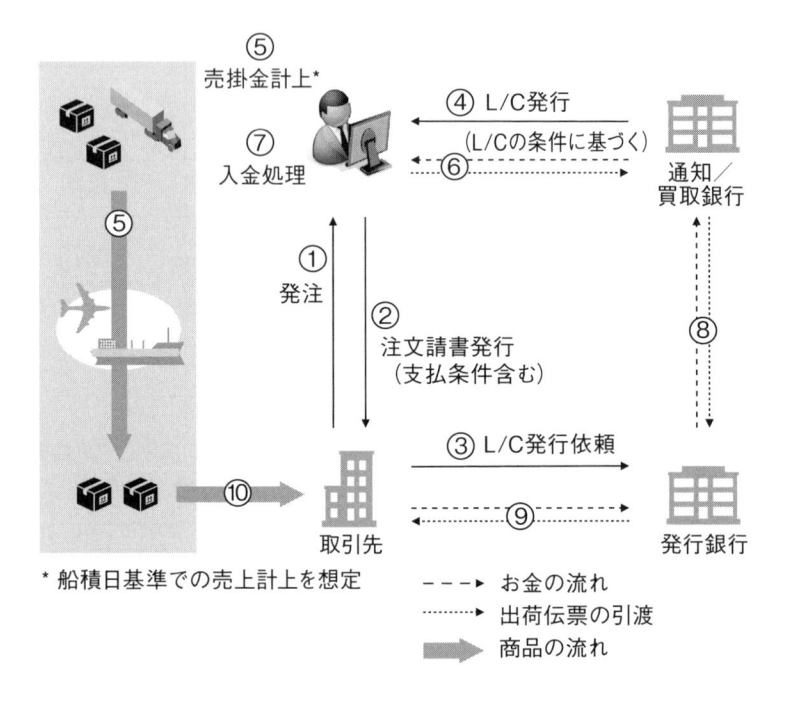

やらせるかという点に尽きる。通常，固有のインボイス番号もしくは請求明細番号の単位で消込みを行うため，取引先から支払対象にしたインボイス番号もしくは請求明細番号を受け取り，システム上で消込みの処理を自動で行う流れとなる（図表2-14）。

EDI等を使って取引先とシステム連携ができている場合には，そのプラットフォームを通じて支払対象の明細情報を受け取ればよいが，そうでない場合は，先方とのファイル受渡し等の取り決めを行う必要がある。また，取引先からシステム的に情報を受け取ることができない場合には，営業担当が入金予定の明細情報を作成（システム上で明細にチェックを入れる，もしくはエクセル等の別ファイルに作成）し，自動消込みのプログラムを走らせるという実現方法も考えられる（図表2-15）。

| 図表2-14 | 取引先からの情報に基づく自動消込みイメージ |

| 図表2-15 | 自動消込みのための入金予定明細情報の受取 |

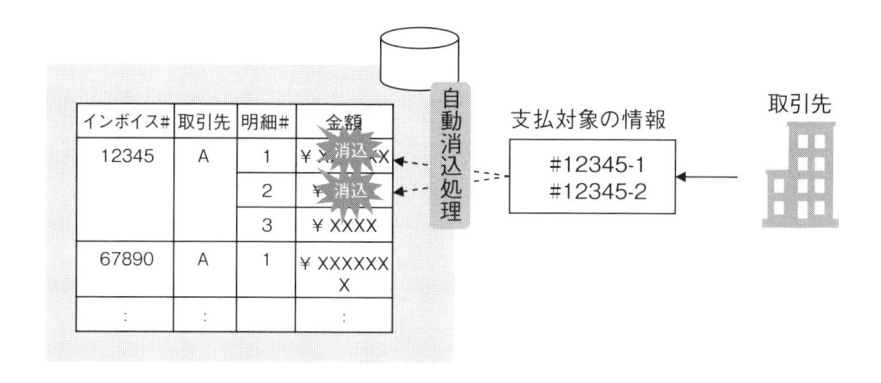

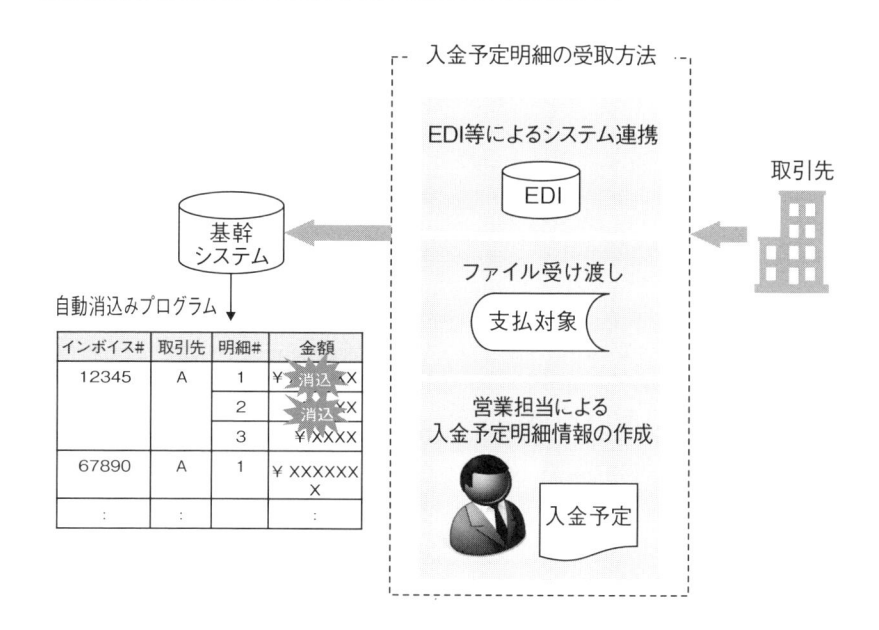

　再構築にあたっては，明細単位での消込みを前提として，自動消込みの分量をなるべく多くすることが，業務効率化および業務標準化をグローバルに進めることにつながることを念頭に置き，設計を進めていく必要がある。

③ 請求および入金消込み以外のプロセス

　請求および入金消込み以外の論点として挙げるのは，年齢別の債権管理である。年齢別の管理とは，未回収債権残高を月別といった単位で管理するものである。この業務は，入金予定であったにもかかわらず入金されなかった債権を明確にし，認識の齟齬で入金されなかったのか，取引先の経営状況に依存して入金がなかったのか，といった原因を究明することで，今後の入金予定の明確化や与信管理につなげていくことを目的としている。また，もう1つの目的としては，資金管理の観点から，将来どのタイミングでどれぐらいの入金があるかを把握し，その予算実績管理を行うことがある。

　業務としては，取引先単位にどの程度の粒度で入金予定を把握するのか，月次か週次かといったタイミングや管理スパン（何ヶ月先までを管理するか等）を決める必要がある（図表2-16）。

　あとはレポート要件を詰めればよく，プロセスとしてはそれほど設計が大変なものではない。

　ただ，グローバルで再構築する場合，資金管理の観点を持たずに債権管理の業務およびシステムを構築し，後々資金管理の見直しの際に欲しい情報が手に入らず，手戻りが発生することが多い。このようなことがないよう，業務設計／システム設計時に，債権管理プロセスの中で年齢別管理の要件は確定させておくことが望ましい。

(3) 債務管理における論点

　債務管理における業務設計／システム設計における論点は，未払金の計上と債務の支払に関する部分である。

① 未払金の計上

　債務計上に関しては，買掛金の場合は購買システムからの自動計上が行われるケースが一般的であり，特に論点となる部分はない。一方で未払金の場合は，届いた請求書ベースで，かつマニュアルでシステムに入力されるケー

図表2-16　債権の年齢別管理レポート例

売掛年齢管理

取引先		前月末売掛残高	当月売掛発生額	当月入金額	当月末売掛残高	売掛年齢			
No.	名称					当月	1ヶ月	2ヶ月	3ヶ月
256440	A商事	560,050	602,700	560,050	602,700	602,700	0	0	0
245268	B商事	310,800	389,550	0	700,350	389,550	310,800	0	0
467929	C物産	0	252,000	126,000	126,000	126,000	0	0	0
385659	D物流	0	601,650	0	601,650	601,650	0	0	0
986749	E食品	1,752,000	0	0	1,752,000	0	0	817,950	568,050
847902	F建設	334,750	84,000	88,000	330,750	84,000	92,400	59,850	94,500
285046	G商事	280,350	126,000	148,050	258,300	105,000	153,300	0	0
265920	H運輸	420,350	0	420,350	0	0	0	0	0
958744	I食品	977,350	0	100,000	877,350	0	0	0	447,300
764922	J設計事務所	144,900	75,600	72,450	148,050	75,600	72,450	0	0

入金予定管理

取引先		前月末売掛残高	当月			予定					
						1ヶ月後			2ヶ月後		
No.	名称		発生	入金	残高	発生	入金	残高	発生	入金	残高
256440	A商事	560,050	602,700	560,050	602,700	0	0	0	0	0	0
245268	B商事	310,800	389,550	0	700,350	0	0	0	0	0	0
467929	C物産	0	252,000	126,000	126,000	0	0	0	0	0	0
385659	D物流	0	601,650	0	601,650	0	0	0	0	0	0
986749	E食品	1,752,000	0	0	1,752,000	568,050	366,000	0	568,050	366,000	0
847902	F建設	334,750	84,000	88,000	330,750	94,500	0	0	94,500	0	0
285046	G商事	280,350	126,000	148,050	258,300	0	0	0	0	0	0
265920	H運輸	420,350	0	420,350	0	0	0	0	0	0	0
958744	I食品	977,350	0	100,000	877,350	447,300	260,000	170,050	477,300	260,000	170,050
764922	J設計事務所	144,900	75,600	72,450	148,050	0	0	0	0	0	0

スが多いため，業務設計の際には注意が必要である。請求書は各部門に届くため，経理に回付して経理で集中入力をするのか，各部署にて現場で入力してから経理が承認するのか，承認プロセスを含めて調整を有するプロセスは多い（図表2-17）。

　グローバル再構築時にシェアードサービス導入やBPOの活用を想定している場合は，その前提で業務プロセスが設計される必要がある。決算の締め日の設定にもよるが，請求書を入手するタイミングが遅いと未払経費伝票の登録負荷が非常に大きくなることから，プロセスの工夫もしくは請求書入手の締切を早めるといった業務上の対応が必要になるため，ここまで考慮した業務設計を行うことがポイントとなる。

図表2-17　未払金のマニュアル入力のイメージ

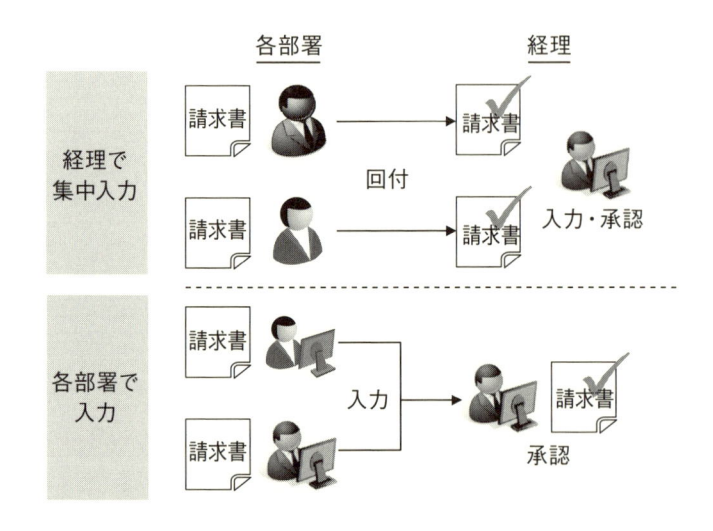

　システム上は一般会計と同様に，伝票入力の負荷をシステムでどこまで減らすことができるかという点に尽きるため，他の伝票登録とあわせて企業に合った最適解を導く必要がある。一方で，給与システムとのI/Fや間接購買のシステムとのI/Fによる未払金の計上も，企業によっては発生することが想定される。特に給与システムとの連携では，未払費用の計上等，調整事項が一定量発生するため，抜け漏れのないよう設計に気をつける必要がある。

② 債務の支払

　債務管理における最も大きな論点は支払である。債権管理の逆の立場になるというイメージで業務を設計することになるが，債権管理と同様に，日本と海外という切り分けは必要になってくる。

(a) 日本のケース

　日本のケースで考えてみよう。債務（買掛金や未払金）の明細にセットされている支払予定日をもとに，取引先もしくは各取引で決まっている支払

方法（振込み，手形，期日現金等）に従って，銀行振込みの場合は銀行に伝送するファームバンキング用ファイルの作成を行い，期日に支払を完了するという流れである。もし，支払方法を振込みから手形に変更する，あるいは支払期日を変更するというような場合は，支払の処理を行う前に明細の内容を変更することになる（図表2-18）。

図表2-18　債務支払の流れ

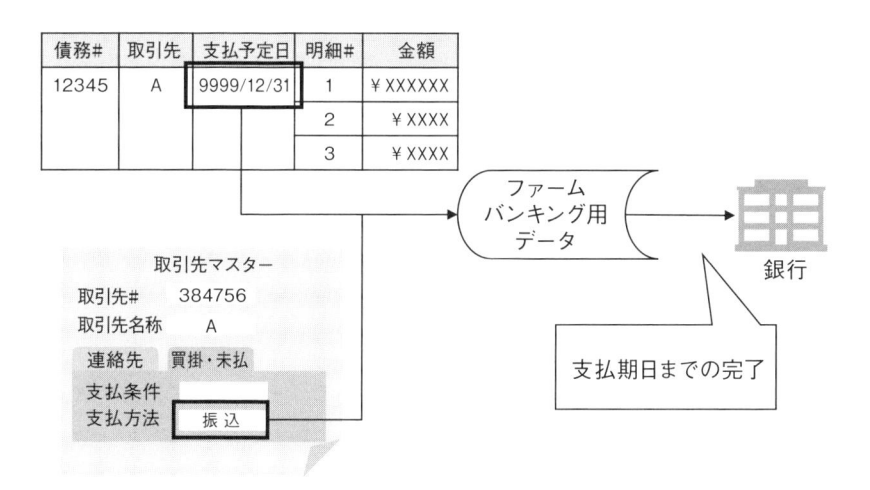

債務#	取引先	支払予定日	明細#	金額
12345	A	9999/12/31	1	¥XXXXXX
			2	¥XXXX
			3	¥XXXX

取引先マスター
取引先#　384756
取引先名称　A
連絡先　買掛・未払
支払条件
支払方法　振込

ファームバンキング用データ → 銀行

支払期日までの完了

　この一連の業務は，再構築にあたって大きく見直すことはないと思われるが，ポイントとなるのは，いかに例外処理を減らすことができるかである。日本国内の取引は特に特殊なものが多く，インボイス単位に条件を決めるのではなく，1ヶ月の取引全体に対して条件を決めているものが多いため，例外処理が取引先ごとにあるような状態である。特に海外に比べて特殊なのは，債務全体のある一定の割合を振込み，残りを手形で支払うというようなケースである（いわゆる半金半手）（図表2-19）。グローバルで業務／システムを再構築する場合には，日本にしかないこのような条件への対応を極力排除し，標準的な支払処理プロセスを構築することが望ましい。

　また，日本では支払手形をなくして期日現金に統一する企業も多い。手

図表2-19 日本における取引の例外処理例

債務#	取引先	支払予定日	明細#	金額
12345	A	10/25	1	¥1,000,000
			2	¥2,000,000
			3	¥3,000,000
23456	A	10/25	1	¥ 600,000
34567	A	11/25	1	¥4,000,000
			2	¥ 500,000

支払方法
振込　¥3,960,000
手形　¥2,640,000

（10月分,振込:手形=6:4を想定）

形は現物管理が必要なうえ，分割等面倒な処理があるため，業務効率を目指した再構築では敬遠される傾向が強い。電子手形という手もあるが，業務設計時の方向性としては手形廃止の方向へ進めるのがトレンドといえよう。

(b) **海外のケース**

海外のケースでは，L/Cをはじめとする貿易実務上の取引への対応とが業務設計のメインとなる。債権管理のケースと同じく，業務プロセスを取引条件に合わせて構築すればよいが，グローバルでキャッシュマネジメントを行っている企業の場合は，どの国（子会社）の口座から支払うかといった部分についてもルール化，もしくは決定プロセスの明確化を意識して設計を行う必要がある。

(c) **システム設計上の論点**

システム設計上の論点としては，支払処理を行うプログラムの設計に尽きる。支払の明細を抽出した後に，支払を保留する明細を選択できるようにする機能は必須であるため，業務プロセスに合わせることを念頭に置きながらシステム設計を進める必要がある。また，承認プロセスを制御するワークフロー（もしくはBPMツール）の設計も必要となるため，導入する会計システム上の機能を使うのか，別途承認プロセス用のツールを導入するのかを検討する必要がある（図表2-20）。

図表2-20　支払処理における承認プロセス用ツールの活用イメージ

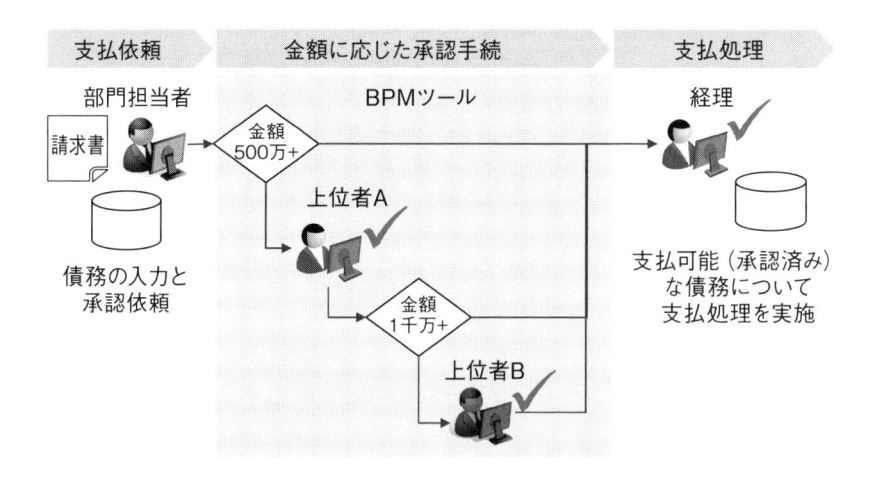

(d) 債権債務双方に関わる論点

ここで，債権債務双方に関わる論点について触れておこう。

グローバルで再構築を行う場合，論点として登場するのは子会社間取引に関する業務／システムである。連結に関しては後述するが，連結を行う際に最も時間がかかり，決算早期化の妨げになるのが子会社間の取引照合である。要は売り手側の子会社の売上明細データ（金額）と買い手側の子会社の仕入明細データに不整合がある（原因は積送中等さまざまだが）ため，個別に電話やメールで問い合わせて確認をとる業務が発生しているのである（図表2-21）。

このような非効率な業務を作らないために，グローバル再構築の際にシステム的に自動で両者の取引明細が登録される仕掛けを構築することがある。売り手側が出荷した時点では売上が登録されず，買い手側の子会社が検収した時点で売り手側の売上が買い手側の仕入と同時に計上される仕組みである。グローバルで統合されたERPを導入するか，子会社間取引をコントロールするシステムを構築する必要はあるが，グローバル再構築において非常に重要なシステム設計のポイントとなるため，構想時から検討を進めておく必要がある（図表2-22）。

図表2-21　グループ内取引におけるP/L上の不一致例

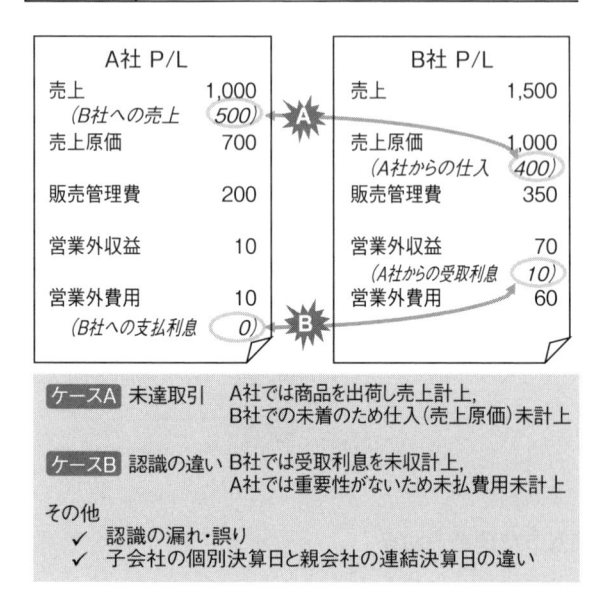

A社 P/L
売上　　　　　　　　1,000
　(B社への売上　　　500)
売上原価　　　　　　　700
販売管理費　　　　　　200
営業外収益　　　　　　 10
営業外費用　　　　　　 10
　(B社への支払利息　　 0)

B社 P/L
売上　　　　　　　　1,500
売上原価　　　　　　1,000
　(A社からの仕入　　 400)
販売管理費　　　　　　350
営業外収益　　　　　　 70
　(A社からの受取利息　10)
営業外費用　　　　　　 60

ケースA　未達取引　A社では商品を出荷し売上計上，
　　　　　　　　　B社での未着のため仕入(売上原価)未計上

ケースB　認識の違い　B社では受取利息を未収計上，
　　　　　　　　　　A社では重要性がないため未払費用未計上

その他
　✓　認識の漏れ・誤り
　✓　子会社の個別決算日と親会社の連結決算日の違い

図表2-22　システム間連携によるグループ内取引の不一致防止

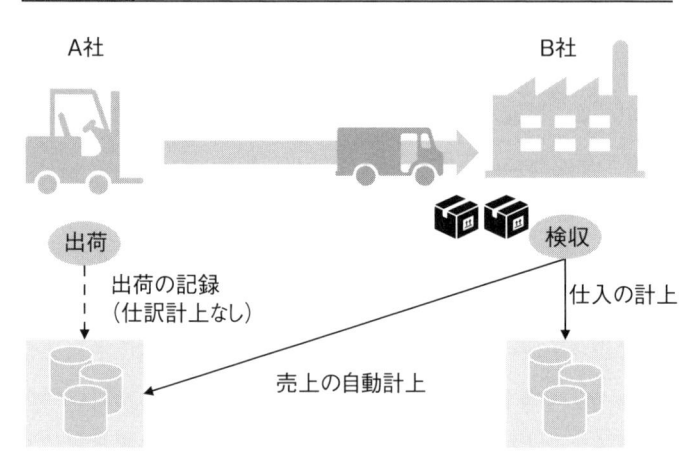

A社　　　　　　　　　　　　　　B社

出荷　　　　　　　　　　　　　　検収

出荷の記録　　　　　　　　　　仕入の計上
(仕訳計上なし)

　　　　　　　売上の自動計上

また，債権債務双方に関わる別の論点としては，相殺業務が挙げられる。業務プロセス自体は，相殺のルールを取引先と取り決めておけば特に問題はないが，システム設計では注意を要する。それは，取引先のコードが統一されておらず得意先としての取引先と仕入先としての取引先が同一の会社かどうかを判別できないケースが多いためである。本来は相殺すべき相手なのに，システム的に判断できないため相殺を手作業で行わざるを得ないという状況を生み出してしまう（図表2–23）。

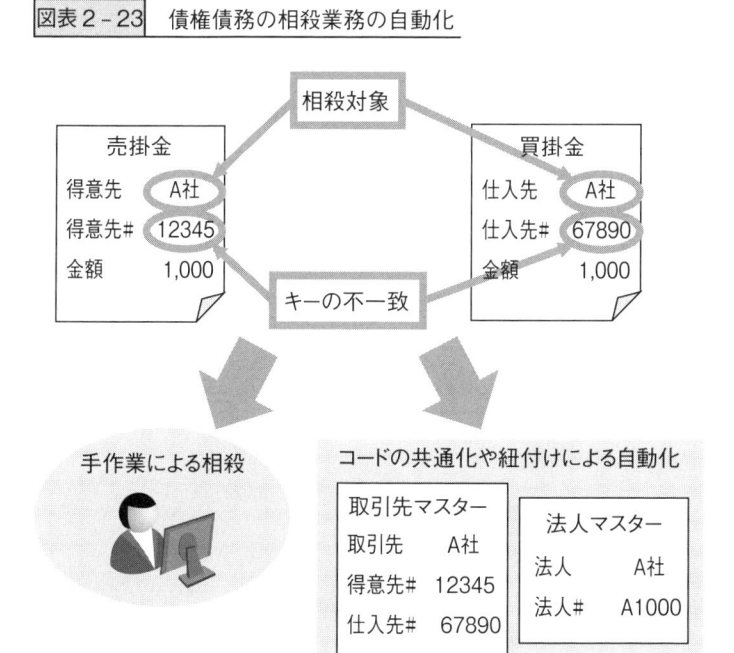

図表2–23　債権債務の相殺業務の自動化

```
                        相殺対象
        ┌─────────────┐         ┌─────────────┐
        │  売掛金     │         │  買掛金     │
        │ 得意先  A社 │         │ 仕入先  A社 │
        │ 得意先# 12345│        │ 仕入先# 67890│
        │ 金額   1,000│         │ 金額   1,000│
        └─────────────┘         └─────────────┘
                      キーの不一致

    手作業による相殺         コードの共通化や紐付けによる自動化
                          ┌──────────────┐ ┌──────────────┐
                          │取引先マスター│ │法人マスター  │
                          │取引先  A社   │ │法人    A社   │
                          │得意先# 12345 │ │法人#  A1000  │
                          │仕入先# 67890 │ │              │
                          └──────────────┘ └──────────────┘
```

　グローバルレベルになるとその状況は顕著になるため，グローバル再構築の際には，取引先コードの紐付けや法人格コードの設定といった対応をシステム設計時に織り込んでおく必要がある。

(4) 固定資産管理における論点

　固定資産管理では，償却費計算周りに論点が集中する。固定資産の取得や移動といった固定資産マスターや固定資産伝票の登録プロセスでは，特に大きな論点は発生しない。しいて挙げるとすれば，固定資産マスター登録時に耐用年数や償却方法を現場で登録するか，経理で登録するかである。迅速に業務を遂行する観点からは，なるべく現場で固定資産マスターを登録し，経理が事後的に確認を行う運用が望ましいが，子会社の現場のレベルに依存してそこまでの対応が不可能なケースもある。グローバル再構築時には，海外の子会社でこのようなケースは起こりがちであるため，各子会社の業務レベルを勘案したうえで設計を行う必要がある（図表2-24）。

図表2-24　固定資産マスター登録に関する業務上の論点

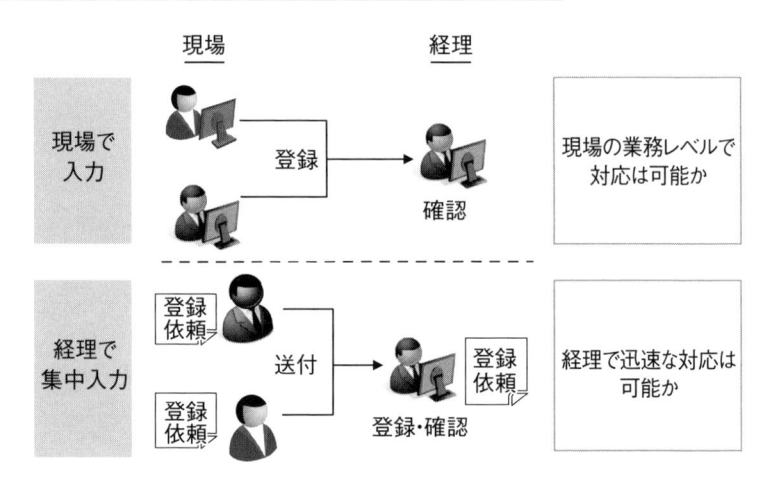

　償却費の計算は，固定資産マスターに登録されている償却方法や耐用年数の情報をもとにシステムで自動計算されるのが一般的である。そういう意味では業務プロセスは特別に設計する必要なく，月次決算の1プロセスとして定義されていればよいことになる。

償却費に関して論点となるのは，会計基準との関係および管理会計との関係である。日本基準を全グループに採用している企業の場合，当然，日本の会計基準で認められており，かつ自社にとって最もメリットのある償却方法を採っているはずである。しかし，各国での税務申告を想定した場合には，各国ローカルでの税法に合わせた計算およびその範囲内で最もメリットのある方法で計算する必要がある（図表2-25）。

図表2-25 償却費計算の複数基準

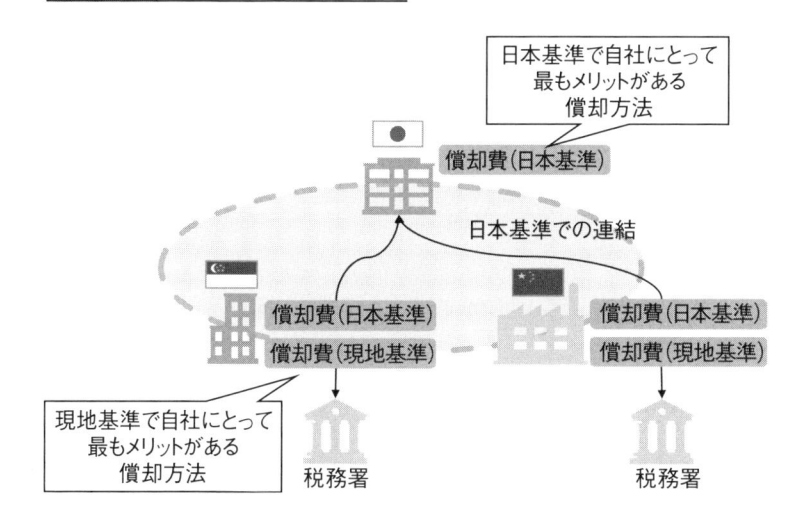

- 日本基準で自社にとって最もメリットがある償却方法 → 償却費（日本基準）
- 日本基準での連結
- 償却費（日本基準）／償却費（現地基準）
- 現地基準で自社にとって最もメリットがある償却方法
- 税務署

日本を想定しても，金融商品取引法，会社法上の固定資産の扱いと税務上の扱いは微妙に異なり，それぞれに対応している企業がほとんどである。そのような中，前述のとおりIFRSへの移行を想定している企業が増えてきており，IFRS基準，日本基準，各国税務といった形で，複数の償却費の計算を行う必要が出てきている。これに加えて，管理会計上独自のルールで運用すると，さらに追加で償却費の計算を行わなくてはならない。

業務設計上留意する必要があるのは，グローバルで見たときにどれだけの種類の基準で固定資産を管理する必要があるのかを明確にすることであ

る。これは、グローバル全体で何種類あるというのではなく、どの国は何種類かという個別の国ごとに要件を明確にし、そうした中で標準化をどう図っていくかを検討する点がポイントである（図表2-26）。

図表2-26　複数償却費計算への対応と標準化の検討

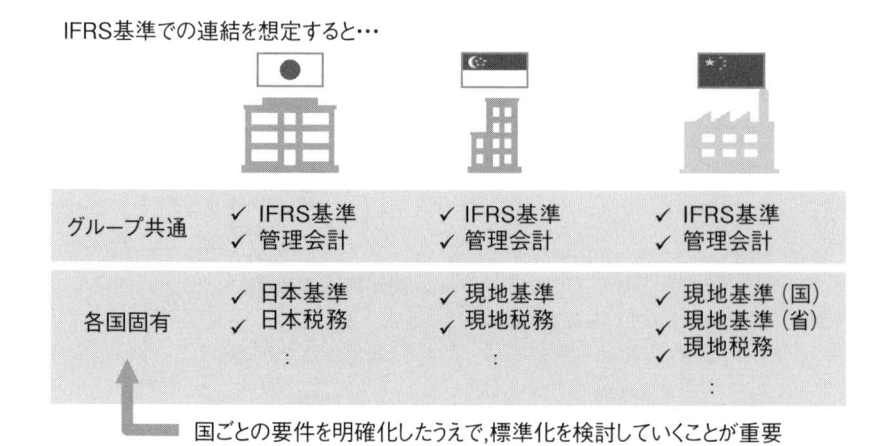

IFRS基準での連結を想定すると…

	日本	シンガポール	中国
グループ共通	✓ IFRS基準 ✓ 管理会計	✓ IFRS基準 ✓ 管理会計	✓ IFRS基準 ✓ 管理会計
各国固有	✓ 日本基準 ✓ 日本税務 ：	✓ 現地基準 ✓ 現地税務 ：	✓ 現地基準（国） ✓ 現地基準（省） ✓ 現地税務 ：

国ごとの要件を明確化したうえで、標準化を検討していくことが重要

　また、無形資産に関しては、会計基準によって償却の有無や償却期間が異なるものが多いため、特に注意が必要である。代表的な例では、のれんの償却の扱いが、日本基準とIFRSでは異なっている等が挙げられる。リースに関しても会計基準による違いがあるため、同様に整理が必要である。

　システム設計の観点からすると、特に外資系のERPパッケージ等を導入している場合には、日本固有の要件には対応していないことが多いため、追加開発を検討する必要がある。特別償却のような特殊なケースも対応できていないパッケージもあるため、システム設計時には注意が必要である。このようなケースに対応するため、日本ではプロシップ社が提供するProPlusという固定資産管理パッケージを会計システムとは別に導入するケースも多い。グローバルでの業務／システム再構築を検討する際に、日本基準を中心に据えた状態で最適化するのであれば有力な選択肢となり得るが、IFRSベー

スでの統合となると、日本のローカル要件に対応するためのシステムではなく、グローバル標準の統合システム導入になるため、この選択肢は有効ではなくなる（図表2-27）。グローバル再構築の方向性に合わせたシステム設計が必要になる分野となるため、留意が必要である。

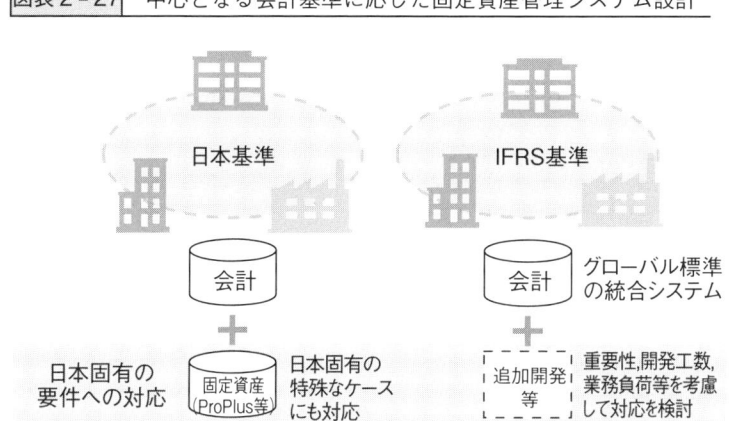

図表2-27　中心となる会計基準に応じた固定資産管理システム設計

- 日本基準
  - 会計＋固定資産（ProPlus等）
  - 日本固有の要件への対応／日本固有の特殊なケースにも対応
- IFRS基準
  - 会計＋追加開発等
  - グローバル標準の統合システム
  - 重要性、開発工数、業務負荷等を考慮して対応を検討

(5) 原価計算における論点

原価計算に関しては、後述する管理会計での留意点は多いものの、決算に関わる業務としての原価計算に関しては、特に論点は存在しない。

論点となるのは、システム設計に関わる部分である。会計関連業務およびシステムをグローバルで再構築する場合、特に製造原価計算のシステムでは工場のある国（子会社）のみが対象となるため、ローカルシステムがそのまま置かれるケースが多い。ERPを導入する場合には、ある程度標準化された原価計算システムとなるが、ビッグバン方式でERPを導入するのではなく、グローバルで統合会計システムを導入するようなケースでは、原価計算システムは既存のシステム、もしくは新規で原価計算のみのシステムを導入することになる（図表2-28）。

図表2-28　再構築時の原価計算システムの扱い

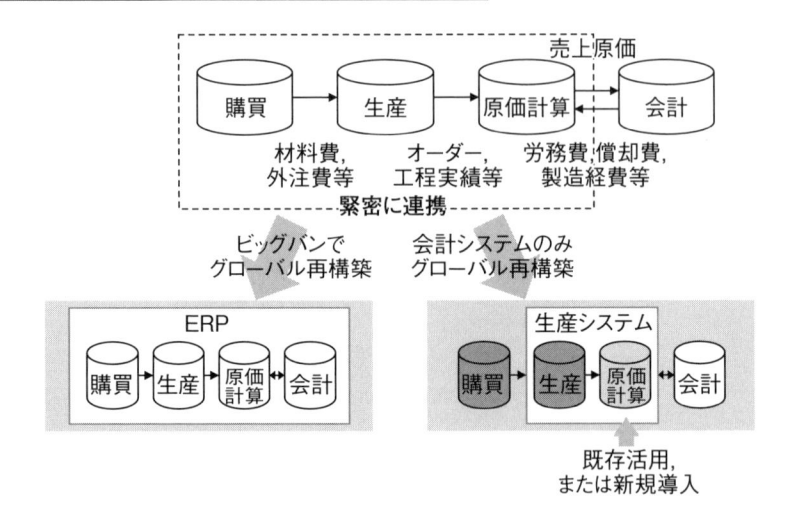

　これは，原価計算システムが生産システムや購買システムの情報を元データとして動く仕組みである以上，ローカルの生産システムや購買システムと密に連携する個別システムにならざるを得ないという理由に起因している。システム設計においては，システム全体がどういう構成になるかを構想時に描いたうえで，その構成に最適な形での設計を想定する必要がある。その際，ERPであればERP内の原価計算モジュールを活用することになるだろうし，個別システムとなると生産システムに連携する（あるいは含まれている）原価計算システム（モジュール）を活用することになる。

　注意を要するのは，スクラッチで開発されている原価計算システムを残す，あるいはスクラッチで新規に開発するパターンである。前述のように，生産システムや購買システムとマスターの共有や実績の収集で密に連携する必要があるため，システム設計に相当時間をかけないと，テストや移行時に想定以上の工数を費やす可能性がある。そのようなリスクを減らすためにも，再構築時にはERPもしくは原価計算のパッケージを活用することが望ましい。

(6) 決算における論点

決算に関しては、業務上は勘定ごとの締め処理を定義することになるが、特に大きな論点はなく、ルールおよび決算整理仕訳の整備という側面が強い。

最終的には財務諸表を作成することがゴールであるため、登録されている伝票のチェックと修正、決算整理仕訳の伝票登録の分量と作業工数を見極めることがポイントである。これは、一般会計やその他の業務で出てきた伝票登録の議論と同様で、誰がどれぐらいの期間でどれだけの量の伝票を処理するかを見極め、最適解を導き出すことになる。

決算プロセスに関しては、非常に限られた期間（例えば月次であれば単体で3日等）で完了させなくてはならないという制約がある。請求書未着を回避するために請求書の締めを早めたり、決算関連の処理で前月から前倒しで行ったりといったPre Closeと呼ばれるプロセスを設計する以外は、基本的にシステムによる早期化がソリューションとなる（図表2-29）。

図表2-29　決算プロセスに関する論点

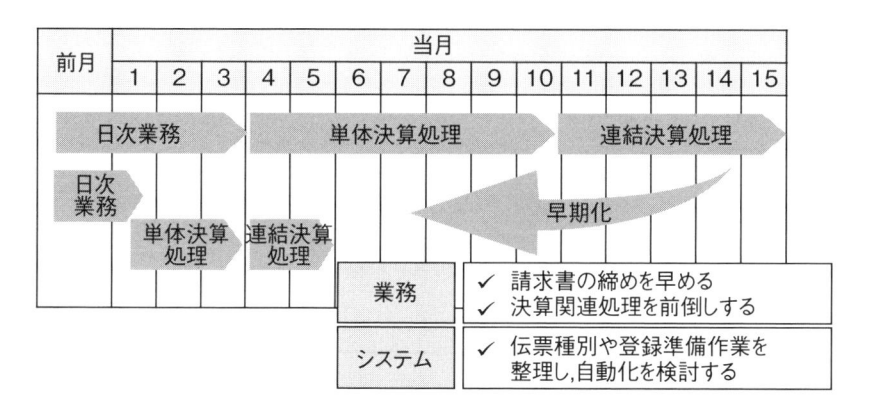

伝票登録の自動化がメインとなるため、伝票種別や伝票登録に至るまでの準備作業がどういうものであるかを明確にしておき、少しでも人が介在するプロセスを減らすシステム設計を行うことが重要なポイントとなる。

3 連結会計業務／システム設計における論点

次に，連結決算に関わる連結会計業務／システム設計における論点を見ていこう。

(1) 連結パッケージ収集における論点

各子会社から財務諸表および取引消去に必要な情報を収集するために，各子会社が作成する報告資料（データ）を連結パッケージあるいは連結調査表と呼んでいるが，本書では連結パッケージと統一して呼称する。ほとんどすべての企業で連結決算を行うために連結パッケージを子会社から収集しているが，グローバル再構築時には大きく見直す可能性が高い領域となる。

① 管理会計を含めた検討

連結パッケージの中には，財務会計上必要となる情報（B/S，P/L，関係会社取引情報，開示関連情報等）が最低限含まれており，連結で行っている経営管理のレベルによるが，事業別や製品別といった財務会計よりも粒度の細かい情報についても含まれている場合が多い（図表2-30）。

グローバルで連結会計業務を再構築する場合，後述する管理会計の内容を含めて検討を要するが，基本的に連結パッケージが連結決算およびグローバル経営管理（＝連結経営管理）のためのインプットとなる。したがって，グローバルに管理する必要がある情報すべてが連結パッケージに含まれるよう設計がなされなければならない。

業務設計上の論点としては，財務会計で必要となる（決算報告および会計監査上必要となる）情報をこれまでの連結パッケージどおり定義するとともに，グローバル経営管理の業務設計の結果を受けて必要となるインプット

図表2-30　連結決算時の各社からの情報収集

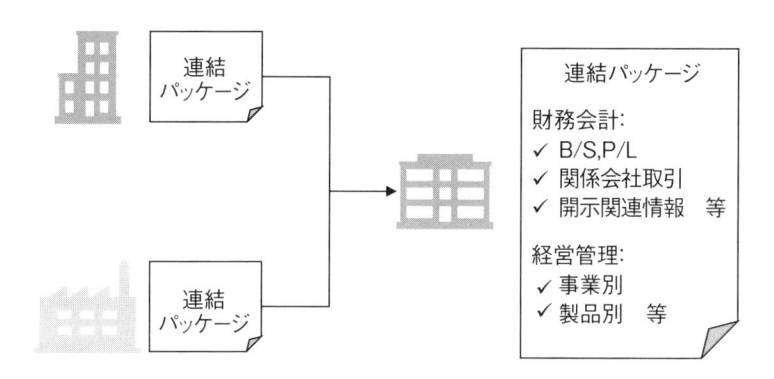

連結パッケージ
財務会計：
✓ B/S, P/L
✓ 関係会社取引
✓ 開示関連情報　等

経営管理：
✓ 事業別
✓ 製品別　等

情報（データ）を明確に定義する必要がある。項目の抜け漏れが発生するとシステム設計に影響を与えるだけでなく，抜け漏れが発覚したタイミングによっては大幅な手戻りが発生する可能性があるため，業務設計時に項目を出し切ることに留意する必要がある（図表2-31）。

図表2-31　グローバル経営管理業務に基づく連結パッケージの見直し

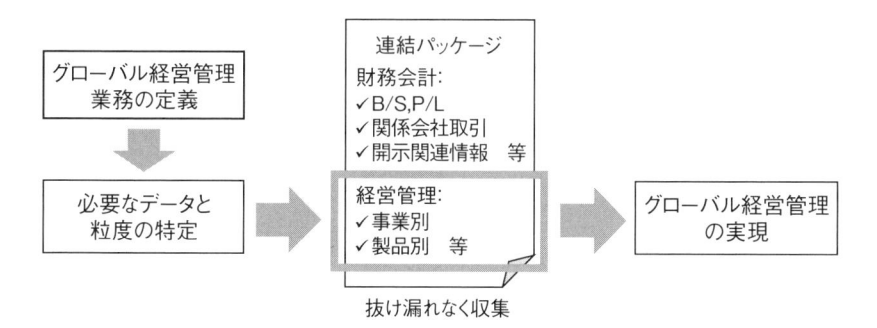

グローバル経営管理業務の定義 → 必要なデータと粒度の特定 → 連結パッケージ（財務会計：✓B/S, P/L ✓関係会社取引 ✓開示関連情報　等／経営管理：✓事業別 ✓製品別　等）抜け漏れなく収集 → グローバル経営管理の実現

② 収集方法の決定

(a) マニュアルか全自動か

連結パッケージ収集の業務／システム設計で最も重要な論点は，収集の

方法を定義することである。これは，業務とシステムが密接に関わるところとなるため，業務設計時あるいはシステム設計時にそれぞれ考えるのではなく，業務とシステム双方の側面から最適な解を導く必要がある。

　連結パッケージで収集しなくてはならない項目が定義されると，その情報をどこからどうやって集めてくるかを決定する必要がある。最も原始的な方法は，担当者がさまざまな帳票やシステム内の情報を検索して必要情報を集め，あらかじめ用意されたエクセル等のフォーマットに入力した後，メールでファイルを送るというものである。しかし，この方法では，決算報告や経営管理で必要としているスピードに対応することができない，あるいは本社側の入力間違い等のチェックに時間を要する，といった弊害が多く，子会社が多い企業だと現実的な方法とはいえない。

　一方，最も効率的な方法を考えると，子会社側の基幹システムから必要な情報を自動で吸い上げ，自動的に連結決算を行うシステムへ連結パッケージのデータがインターフェースされるという仕組みが理想的である。子会社の決算が終わると同時にデータが本社に連携されるため，タイムロスが最も少なくて済む。また，システム的にデータの整合性を確保しておけば，連結パッケージ収集後に人がチェックして不整合があった場合に子会社と調整するといった業務が発生しなくて済む。

　しかし，すべての子会社とシステム的に連携をとるということは現実的でないケースがほとんどである。特に日本企業は子会社数が多く，しかもシステムが統合されていないため，子会社ごとにデータ連携のためのインターフェースファイルを定義し，それぞれの子会社専用の開発を行う必要がある。子会社の中に規模的，あるいは経営戦略上それほど重要でない子会社があった場合には，その子会社のために費用をかけてインターフェースを開発する意味があるのかどうかが問われることになる。

　結局のところ，最も原始的なマニュアルインプットによる方法と，最も理想的な全自動のシステム連携の方法の間で，どのレベルを実現するかが論点となる（図表2-32）。

|図表2－32| 子会社からの連結パッケージの連携方法の検討

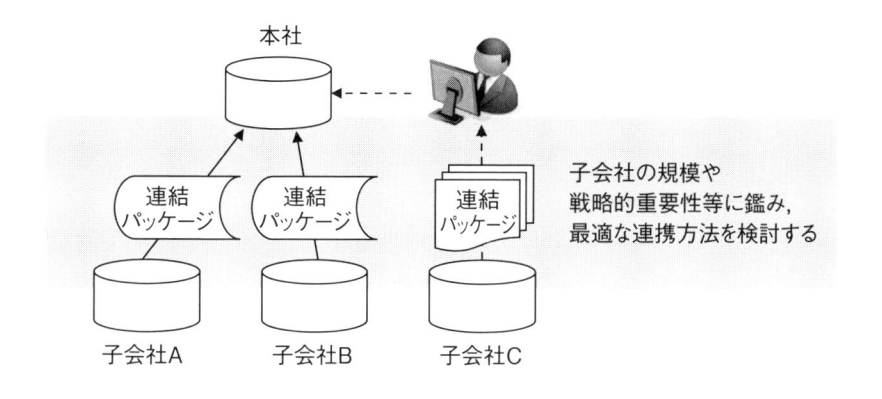

子会社の規模や戦略的重要性等に鑑み，最適な連携方法を検討する

　日本企業の事例を見ると，以下の条件に合う場合に，システムでの自動連携を採用するというケースが多い。
・会計システム（基幹システム）が共通化されている子会社
・大規模子会社（他の子会社に比して特に大規模な子会社）
・関係会社間の取引が多い子会社
・経理担当のスキルが十分でない子会社（自力で連結パッケージを作れない）

(b) 単体会計システムの統合

　システムによる解決を志向するのは，人がマニュアルで処理するにはデータ量が多かったり，あるいはスキル面でマニュアル作成が現実的でなかったり（データの誤りが多すぎる等）するケースというのが基本的な考え方である。会計システムが統合されているとシステム連携の仕組みを作りやすく，かつ大量のデータを一括で収集できるメリットがあるため，子会社数が多い企業は単体会計システム（基幹システム）の統合を合わせて検討することが効果的である（図表2－33）。

　本社の連結会計システムとの連携を行わない場合は，子会社側で連結パッケージをマニュアルで作成することになるが，前述のようなマニュアルでエ

| 図表2-33 | 連結パッケージの自動連携を採用するポイント |

区分	ポイント	自動連携による効果
システム	✓ 会計システムが共通	迅速化
業務	✓ 関係会社間取引が多い ✓ 経理担当のスキルが不十分	業務負荷軽減
規模（データ量）	✓ 比較的大きい	品質担保

クセルに入力する形だと、本社のほうで数値の整合性や入力間違いのチェックを相応の工数をかけて行う必要がある。入力間違いがあった場合には、子会社の連結パッケージ作成担当に連絡を取り、個別のデータの信憑性を確認することになるが、連結パッケージ作成担当が単なる作業者だと、原始データを管理している部門（事業部門等）に問い合わせをして確認する必要があり、返答までに時間がかかることになる（図表2-34）。

| 図表2-34 | 連結パッケージのマニュアル作成による作業遅延 |

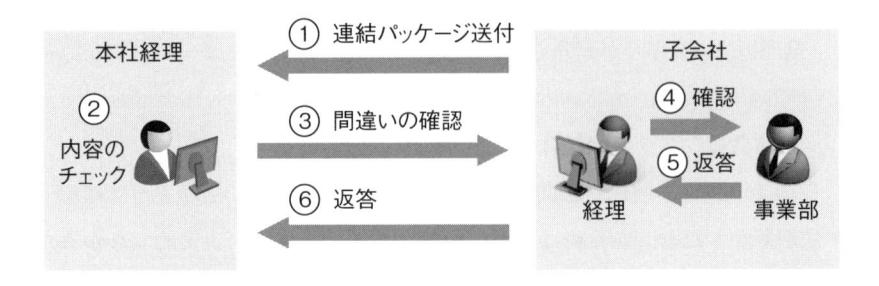

本社経理　①連結パッケージ送付　子会社
②内容のチェック
③間違いの確認
④確認
⑤返答
⑥返答
経理　事業部

また、子会社数が多い企業では、どの子会社から連結パッケージが提出されていて、個別のチェックの調整を行っている段階なのか、あるいはチェックが完了して連結の処理に進んでよいのかといった子会社ごとの進捗管理に工数がかかる。連結数値の把握を急ぐ意味からすると、この進捗管理は重要な位置づけであり、提出が遅い子会社に対しては督促を行うといったタイムリーな対応が求められるのである（図表2-35）。

figure 2-35 迅速な連結処理に重要な連結パッケージ提出の進捗管理

子会社名	担当者	期日	状況	備考
A	X	4/8	チェック中	
B	Y	4/8	未提出	
C	Z	4/5	遅延	4/5 督促実施
:	:	:	:	:

提出状況（4/6 現在）

　このようなデータチェックと進捗管理を効果的に行えるよう，連結パッケージ収集システムを構築するケースが現在の主流となっている。入力するエクセルにマクロを仕込み，システム的にチェックを行う手法は以前から採られていたが，収集システムではWeb上の画面から連結パッケージのデータを入力し，その入力の過程で整合性のチェックを行い，不整合があればその場で修正させるという仕組みになっている。また，提出状況については本社側でこのシステムを介して管理することができ，必要な督促をタイムリーに行うことが可能である（図表2-36）。

(c) **柔軟性の確保**

　グローバル再構築を進めていくうえでは，このような連結決算のシステムと基幹システムを直接連携する方法と連結パッケージ収集システムを活用するケースを組み合わせた形を検討することが重要なポイントとなる。業務負荷あるいは子会社の連結パッケージ作成担当のスキル等を総合的に考えな

図表2-36　連結パッケージ提出時の収集システム活用イメージ

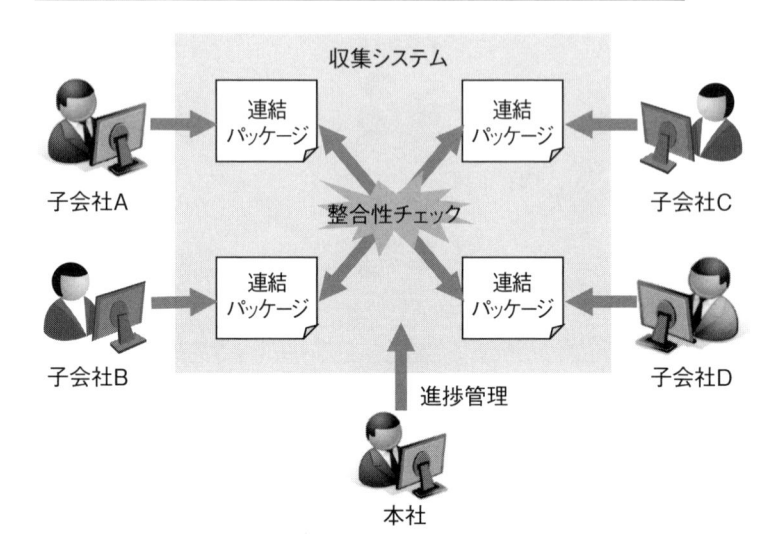

　がら，システム的にどこまで構築する必要があるかを最終判断していくアプローチが有効である。

　留意すべき点は，この収集システムが財務会計上の連結だけでなく，管理連結，つまりグローバル経営管理で必要になる情報（データ）の収集にも活用されることになるため，柔軟性を確保したものにしておかなくてはならないということである。グローバル経営管理で必要とされる情報（データ）は，ビジネス環境の変化によって変化していくことが前提となる。その変化に対応できる収集システムである必要性から，エクセルのマクロ対応ではすぐに限界が訪れる。なぜなら，変更があるたびにエクセルのフォーマット変更を行い全子会社に配付する必要があり，バージョン管理がしっかりできないと，古いフォーマットで送ってくる子会社が出てくるといったトラブルが発生する可能性が高いためである。

　収集システムの場合は，変更に収集システム側で対応すればすべての子会社のWeb画面が一度に変更されるため，バージョン管理に伴うトラブル

を回避することができる。再構築では，このような収集システムの構築を前提として業務／システム設計を進める必要がある。現在財務会計で使っている収集システムがある場合には，そのシステムを拡張するのか，新規で構築し直すかを業務／システムの両面から検討するべきである。会計に限らず，グローバルで業務／システムを再構築する場合には，会計以外の情報（データ）を本社に収集する必要性があるため，その際に共通で活用できる収集システムを構築することには意味がある。一方で，会計はこのシステム，サプライチェーンは別のシステムという形で構築すると，2つのシステムの構築および管理が必要になるため，非効率となるケースもある。収集システムに関してはグローバル全体の情報（データ）をどんなシステムアーキテクチャーで収集するのが最適なのか，EA（Enterprise Architecture）の観点からも十分に検討を進め，確定していくことが求められる。

(2) 連結処理における論点

子会社から連結パッケージを収集した後は，連結処理を進めていくことになるが，論点には財務会計（財務連結）と管理会計（管理連結）双方に跨るものと，管理連結のみに関わるものの2種類がある。まずは双方に跨がる論点から見ていこう。

① 債権債務の相殺消去の業務設計上の論点
(a) 子会社間取引の流れの整流化

日本企業が連結会計業務の中で最も時間を要し，最も課題を抱えているのは，相殺消去に関わるチェック作業である。相殺消去には債権債務の消去，固定資産および棚卸資産の未実現利益の消去，投資と資本の消去等があるが，特に課題となるのは債権債務の消去である。

子会社間の取引において，売り手側となる子会社が販売した金額と買い手側となる子会社が購入した金額が一致することを確認して相殺を行っている。この相殺処理を行う際の双方の取引金額が一致しない場合に，それぞれ

の子会社に対しその不一致の要因確認を本社が行うという業務に，相当の時間と手間がかかっていることが課題となっている。もちろん，完全に金額が一致することを求められているわけではなく，通常はスレッシュホールドと呼ばれる差額の許容値を定義して，その範囲内に収まれば消去を行っている。にもかかわらず，その許容範囲内に収まらないため調整業務が多く発生してしまっているのが現実である（図表2–37）。

図表2–37　連結処理における債権債務の相殺処理

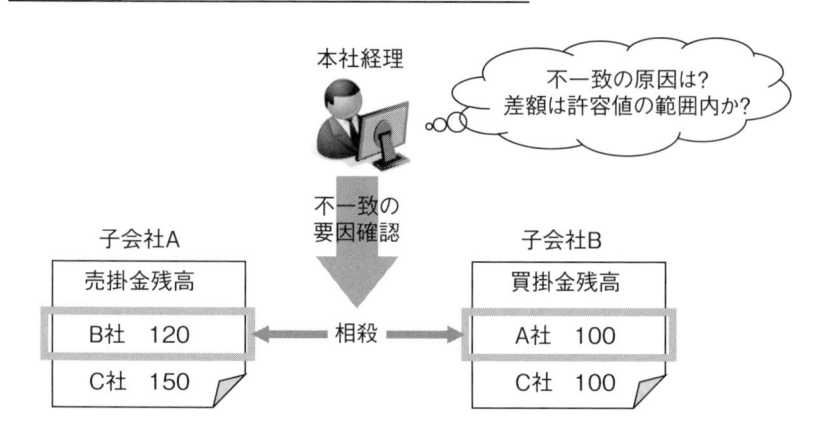

本社経理

不一致の原因は？
差額は許容値の範囲内か？

不一致の要因確認

子会社A
売掛金残高
B社　120
C社　150

相殺

子会社B
買掛金残高
A社　100
C社　100

　業務設計においては，この調整作業を業務的にどう抑え込むのかという点が論点となる。施策としてはいくつか考えられるが，最も効果が大きいのは子会社間取引の流れを整流化することである。商習慣上，あるいは税務やその他のメリットを享受するために複雑な子会社間取引を行うケースもあるだろうが，それ以外の子会社間取引を最小限に抑えるべく，子会社間の取引を制限するような業務フローに変更するというものである。子会社の業務レベルがそれほど高くないことが原因で，一部の業務を本社や別の子会社が代行し，余計な取引がグループ会社間で発生しているようなケースは意外に多い。子会社側のレベルを上げる施策を講じることによって余計な子会社間取引をなくしていくという施策は，思った以上に効果を得られる場合がある（図表2–38）。

図表2-38　グループ内取引削減のための施策例

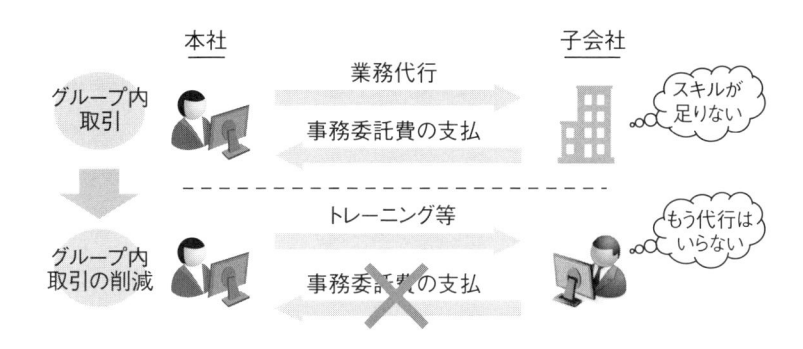

今までのフローを是とするのではなく，再構築の際には子会社間取引フローの見直しをゼロベースで検討することは重要なポイントである。

(b) **会社間取引照合の前倒し**

業務設計においてもう1つ検討が必要となる論点は，会社間取引照合の前倒しである。会社間照合は基本的に連結パッケージを回収した後に行われるが，決算という短期決戦の業務の中で行われるため，その中で発生する数値の不一致や不明な事柄の確認に子会社とのやり取りが発生すると，非常に業務負荷が大きくなってしまう。この月初の決算期間に集中してしまう取引照合に関わる業務を，月中にうまく分散させることによって，決算期間の負荷を減らす業務設計を検討することがポイントである。具体的には，週次で取引照合の情報を本社で収集し，事前に照合をしておくというものである。週次で事前照合をやっている場合には，決算のタイミングで照合すべき取引量は1ヶ月分よりもはるかに少ない（おおよそ1週間分）ため，それだけ子会社とのやり取りを減らすことが可能となり，業務負荷の軽減（分散）が実現できる（図表2-39）。

1週間が短ければ隔週にするだけでも業務負荷の軽減にはつながるのと，取引照合の精度も高くなることが期待できるので，業務設計の際には必ず可能性について検討をすることがポイントである。

図表2-39　会社間取引照合の前倒しによる業務負荷軽減

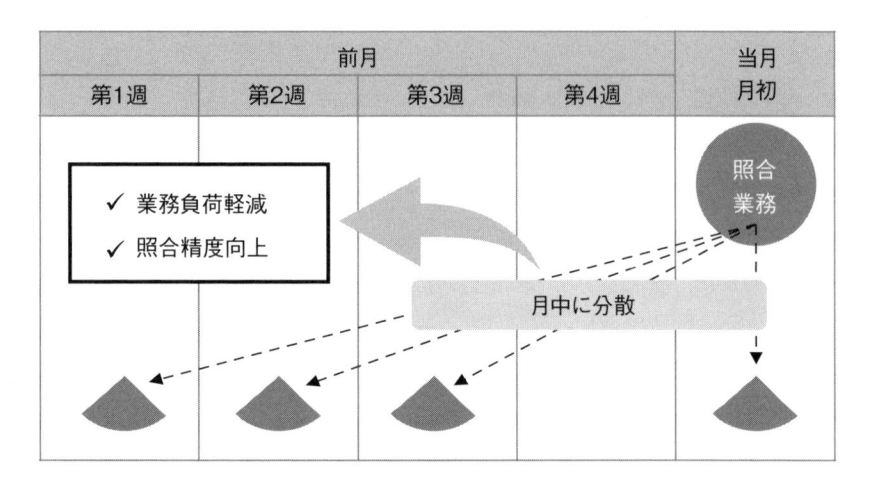

前月				当月
第1週	第2週	第3週	第4週	月初

- ✓ 業務負荷軽減
- ✓ 照合精度向上

照合業務

月中に分散

② 債権債務の相殺消去のシステム設計上の論点

　システム設計の観点では，取引照合の業務に合わせたシステム設計が必須となることはいうまでもない。子会社取引の業務を整流化することで，これまでとは違うデータ連携が必要になる場合もあることに加え，誤った流れを創り出さないために，バリデーションプログラムを開発する必要も出てくる。

　特に検討が必要なのは，取引照合のタイミングを分散化するケースで，これまでとは違ったタイミングで複数回データのやり取りが発生するとともに，照合不一致に関しても新たなタイミングで業務プロセスが生まれることになる。決算の時には1ヶ月分の取引量を正確に把握し，そのうち照合できている分を消去する必要があるため，システム的なデータ制御を誤りなく行える設計が必要である。

　もう1点，取引照合の際に検討が必要なのは，取引照合のためのシステムソリューション導入の要否である。業務的な対応を業務設計で検討することについては前述のとおりだが，昨今ではシステム的なソリューションを使って取引照合を自動もしくは半自動で行う事例が登場している。大きくは2つの方法がある。

1つ目は，債権債務の部分で前述した，売り手側の子会社と買い手側の子会社の債権債務明細を同時に計上する仕組みを構築することである。買い手側の検収時に双方の債権債務明細が同金額で計上されるとともに，その紐付きがシステム的に保持されるため，内部取引照合で差異が発生することなく，また取引のトレーサビリティも確保されるため，理想的な仕組みである。しかし，子会社の基幹システムに手を加える必要があるため，企業のシステム基盤の状況によっては実現が難しいことが少なくない。

そこで検討されることになるもう1つの方法は，会社間照合のタイミングを日次で行える仕組みである。具体的には，各子会社の会計システム内にある明細データを日次で本社側のシステムにインターフェースをし，その明細データ同士を自動で照合することによって日次の取引照合を実現し，エラーについては毎日確認を行って調整することで，取引照合の手間を大幅に削減する仕組みである（図表2-40）。

図表2-40 明細データインターフェースによる日次取引照合イメージ

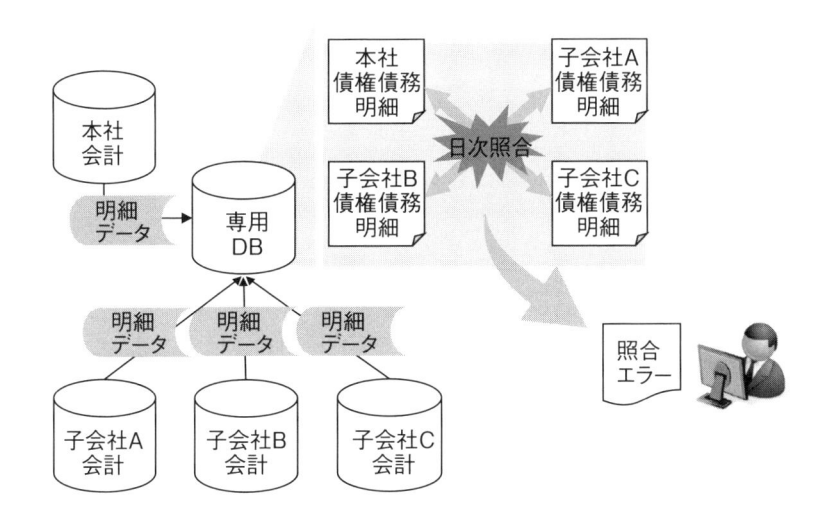

本社側に明細データを格納する専用のデータベースを構築することになるのだが、昨今では新たなトレンドが出てきている。それは、セントラルジャーナルと呼ばれる総勘定元帳を別システムで用意し、そのシステムに全子会社の会計データをそのまま持ち込み、連結を含む決算業務をセントラルジャーナル上で実行するものである（図表2-41）。この仕組みのメリットは、総勘定元帳を別途持つことになるので、各子会社の基幹システムとは切り離して決算業務を遂行することができる点と、セントラルジャーナルの仕組みを新たなプラットフォームとして、経営管理やその他の企業情報データベースとしてさまざまな局面で利用可能となる点にある。基幹システムが子会社ごとにバラバラで、会計システム統合に時間がかかる傾向が強い日本企業では、セントラルジャーナル方式のメリットを享受しやすいため、今後主流になってくるシステムソリューションであると考えられる。

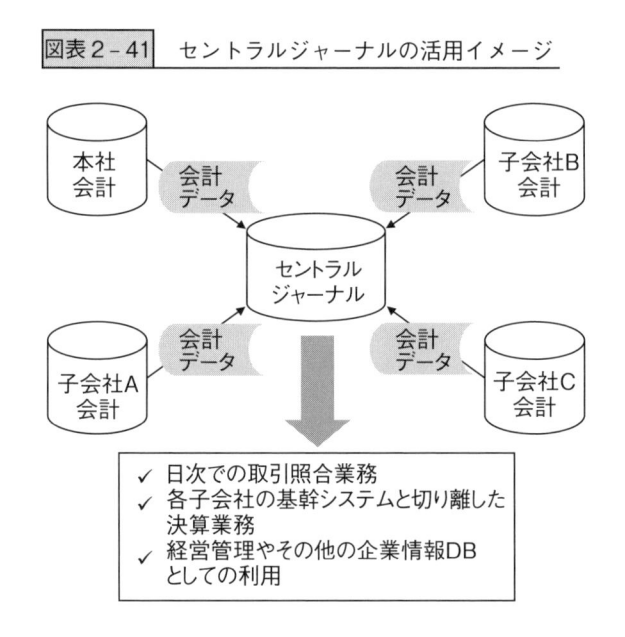

図表2-41 セントラルジャーナルの活用イメージ

③ 管理連結のみの論点

　管理連結のみの論点について触れておこう。それは，どこまで精緻に処理を行うのかという点である。

　管理連結は管理会計上の連結処理であるため，財務連結のように必ず正しい（精緻な）処理を行わなくてはならないという決まりはない。通常，管理連結では，財務連結よりも詳細な切り口で連結処理を行う必要がある。例えば財務連結では，全社とセグメント（大きな事業のレベルでの括り）程度での連結であったものが，管理連結になると地域別，国別，製品別といった詳細な切り口での連結処理を行う必要が出てくる。このように多くの切り口で連結処理を行うにあたって，財務連結のように精緻に内部取引の消去や資本連結をする必要があるのかどうか，簡略化するならどの程度まで簡略化するのかという部分が論点になるのである。

　管理会計の目的が内部統制や意思決定にあることから，この目的を達成できるレベルで処理ができていればよい。意思決定するために精緻に行う必要があれば精緻に行い，大雑把でも特に意思決定に大きな影響を与えないのであれば大雑把に処理することで事足りる。この観点でどこまでの処理を行うのかを決定することになる。例えば，M&Aをほとんど行うことはなく，毎月子会社の資本が動かないような企業であれば，管理連結上は資本連結の処理を行わないルールにする，あるいは発生頻度が微々たるものであるという理由から固定資産の未実現利益の消去を管理連結では行わない，といったことを決定していくことになる。管理連結の処理は簡略化できるなら極限まで簡略化したほうがスピード（情報収集から意思決定までの）を向上させることができるので，いかに簡略化するかが重要なポイントとなる。

(3) 開示対応における論点

　連結会計業務／システムの論点の最後は，開示対応である。開示対応については，これまでも手作業ベースで行っていたり，必要な情報についてはあらかじめ連結パッケージで収集したりしていることが一般的である。グ

ローバル再構築を志向した場合でも，特に開示で大きな論点（これまでと大きく変更を要すること）は少ない。影響があるとすれば，グローバル再構築の際，もしくは近い将来に日本基準からIFRSへ会計基準を変更することが想定される場合である。

　IFRSでは，日本基準より開示事項が詳細になっている部分があり，一般的に開示する情報量が増えるといわれている。企業の業種・業態にもよるので，一概にどれだけ増えるということはいえないが，IFRSが要求する注記内容に対応できるだけの情報を事前に収集しておく必要がある。その意味で，業務設計／システム設計双方に影響がある点として，開示が必要な注記情報を連結パッケージ等でどう収集するかをあらかじめ盛り込んで設計を行っておかなくてはならない。これまでとは大きく異なる部分も多いので，外部コンサルタントや監査人との協議を経て，早めにこれまでの注記情報に追加で必要となる情報を特定し，業務負荷も勘案した業務設計／システム設計を行うことが重要なポイントになる。

4 管理会計業務／システム設計における論点

　ここまで一部の管理連結周りの論点を除き，業務設計／システム設計における財務会計の論点について触れてきた。ここからは管理会計特有の論点について触れていく。

　管理会計と経営管理は混同されて使われることがあるが，経営管理が会計数値や非会計数値を含む，あらゆるデータを用いて企業全体をコントロールする領域として扱われるのに対し，管理会計はあくまで会計数値を中心とした経営管理の一部を担うものとして本書では扱う。したがって，管理会計としては，会計数値を扱う業務として，業績管理，予算管理，利益管理，

原価管理の4つの領域に触れていく。

(1) 業績管理における論点

まず，業績管理の業務設計における論点から見ていこう。

業績管理は「組織別業績管理」と「事業別業績管理」の2つに大別される。業績管理は，英語の Performance Management を訳したもので，その名のとおり，企業のパフォーマンスを測る管理制度としてどの企業でも行っているものである。基本的な考え方は，経営上あらかじめ設定された計画（予算，予測等）に対して，実績がどうだったかを測定し，その差異に対して必要に応じてアクションにつなげていくという PDCA サイクル（もしくは P-FDCA サイクル）を回していくことを意味する（図表2-42）。前述の2つの業績管理も，この原則を踏襲している管理である。

図表2-42 業績管理の基本的な考え方（PDCAサイクル）

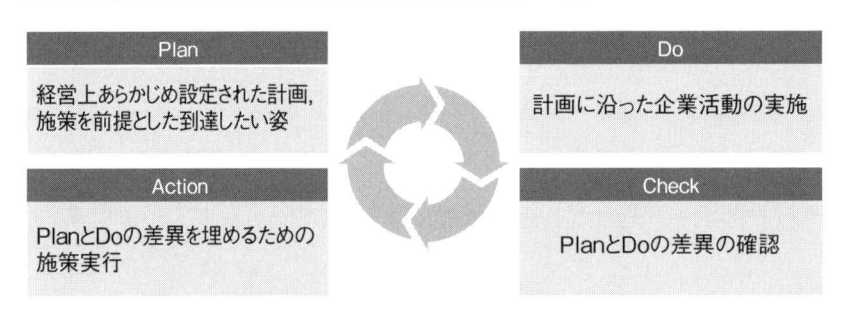

Plan	Do
経営上あらかじめ設定された計画，施策を前提とした到達したい姿	計画に沿った企業活動の実施
Action	**Check**
PlanとDoの差異を埋めるための施策実行	PlanとDoの差異の確認

「組織別業績管理」は，古くから日本企業で行われているものであり，グローバルで業績管理制度を導入するときにも，基本的に範囲が広がる以外は大きな違いはない。組織ごとに財務諸表を作成するとともに，設定されたKPI（Key Performance Indicator：主要業績管理指標）を見ながら業績の善し悪しを判断し，アクションにつなげていくというものである。組織別に行う目的は，組織統制が主なものである。グローバルで行う場合には各子会

社の予算統制に用いられ，本社あるいは子会社の内部組織の業績管理では，それぞれの予算統制に用いられることになる。

一方，「事業別業績管理」は，事業ごとのパフォーマンスを管理する制度であり，目的は事業ポートフォリオに関する意思決定である。

これら2つの業績管理の目的とその内容をまとめると，図表2-43のようになる。

図表2-43　2つの業績管理の目的と内容

	目的	内容
組織別業績管理	各組織（本社あるいは子会社）の予算統制	組織ごとの財務諸表を作成し，設定されたKPIに対する業績の達成度を明確にする。未達成（またはその見込み）の場合は，計画に近づけるための対応策を実行する。
事業別業績管理	事業ポートフォリオに関する意思決定	組織にとらわれない事業単位のパフォーマンスの管理。事業ポートフォリオマネジメントにおけるPDCAサイクルのプロセスやKPI管理が含まれる。

① 業務設計上の論点

業務設計上の論点としては，KPIの設定に目が行きがちであり，システム導入時にはその議論ばかりされる傾向が強い。しかし，実はKPIの設定そのものはそれほど重要な論点ではない。KPIは企業によって，あるいは企業内の組織によって異なるものであり，その時々で重視すべき指標は変わってくる。教科書的にいえば，収益性，効率性，成長性，安定性，生産性といった観点からバランスよくKPIを設定するということになるが，あまり多くKPIを設定するとトレードオフにある指標のコントロール等，現場での運用が難しくなる傾向が強くなるため，シンプルにKPIを設定することが鉄則である。

業績管理の中で本当に重要な論点は，このKPIの設定ではなく，責任者の権限と責任の設定と，KPIをコントロールするためのモニタリング指標および管理すべき財務諸表項目の設定，そして管理サイクルの定義である。

(a) 責任者の権限と責任の設定

まず，責任者の権限と責任に関して見ていこう。組織別業績管理では組織のパフォーマンスを財務諸表やKPIを用いて測ることで，当初の目標（あるいは計画）を達成したかどうかを明確にしようとしている。達成できていない，あるいは達成できない可能性がある場合に，対応策を考え施策を実行することで，未達成の度合いを小さくする，あるいは計画に近づけていくということを試みることになる。

この際に，責任者の権限と責任が曖昧だと，KPIのコントロールに対する責任を負わなくなるため，業績管理業務そのものが意味を成さなくなる。組織の責任者が，どのKPIにどれだけの責任を持っているのか，もう少し具体的にいうと，業績が計画どおりにいかなかった場合に，責任者の評価にどう影響があるのかを明確に取り決めておく必要がある。日本企業の場合は，組織の責任者がどこまでの責任を負うのかが曖昧なケースが多い。責任者が貢献利益に責任を持つ，ということは定義されているが，計画どおりの利益を達成できなかったらどうなるのかという点について明確に定義されていないため，結局責任を持ったコントロールを普段から行わないという結果を導いてしまう。また，事業の責任者についても管掌役員が定義されていない等，明確になっていない場合が多く，このようなことがないように業務設計では責任範囲を明文化しておくことが重要なポイントになる。

(b) モニタリング指標と管理すべき財務諸表項目の設定

次の論点は，モニタリング指標と管理すべき財務諸表項目である。組織別業績管理にせよ事業別業績管理にせよ，責任者が業績をコントロールする以上，コントロールできる指標が管理範囲でないといけないのが鉄則である。つまり，責任者がコントロールできない情報までをコントロールするように定義された業績管理制度は，責任者が責任を負いきれない（コントロールしきれない）ため，管理会計制度として機能しないことになる。

この論点において検討のポイントは2つである。1つ目はモニタリング

指標の定義である。KPIを意識して責任者は業績をコントロールしていくことになるのだが，KPIは結果としての指標でしかなく，そのKPI数値がなぜよかったのか，あるいは悪かったのかを判断できないと，次のアクションにつなげてKPI数値を改善する（あるいは，さらによくする）ことはできない。そのためにKPIの動きをコントロールしたり予測したりするために設定するのが，モニタリング指標である。

　図表2-44に例としてKPIの一覧とともにモニタリング指標を載せているが，例えば部レベルのKPIとして売上高が設定されているとすると，それよりも下の階層にある課レベルの売上高をモニタリング指標として設定し，どの課が部の売上に悪影響（好影響）を与えているのかを判断し，しかるべきアクションにつなげるという運用になる。このモニタリング指標の設定は重要なポイントで，1つのKPIに対して複数設定できる場合には多く設定したほうが原因分析をしやすいという特徴がある。業務設計時にはこの点に留意し，アクションにつなげるための分析をいかにやりやすくするかという観点で検討を進めることが効果的である。

　2点目のポイントは，コントロールできる財務諸表項目の設定である。鉄則として，コントロールできる項目を責任者が管理するということを述べたが，日本企業は思った以上にこの鉄則を守れていない。例えば，ある事業の営業部に属する第1営業課があったとする。その第1営業課のKPIが営業利益であるというケースを多く見てきた。図表2-45に見るように，第1営業課の責任者である第1営業課長がコントロールできるのは，自分の課の売上と販売費であり，営業部で共通で使われる費用（営業部長や営業部付きの人件費，光熱費等）や一般管理費（バックオフィスの費用等）は配賦されてくるだけでコントロールのしようがない。KPIが営業利益だと，いくら第1営業課長が自部門の費用をコントロールしたとしても，配賦されてきた金額が大きいと営業利益目標を達成できず，第1営業課長が責任をとらなくてはならない事象は往々にして発生しうる（図表2-46）。

　本来なら，コントロール可能な貢献利益までの指標をKPIに設定すべき

第2章 会計関連業務／システムの基本 83

図表2-44　KPI例とモニタリング指標

	KPI例	計算式
安定性	流動比率	流動資産÷流動負債
	自己資本比率	資本÷(資本+負債)
	負債(固定)比率	負債(固定)÷資本
	固定長期適合率	固定資産÷(資本+固定負債)
収益性	自己資本純利益率(ROE)	純利益÷資本
	投下資本利益率(ROI)	経常利益÷総資本
	売上高総利益率	売上総利益÷売上高
	売上高営業(経常)利益率	営業(経常)利益÷売上高
生産性	1人当たり売上高	売上高÷従業員数
	労働生産性	付加価値÷従業員数
	総資本投資効率	付加価値÷(資本+負債)
効率性	総資本回転率	売上高÷総資本
	棚卸資産回転率	売上高÷棚卸資産
成長性他	増収率	当期売上高÷前期売上高
	配当性向	配当金÷当期純利益
	株価純資産倍率(PBR)	株価÷1株当たり純資産
	株価収益率(PER)	株価÷1株当たり純利益

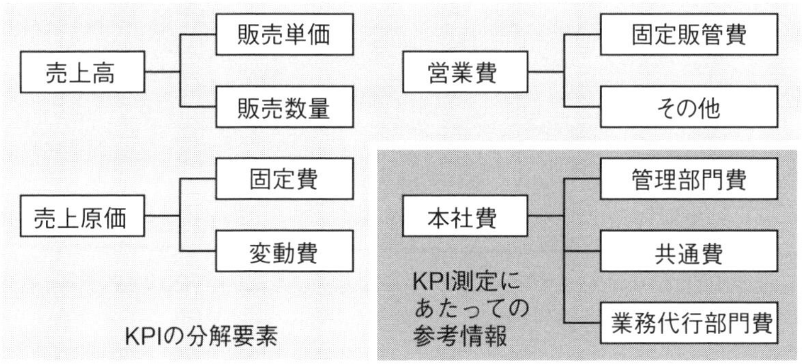

モニタリング指標

- 売上高
  - 販売単価
  - 販売数量
- 売上原価
  - 固定費
  - 変動費

KPIの分解要素

- 営業費
  - 固定販管費
  - その他
- 本社費
  - 管理部門費
  - 共通費
  - 業務代行部門費

KPI測定にあたっての参考情報

図表2-45　責任者のコントロールできる範囲とKPIの不一致

営業部長

第1営業課長　　　第2営業課長

課長がコントロールできる範囲
- 売上
- 売上原価
- 販売費

課長がコントロールできない範囲
- 部門共通費 ← 部門共通費 → 部門共通費
- 一般管理費 ← 　　　　　　　　　　一般管理費 ← 一般管理費

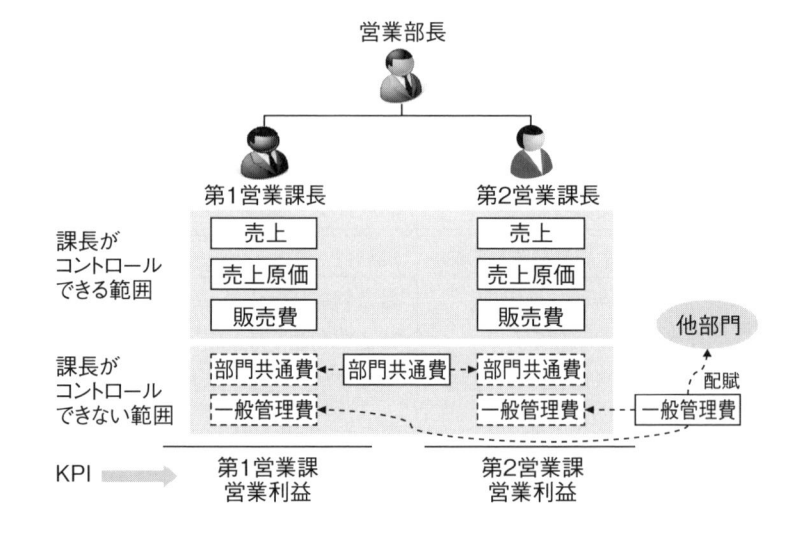

他部門　配賦

KPI → 第1営業課営業利益　　第2営業課営業利益

図表2-46　責任者のコントロール範囲に合わせたKPI設定

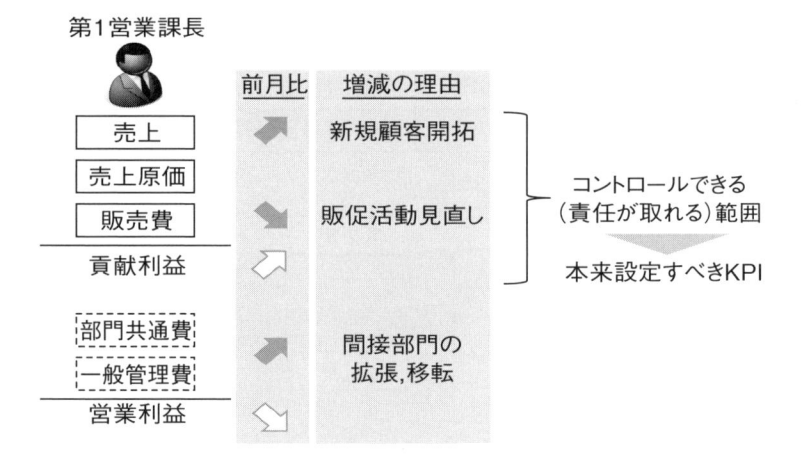

第1営業課長

	前月比	増減の理由
売上	↑	新規顧客開拓
売上原価		
販売費	↓	販促活動見直し
貢献利益	⇧	
部門共通費	↑	間接部門の拡張、移転
一般管理費		
営業利益	⇩	

コントロールできる（責任が取れる）範囲
→ 本来設定すべきKPI

である。また，配賦をどこまで細かくするのかも議論になるが，直課でなく配賦するということは，責任者がコントロールできないということと基本的に同義である。配賦基準を設定する際にどうしても恣意的な部分が残ってしまうためである。業績管理の本来の目的を見失うことなく，業務設計を行うことが重要なポイントといえよう。

(c) 管理サイクルの定義

最後の論点は管理サイクルの定義である。日本企業の多くは月次での業績管理を基本としているが，グローバル競争の激化や情報伝達スピードの高まりを背景にして，意思決定スピードを速めなくてはならない状況にある。利益管理では，相当なスピードアップがグローバル競争への対応という意味で週次化が必要かもしれないが，業績管理という意味合いではそこまでのスピードアップをする必要はないかもしれない。しかし，高度化という観点でそこまでのレベルを求める企業があるなら，業務再構築時に盛り込んでいく必要があるだろう。なぜなら，会計以外の基幹業務への影響や，システム設計への影響が大きいからである。

② システム設計上の論点

業績管理のシステム設計における論点にも触れておこう。業績管理の領域でシステム設計上論点となるのは，配賦である。財務諸表や管理レポートももちろんシステムが関連するところではあるが，業務設計時に定義されたものを実装することになるだけなので，論点となる部分はない。情報（データ）そのものはDWH（Data Warehouse）やBI（Business Intelligence）のシステムに保持されるケースが多いが，こちらについてもパフォーマンス以外に大きな論点は存在しない。

最も論点となるのは，組織別あるいは事業別に行う必要がある配賦機能の実装である。業務設計時にコントロール可能な範囲で設計し実装するようにすることはもちろんだが，それでも一定量の配賦が発生することは間違い

ない。これを実装する際に検討が必要なポイントは，配賦基準をどう設定するかである。

　具体的には，配賦基準となる基準値を，配賦機能を持つシステムに対して手で入力するのか，あるいは実績システムからの連携で自動設定するのかといった点について設計を行う必要がある。実績連携を行えれば配賦基準設定に関わる業務負荷が少なくなることが期待できる一方，システム連携を開発する必要があることと，変更が生じたときに対応が煩雑になるといったデメリットも存在する。再構築時の全体像を想定しながら，結論を導くことがポイントとなる。

　配賦が必要となるのは業績管理だけではなく，利益管理でも必要となることが想定されることから，管理会計全体の再構築の中で議論する必要があろう。

(2) 予算管理における論点

　次に，予算管理における業務／システム設計の論点を見ていこう。

　予算管理は業績管理と対をなすものであり，業績管理で実績と対比する予算（計画や予測を含む）は，予算管理制度のルールに従って設定されたものになる。したがって，基本的には業績管理で定義された内容に則り，粒度や財務諸表の項目が設定されることになる。

① 業務設計上の論点

　予算管理独自に検討が必要な業務設計上の論点として挙げられるのは，予算種別と見直しタイミングである。

(a) 予算種別

　予算種別とは，策定する予算の種類のことであり，業績管理と対比する組織別や事業別の予算は必須であることはいうまでもないが，それ以外にどのような予算を誰がどのように設定するかを定義する必要がある。また，予算管理には予測や着地見込みの策定（作成）も含まれるため，こちらについ

ても業務設計時にルールや策定（作成）プロセスを定義しておく必要がある。

予算種別としては通常，組織別・事業別以外に，機能別予算とくくられる販売予算，設備投資予算，研究開発費予算等の個別予算がある。これらの予算は最終的に事業別や組織別で立てられる全社的な予算に内包されることになるが，別途予算実績管理を行う必要性から，別途予算プロセスを策定することが多い（図表2-47）。

図表2-47 予算種別と見直しタイミング

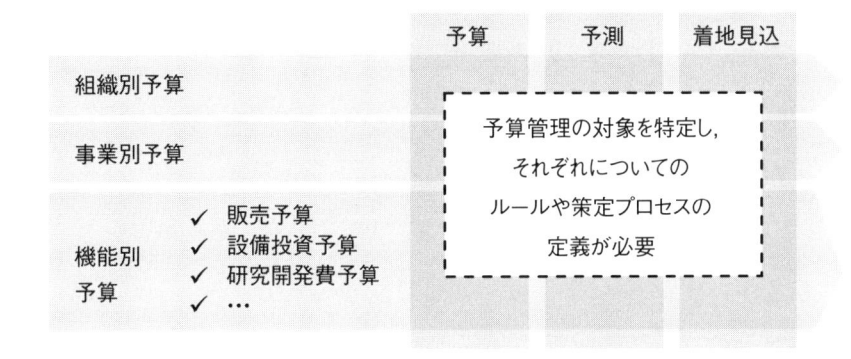

	予算	予測	着地見込
組織別予算			
事業別予算	予算管理の対象を特定し，それぞれについてのルールや策定プロセスの定義が必要		
機能別予算 ✓ 販売予算 ✓ 設備投資予算 ✓ 研究開発費予算 ✓ …			

予測は予算の見直しという形で用いられたり，別途予測情報を収集したりとさまざまな作られ方をするが，業績管理上必要な情報として誰がどのように作るのかを明確にすることがポイントである。あわせて，着地見込みの管理を行うケースが多いが，どの情報を使って着地見込みを作成するか等，定義すべきルールは多岐にわたるため，業務設計時には留意が必要である（図表2-48）。

(b) 見直しのタイミング

もう1つの論点は，見直しタイミングである。予算の見直しは1年を通じて行わないという企業もあるが，ビジネス環境が変化するのであれば予算の見直しは適正なタイミングで行われるべきである。環境変化がそこまで激

| 図表2-48 | 見込み，予測管理の事例 |

作成 集計時期	対象期間						合計
	4月	5月	6月	7月	8月	9月	
期首	予算	予算	予算	予算	予算	予算	半期予算
4月末	実績	修正見込 (4末時点)	修正見込 (4末時点)	修正見込 (4末時点)	修正見込 (4末時点)	修正見込 (4末時点)	予測 (4末時点)
5月末	実績	実績	修正見込 (5末時点)	修正見込 (5末時点)	修正見込 (5末時点)	修正見込 (5末時点)	予測 (5末時点)
6月末	実績	実績	実績	修正見込 (6末時点)	修正見込 (6末時点)	修正見込 (6末時点)	予測 (6末時点)
7月末	実績	実績	実績	実績	修正見込 (7末時点)	修正見込 (7末時点)	予測 (7末時点)
8月末	実績	実績	実績	実績	実績	修正見込 (8末時点)	予測 (8末時点)
半期末	実績	実績	実績	実績	実績	実績	半期実績

予算
　全社の利益計画とリンクして会計期間(半期)ベースで月別に，各組織単位で作成され，予算を作成した各組織が会計期間(半期)を通じて達成する責任を負うもの

見込
　作成時点における最新の情報により，未経過月の予算を修正した，実現可能性が最も高い数値である。ただし，修正は，実現可能性のみを考慮するのではなく，予算達成のために採るべき対応策の実現の効果を盛り込まなければならない。予算を作成した各組織において，毎月の実績集計後，月別に作成され，部課長会議で承認される。承認にあたっては，予算達成のために盛り込まれた対応策とその効果を「予測」により検討する必要がある。

予測
　経過月の実績と未経過月の見込を合算して算出される半期末の予想数値である。

しくない場合は半期での見直し，環境変化が激しい場合は四半期での見直しを想定することを基本線とし，特に環境変化が大きくなかった場合には見直さないという運用を行うケースが一般的である。

　見直しを行うとなると，現場への負担が相応に大きいため，部分的な見直しを行うといったビジネス環境に合わせたフレキシブルな対応が行える業務設計にしておくことがポイントとなる。

② システム設計上の論点

　システム設計における論点としては，予測を含む予算管理システムの範囲をどこまでにするかという点がある。これは，予算策定を行うシステム(予

算の入力や策定支援ツール）と予算実績対比（予測と対比を含む）を行うシステムを同一にするのかどうかを定義することと同義である。

予算を策定するという意味では，承認プロセスを含めて実装できるパッケージもしくはスクラッチシステムを構築する必要があるが，昨今ではクラウドで提供されるソリューションも増えてきており，機能の充実度も高まっていることから，基本的にパッケージ適用を想定するほうが開発工数や変更対応の面で有効と考えられる。

機能としては，予算や予測というものを複数回見直すことを前提とするため，バージョン管理をしっかりと行える点に気をつけてパッケージを選定する以外は，使い勝手等で最終的な判断をすればよいだろう。一方で，予算実績対比を行う機能については，予算策定を行うシステム（パッケージ）に同時に実装する手もあるが，利益管理をはじめとするその他の情報管理系業務を同じプラットフォームで統合する形が主流になってきていることから，予算策定システムから共通プラットフォームにデータ連携する形を前提にしたほうがよいだろう。共通プラットフォーム側に柔軟性の高い入力画面作成ツール等があるのであれば，予算策定からすべて共通プラットフォーム上に構築する手も考えられる（図表2－49）。

図表2－49 情報管理関連業務の共通プラットフォームを活用した予算策定システムの設計

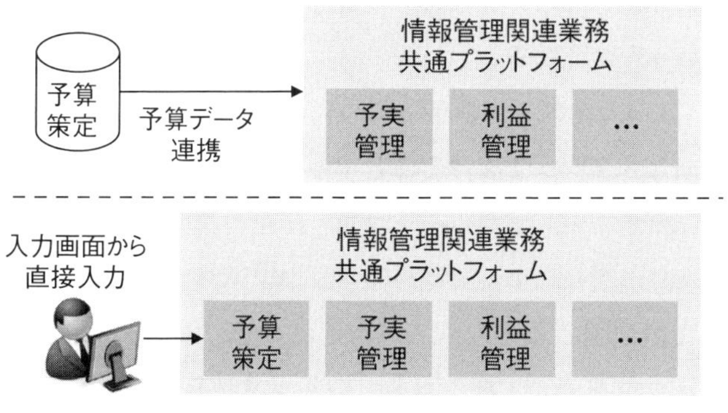

予算管理に関しては，システム全体像を理解したうえで設計に落とし込むことが求められるという点に留意しておく必要がある。

(3) 利益管理における論点

利益管理における業務／システム設計における論点に触れていく。利益管理は採算管理という呼び方をされることもあるが，企業の利益の源泉がどこにあるのか，何が利益を生み，何が足を引っ張っているのか，どの製品をどの市場に投入すべきなのかといった事項を，多面的な切り口から意思決定していくことを目的としている。業績管理が責任者の行動を前提としたパフォーマンス管理であったのに対し，利益管理は責任者が判断する元ネタを提供するための管理制度といえる。したがって，利益管理では実績管理に重点が置かれ，意思決定できるレベルの情報を整備することが求められる。

① 業務設計上の論点

業務設計における論点としては，分析軸の設定とP/Lで管理すべき項目の設定の2つに大別される。

(a) 分析軸の設定

分析軸については，利益管理特有の論点であり，業種・業態によってさまざまな分析軸を設定する。基本的な考え方は「事業軸」「市場軸」「製品軸」の3軸で，自社に合った分析項目を設定し，情報（データ）を整備のうえ分析を行うというものである。

「事業軸」はその名のとおり事業別の利益を管理するものとなる。事業別業績管理と同じメッシュで設けることが多いが，必ずしも財務会計上のセグメントとは一致しない。事業ポートフォリオを判断する単位で設定することが一般的であり，場合によっては事業ポートフォリオを判断する単位よりも小さい単位で設定することもある。例えば，総合電機メーカーのようなコングロマリット企業でOA機器事業という事業軸を設定する場合もあれば，

プリンタ事業／MFP事業といった具合に細分化した単位で事業軸を設定する場合もある。どのレベルで設定するかは意思決定を行いたい単位となるため，業務設計時にはその意思決定の単位をグローバルでどうするかという観点で検討を進める必要がある（図表2-50）。

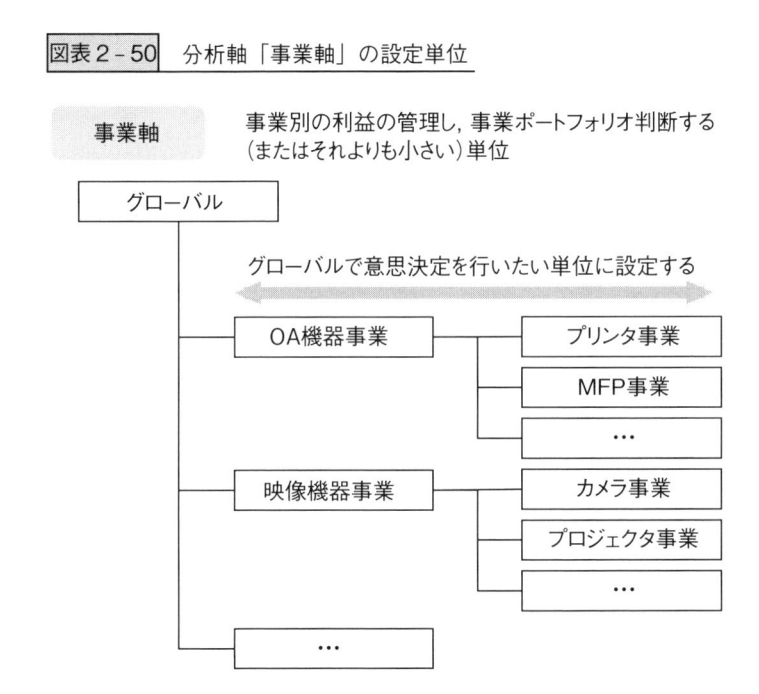

図表2-50　分析軸「事業軸」の設定単位

事業軸　　事業別の利益の管理し，事業ポートフォリオ判断する
　　　　　（またはそれよりも小さい）単位

```
グローバル ─┬─ OA機器事業 ─┬─ プリンタ事業
　　　　　　│　　　　　　　├─ MFP事業
　　　　　　│　　　　　　　└─ …
　　　　　　├─ 映像機器事業 ─┬─ カメラ事業
　　　　　　│　　　　　　　├─ プロジェクタ事業
　　　　　　│　　　　　　　└─ …
　　　　　　└─ …
```

グローバルで意思決定を行いたい単位に設定する

「市場軸」は，どの市場で利益を上げているかを判断するための切り口となる。一般的には，地域（アジア，欧州等）という切り口からドリルダウンしていく形で切り口を設定することが多い。徐々に小さい切り口となるため，地域→国→取引先（法人）→取引先（支店等）といった具合に切り口を設定することが多い。グローバルに取引をしている取引先だと，取引先→地域→国といったドリルダウンも想定される。どのような切り口でどのような順序で分析を行う必要があるかを業務設計時に明確にしておくことが重要なポイントである（図表2-51）。

図表2-51　分析軸「市場軸」の設定単位

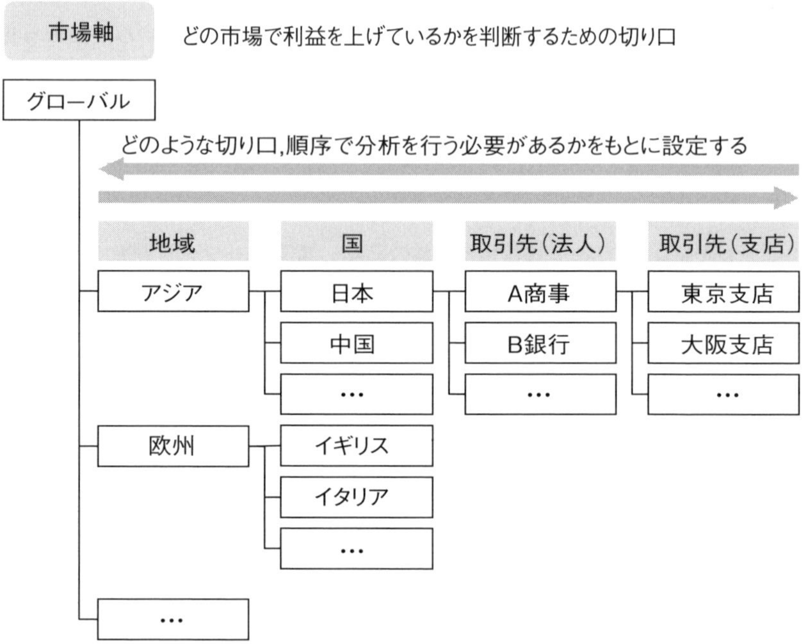

市場軸　　どの市場で利益を上げているかを判断するための切り口

グローバル

どのような切り口, 順序で分析を行う必要があるかをもとに設定する

地域	国	取引先(法人)	取引先(支店)
アジア	日本	A商事	東京支店
	中国	B銀行	大阪支店
	…	…	…
欧州	イギリス		
	イタリア		
	…		
…			

　最後に「製品軸」だが, これはその企業が扱う製品（あるいは商品やサービス）の何が利益を稼ぎ出しているのか等を判断し, 増産や他の施策を意思決定するための分析軸となる。事業に近い大きな括りからドリルダウンして, 最終的に製品単品まで利益を管理する形に分析軸を設定するのが一般的である。例えば, 電子部品→キャパシタ→製品Aシリーズ→品番001といった具合である（図表2-52）。

　業務設計時の考え方は市場軸と同じである。市場軸と製品軸をクロスで分析することによって, 自社の利益の源泉や今後の意思決定への指針を導き出すことが可能になる。例えば, 欧州のイギリスでキャパシタの中でもBシリーズが高い利益を創出しているという事実を捉えることで, イギリスに近いポーランド工場でのBシリーズの生産を増やすといったアクションを意思決定するとい

図表2-52　分析軸「製品軸」の設定単位

製品軸　どの製品/商品/サービスの何が利益を稼ぎ出しているのか等を判断し，増産や他の施策を意思決定するための切り口

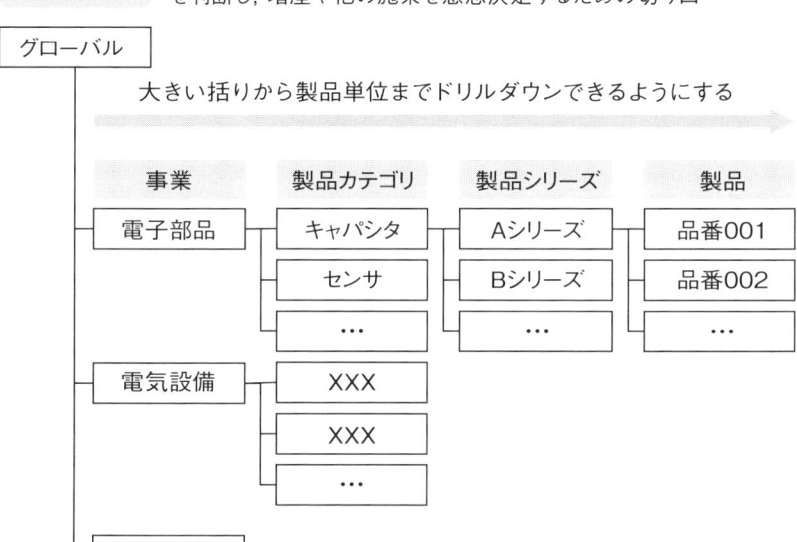

グローバル

大きい括りから製品単位までドリルダウンできるようにする

事業	製品カテゴリ	製品シリーズ	製品
電子部品	キャパシタ	Aシリーズ	品番001
	センサ	Bシリーズ	品番002
	…	…	…
電気設備	XXX		
	XXX		
	…		
…			

うイメージになる。分析軸の設定は企業ごとにすべて異なり，経営の意思決定上重要な役割を果たすものであるため，業務設計での分析をどうするかについては，経営陣も交えながら明確に決定するということに留意が必要である。

(b) P/L で管理すべき項目の設定

もう1つの論点である，P/L で管理すべき項目の設定について見てみよう。

利益管理ではさまざまな分析軸で利益を算出する必要があるため，P/L 形式の管理レポートを出力する必要がある。この際に，どのレベルの利益まで算出するのかが論点となる。例えば，市場軸での管理レポートを想定した場合，地域別の利益であれば営業利益まで算出することは比較的容易である。地域という大きな括りの場合には，販売費を配賦せずに済むため，利益の金額が歪むことはないためである。一方，ドリルダウンをして取引先別の利益を算

出する場合，その取引先に対して発生したリベート等は把握することができるため，利益にそのまま反映させればよい。しかし，地域や国全体に対して行ったキャンペーン費用等のマーケティング費用や，統括会社の販売統括部門の費用等は，配賦をしない限り取引先別のP/Lに反映できない。この際，妥当な配賦基準が設定できないと利益の額を歪めてしまう可能性がある。

業務設計では，この配賦基準の設定が可能かどうか，配賦によって利益の金額を歪めてしまい正しい意思決定ができなくなってしまわないかを見極め，どのレベルの利益を使って意思決定するかを定義する必要がある（図表2-53）。

図表2-53　P/Lで管理すべき利益レベルの設定

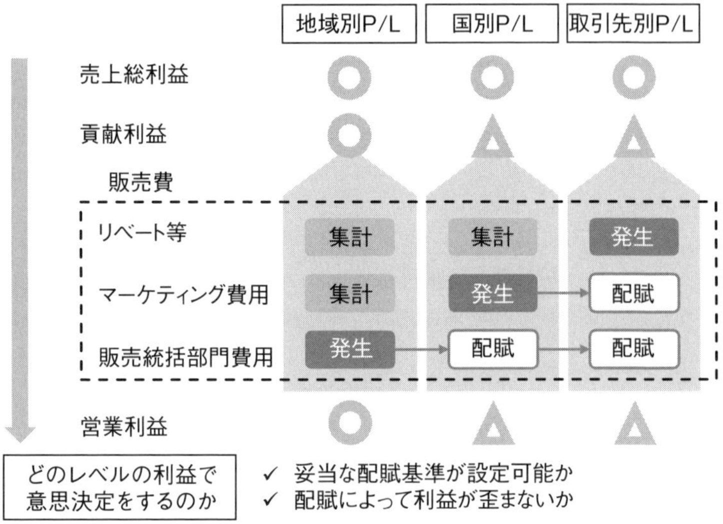

	地域別P/L	国別P/L	取引先別P/L
売上総利益	○	○	○
貢献利益	○	△	△
販売費			
リベート等	集計	集計	発生
マーケティング費用	集計	発生	配賦
販売統括部門費用	発生	配賦	配賦
営業利益	○	△	△

どのレベルの利益で意思決定をするのか
- ✓ 妥当な配賦基準が設定可能か
- ✓ 配賦によって利益が歪まないか

　日本企業に多く見られるのは，どんな切り口の場合でも一番詳細な単位（利益管理では営業利益）まで配賦するのがよいと勘違いしているケースである。製品別に営業利益まで算出しているケースも散見されるが，製品単位に販売費をどれだけ使ったかを判断する配賦基準を設定できるはずもなく，場合によっては利益が出ていないのに出ているように見えてしまうような事

象を引き出しかねない。このようなことのないよう，切り口によって妥当な意思決定ができるレベルで利益を算出するように定義することが重要なポイントである。

②　システム設計上の論点

システム設計の論点としては，業務の論点で述べた配賦に関わるところが最も重要である。システム的には基準に沿って配賦処理を行えばよいのだが，多品種あるいは多くの顧客に販売しているような企業だと，配賦を行うことで膨大なデータ量になってしまうケースがある。製品が１万品種ある企業の場合，ある１科目の費用を品種に配賦すると１万レコードになる。これを週単位で持つと１ヶ月のデータは４万データ。ここに複数科目や市場軸での配賦が入ってくると，そのデータ量は飛躍的に膨らんでいく。そのため，多次元での分析を行う際に，データ量の多さに起因するパフォーマンスの問題が生じるケースがある（図表２－54）。

図表２－54　配賦処理のパフォーマンスへの影響

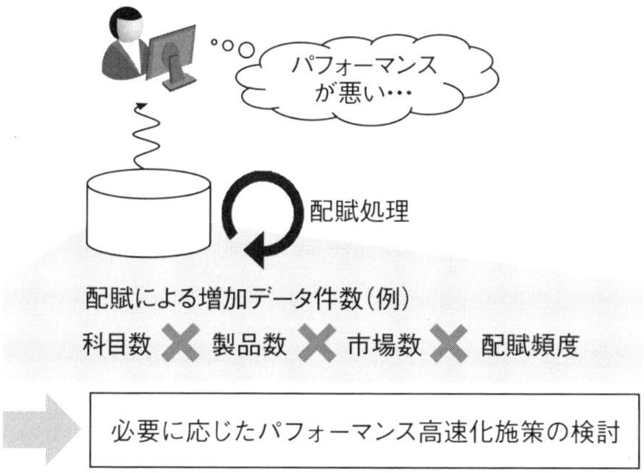
パフォーマンス
が悪い…
配賦処理
配賦による増加データ件数（例）
科目数 ✖ 製品数 ✖ 市場数 ✖ 配賦頻度
必要に応じたパフォーマンス高速化施策の検討

ハードウェアの進歩により，以前よりもパフォーマンスの問題は少なく

なってきたとはいえ，グローバルにビジネスを展開することでより広範囲なデータを分析する必要が生じてきたことによって，パフォーマンスの問題はいつでも起こりうる状態になっている。データ量を見極めながら対応する必要があることはもちろん，業務上どうしても大量のデータを分析せざるを得ない場合には，インメモリデータベースの導入等のパフォーマンスの高速化施策をシステム設計時に考慮しておく必要がある。

(4) 原価管理における論点

① 原価管理の前提

　管理会計業務およびシステムの論点の最後として，原価管理における論点に触れていく。ここでは，原価管理の中でも特に製造業で論点となる製造原価周りのトピックに触れていく。サービス業等の原価は，結局のところLabor Cost を含めて販管費の集計という色彩が強いため，単価×時間の集計を行える仕組みがあれば問題ないと思われる。議論が複雑になりがちな製造原価に絞って本書では取り扱う。

　原価計算については前述したが，財務上どんな原価計算方式を採用しているかと原価管理とは直接的な関係はない。日本の上場企業の大部分は，有価証券報告書に総合原価計算を採用している旨記載されているが，財務上の原価計算では実質的に原価を管理することができるわけではない。"管理"とつく以上，コントロールできる状態になっている必要があり，そのためには計画（どのぐらいの原価で生産するのか）値が必要であり，その計画値と実績を対比することによってその差を埋めるための活動（アクション）へとつなげていく PDCA サイクルが回らなければならない（図表 2-55）。

　しかも，アクションへつなげていくためには，製品別や工程別といった管理に必要な単位で原価の計画実績差異を捉えられなければならない。

　この前提に立った場合に実現すべき管理会計上の原価管理は，標準原価もしくは目標原価の採用が前提となる。業績管理や利益管理における売上原価を正確に捉えようとする思いが強いため，製品別の実際原価のみを捉えよ

図表2-55　原価管理のPDCAサイクル

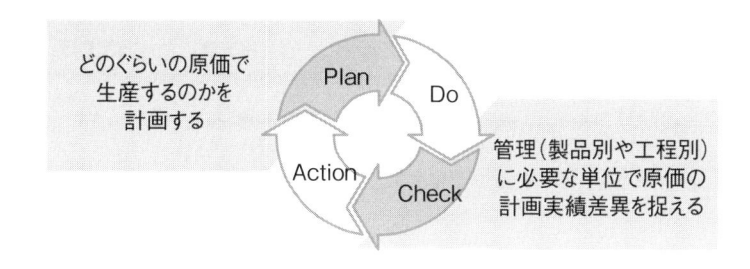

うとする企業も多いが，原価をコントロールするという観点からは，製品別の実際原価を捉えてもあまり役に立たない。あくまでPDCAサイクルを回すための計画値がコントロールのためには必要であり，そのためには原価の計画値（標準原価あるいは目標原価）を設定しなくてはならない。通常，標準原価を設定する企業が多いため，標準原価計算を用いた原価管理を本書ではモデルとして解説していく。

② 業務設計上の論点

業務設計の論点としては，標準原価の積上計算ロジックの設計と原価差異分析の2点が挙げられる。部材の点数が多い業種だと，非常に骨の折れる作業となるが，標準原価が原価管理における重要な基準となるため，納得性のあるロジックで設定されていないと管理に使えない原価差異が算出されてしまうことになる。標準原価を使った原価差異の算出ロジックの例は図表2-56にあるようなものになるが，すべて標準原価ベースでの算出ロジックとなるため，標準原価が正しくないと意思決定に影響を及ぼしてしまうことがわかるだろう。

標準原価は，基本的にBOM（Bill of Materials：部品表）に従ってそれぞれの部材ごとに設定された標準原価で積上計算される。直接労務費や間接費についても標準値が設定され，その数値をもとに積上（配賦を含む）計算されて，最終的に製品の標準原価が計算される（図表2-57）。

図表2-56 標準原価を使った原価差異の算出ロジックの例

原価差異 ＝ 当月投入量に対する標準原価 － 当月投入量に対する実際原価
　　　　＝ 直接材料費差異 ＋ 直接労務費差異 ＋ 製造間接費差異
　直接材料費差異 ＝ 標準直接材料費 － 実際直接材料費
　直接労務費差異 ＝ 標準直接労務費 － 実際直接労務費
　製造間接費差異 ＝ 製造間接費標準配賦額 － 製造間接費実際発生額

図表2-57 標準原価の計算例

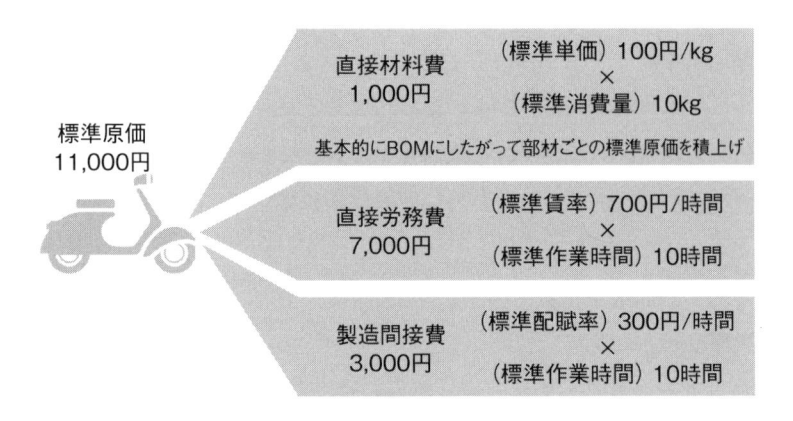

標準原価 11,000円

直接材料費 1,000円
（標準単価）100円/kg × （標準消費量）10kg
基本的にBOMにしたがって部材ごとの標準原価を積上げ

直接労務費 7,000円
（標準賃率）700円/時間 × （標準作業時間）10時間

製造間接費 3,000円
（標準配賦率）300円/時間 × （標準作業時間）10時間

　すべての品目に標準値が設定されれば問題ないのだが，業務設計上設定が難しい部分についてどう判断するかが論点となる。多くの日本企業で論点となるポイントを抽出すると，原価用BOMの設定要否，間接費へのABC原価計算の採用要否，工場別の標準原価設定要否，等が挙げられる。それぞれの論点について触れていこう。

(a) 原価用BOMの設定要否

　原価用BOMの設定要否とは，本来製造する際に使用されるBOMに従って積上計算するのであるが，製造用のBOMで積み上げると正しく標準原価が計算されないケースをどうするかというものである。製品としては同一品

目であるが細かな仕様が違う製品，あるいは頻繁に設計変更（改良）が入るような品目でそのような事象が生じる。例えば，ある電子部品を取り付けるのだが，取引先A社の電子部品と取引先B社の電子部品のどちらでもよいというケースでは，その電子部品の購入金額は異なる可能性がある。しかし，それぞれの使用部品ごとに元の製品の標準原価を設定することは業務上煩雑であり，原価管理のために別々の製品コードを登録するのも難しい（所要量の計算等で問題が生じる可能性もある）。また，別のケースで，頻繁に改良が加えられるような製品だと，毎月のように製造用のBOMは改定されるため，そのたびに積み上げる必要があるのかどうか議論になる。

これらのケースでは，業務上の負荷やそこまでの精度が管理上必要かどうかという視点で判断をし，製造用のBOMやその改定に合わせて標準原価を設定するのではなく，原価用のBOMを設定して標準原価を積み上げることがある（図表2-58）。部品の原価の変動をある程度盛り込んで，標準原価を設定することになる。

先ほどの取引先AとBの部品のケースだと，原価用の電子部品品目を設定し，その標準原価を取引先AとBの加重平均をとって設定するといった具合である。製品用のBOMを活用するほうが業務的には煩雑さがないのだが，ケースによっては原価用BOMを設定したほうが正しい判断ができる場合もあるため，自社の製品に合わせて検討し，原価用BOMの設定可否を決定していくことが重要なポイントである。

(b) **間接費へのABC原価計算の採用要否**

2つ目の間接費へのABC原価計算の採用は，間接費の原価に占める率が比較的高い製品を作っているような企業で，間接費配賦の恣意性をなるべく排除したほうが意思決定を正しくできると判断される場合に用いられる。

間接費は，どの製品（あるいは半製品）を作るときに使われるかということがはっきりしない性質の費用である。副資材や管理職の労務費等，多岐にわたる。この費用を製品別といった単位で配賦をすると，例えば生産数に

図表2-58　標準原価用BOMの設定が検討されるケース

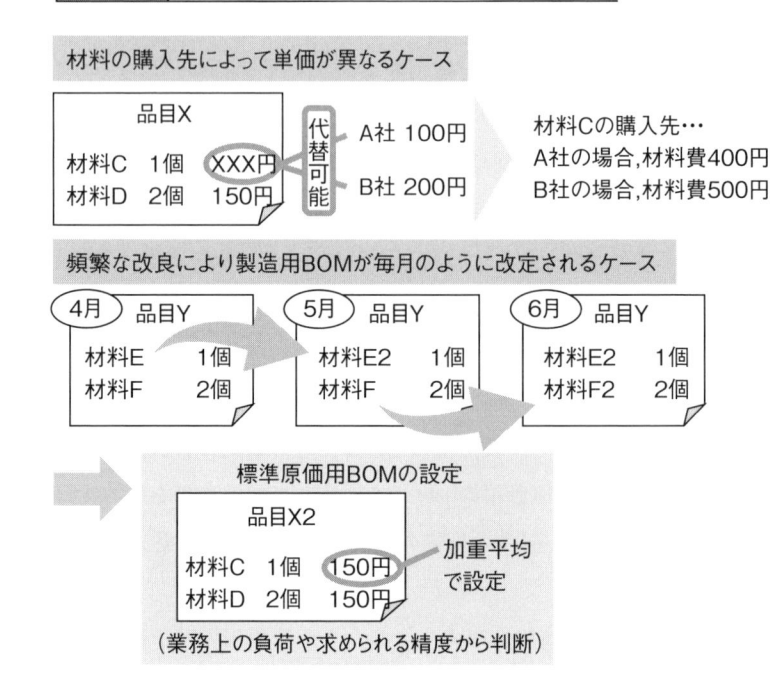

材料の購入先によって単価が異なるケース

品目X
- 材料C　1個　XXX円
- 材料D　2個　150円

代替可能
- A社　100円
- B社　200円

材料Cの購入先…
A社の場合,材料費400円
B社の場合,材料費500円

頻繁な改良により製造用BOMが毎月のように改定されるケース

4月　品目Y
- 材料E　1個
- 材料F　2個

5月　品目Y
- 材料E2　1個
- 材料F　2個

6月　品目Y
- 材料E2　1個
- 材料F2　2個

標準原価用BOMの設定

品目X2
- 材料C　1個　150円（加重平均で設定）
- 材料D　2個　150円

（業務上の負荷や求められる精度から判断）

応じた配賦だった場合に原価が歪んでしまう可能性がある。たまたま，その月に多く生産する季節性のあるものに対して多くの費用が乗ってしまうことで，前月対比をした際にコストが増えているとみられ，生産量を抑えるという間違った判断をしてしまうおそれがあるのである（図表2-59）。

このようなことを少しでも減らすために，ABC原価計算の考え方を一部採用するケースがある。ABC原価計算とはActivity Based Costingの略で，活動基準原価計算と訳されるが，人（あるいは機械）の活動量（時間等）で原価を算出するものである。詳細は専門書に譲るが，間接費に含まれている費用の中で時間当たりの単価を算出し，その稼働時間を計ることによって，より納得感のある標準原価の算出が可能になる部分を多くすることを検討するということである。単価を設定できても，実際に活動量（時間等）を算定することが難しいケースでは，活動量の算定のために余計な業務が増えてし

|図表2-59| 誤った間接費配賦に基づく間違った判断

月	生産数		間接費発生額	配賦額	
	製品A	製品B		製品A	製品B
1	100	50	300	200	100
2	110	40	300	220	80
3	110	40	300	220	80
4	200	50	320	256	64
:	:	:	:	:	:

製品Aの間接費が増えているから生産量を抑えるべきか

まう場合もあるので，トレードオフを意識しながら採用可否を検討することがポイントとなる。

(c) 工場別の標準原価設定要否

最後に工場別の標準原価設定要否について触れておく。同一国内に複数の工場がある場合に，それぞれの工場で標準原価を分けるべきかという論点である。システムに依存する部分でもあるが，同じ製品（品目）でありながら，作る工場で原価が異なることは往々にしてあり得ることである。特に労務費に違いが出るケースが多く，日本の工場の場合はそれほどの差がなくても，中国の工場では地域で大きく労務費が異なるため，同じ製品でも相当な金額で違いが出ることがある（図表2-60）。

原価計算システムでは，同一品目で原価が変わる場合に，工場単位でマスターを別に持つ必要があるものが多く，マスター管理の観点で二重管理の部分が増えてしまうため業務が煩雑になってしまう。このような業務上の負荷や混乱を勘案しながら，工場別に標準原価を設定するのか，あるいは生産量でどちらかに片寄せするといった対応をして1つの標準原価で運用する形態にするのか，といったことを決定する必要がある。標準原価の精度が原価

図表2-60　工場別の標準原価設定検討のポイント

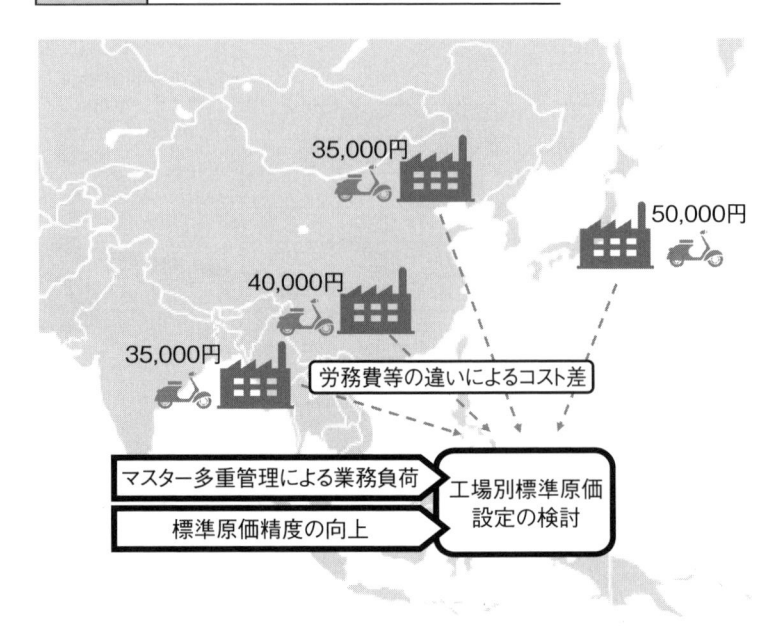

- 35,000円
- 50,000円
- 40,000円
- 35,000円
- 労務費等の違いによるコスト差
- マスター多重管理による業務負荷
- 標準原価精度の向上
- 工場別標準原価設定の検討

管理上非常に重要であることは間違いないが，精度向上のための取り組みと業務負荷のバランスを見ながら，業務設計を進めていくことが重要である。

③　システム設計上の論点

次に，標準原価の積上計算におけるシステム設計における論点を見てみよう。標準原価の積上げは，もはやシステムなしでは成立し得ない世界といって差し支えないだろう。特に部材の点数が多い製品を扱っている企業では，標準原価算出に必要な膨大な計算を手作業でやることは不可能である。不可欠なシステム対応となるわけだが，論点となるところはパッケージ導入を行うか否かという点と，積上計算のパフォーマンスという点である。

(a)　パッケージ導入を行うか否か

原価計算システムは，パッケージを導入している企業がそれほど多くな

い領域といえる。ERPを導入することでロジスティクス系と会計を統合して基幹システムを構成しているようなケースであれば，ERP内の原価計算モジュールを採用して原価計算を行っているのが普通である。これは，ロジスティクス系のマスターを共有することで効率的に原価計算を行うことが可能であるため，通常はERPのメリットを最大限享受するためERP内で原価計算を行う。

会計とロジスティクス系のシステムが別々に構築されている企業だと，原価計算システムを別途スクラッチで開発している例が多い。原価計算専用のパッケージというものでメジャーなものは存在していないため，必要な機能をスクラッチで構築するという発想が根強いのである。

結局のところ，ERPを基幹業務全体に適用するかどうかに依存しているため，再構築にあたってはどこまでの範囲を再構築するか，どういったアプローチで（例えば会計からやって，その後ロジスティクス系等）再構築を進めるのかによって，原価計算システムをどのように構築するかが決まってくる。どちらが正解かは企業のシステム基盤の状況にもよるため，構想時に個別の検討が必要となる。生産管理システムパッケージに原価計算機能がついているものもあるため，ロジスティクス系のパッケージ選定に含めるか否かも勘案して判断していく必要がある。原価計算システムをそのまま延命する判断もあるだろうが，再構築にあたって原価管理業務を高度化する方向に動く場合は，新しいシステムを入れないと対応できないことが多い。構想時にゼロベースで考えていく姿勢が重要なポイントとなる。

(b) **積上計算のパフォーマンス**

もう1つの論点が積上計算のパフォーマンスである。ほとんどの業種で製品のライフサイクルが短くなってきている昨今，標準原価の積上げに時間を要していることは致命的な課題ともいえる。なぜなら，標準原価は毎月1日の業務が始まる前に設定されていなくてはならず，今後は年に一度設定するというよりは，毎月のように出てくる新製品や改良した新しい品番の製品

のために，標準原価を月末のタイミングで迅速に設定する必要が生じてくるからである（図表2‐61）。

図表2‐61 標準原価積上げのパフォーマンスへの影響

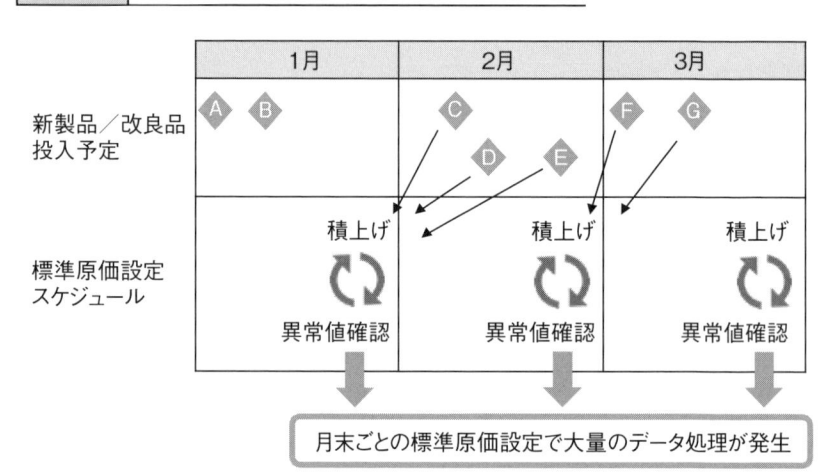

	1月	2月	3月
新製品／改良品投入予定	Ⓐ Ⓑ	Ⓒ Ⓓ Ⓔ	Ⓕ Ⓖ
標準原価設定スケジュール	積上げ↻ 異常値確認	積上げ↻ 異常値確認	積上げ↻ 異常値確認

月末ごとの標準原価設定で大量のデータ処理が発生

　標準原価の積上げはトライアンドエラーの色彩が強く，一度計算したら終わりというものではない。異常値を確認しながら最終的な標準原価を確定していくことになるため，繰り返し積上計算する必要がある。月末に大量のデータ処理を繰り返し行う必要性が生じることから，計算のパフォーマンスに問題が生じないようにシステム設計を行う必要がある。インメモリ技術の採用を検討するのはもちろんのこと，ロジスティクス系のマスターを読み出すスピード等も重要な要素となってくるため，基幹システム全体を勘案しながら設計を進めることが重要なポイントとなる。

④　原価差異分析における論点
(a)　業務設計上の論点
　では，業務設計のもう1つの論点である原価差異分析に触れていこう。標準原価が正しく設定されていれば，原価の管理という側面では原価差異分

析がすべてといっても過言ではない。標準値と実績値との差は原価差異で表され，この原価差異は想定していたものとは違う事象が起こったために出てきていると解釈することができる。したがって，どんな種類の原価差異がどれぐらいの金額で（差で）出ているのかを分析することで，次のアクションを意思決定することができる。例えば，受入価格差異（購入価格差異）がある品目で多く出た場合，不利差異であったなら，なぜ想定よりも価格が高くなっているのかを調査し，その結果購入量が少なかったためボリュームディスカウントが効かなかったということがわかれば，週次の発注を隔週に変更して発注量を増やすといったアクションを導くことができる。

このような観点で，原価管理上必要となる原価差異分析の種類とその差異に対するアクションを判断する部署を整理したものが図表2-62である。業種・業態によってこれらすべての原価差異分析を必ずしなくてはならないわけではないが，企業の特性に合わせつつ網羅的な分析を行う必要があることに留意する必要がある。

図表2-62 原価差異分析の種類とアクションの判断部署

	原価差異分析(レポート)	管理対象	判断部署
製造指図差異	消費量差異	部材消費効率	製造部門
	製造時間差異	内作作業能率	製造部門
	外注加工差異	外注加工単価	購買部門
	その他製造差異	製造原価	製造部門
部門差異	予算差異	経費	製造部門
	操業度差異(間接費配賦差異)	操業度	生産管理部門
その他差異	受入価格差異	購買単価	購買部門
	棚卸差異	在庫数量	在庫管理部門
	標準原価改訂差異	購入品原価	購買部門
		製品/部品原価	生産管理部門

また，責任部署を特定することが非常に重要な業務設計内容となることにも留意しておく必要がある。あくまで，コントロールするための管理であるため，コントロールするためのアクションを責任をもって行える部署を責任部署として意思決定させないと，業務プロセスの改善やコストダウンの実現につながっていかない。権限と責任に整合性が取れた業務を設計する必要がある。

(b) システム設計上の論点

　システム設計の観点から原価差異分析に触れると，レポートの開発に論点は集約できる。ERPをはじめとするパッケージで原価計算を行っている場合は，前述の各種原価差異を確認するための原価差異レポートを標準的に出力することはできない。一部の原価差異についてはレポートが用意されているが，業務要件を満たせるようなものは用意できていないことが大半である。

　各レポートで必要となるフォーマットイメージについては図表2-63に示しているが，パッケージの場合もスクラッチ開発の場合も同様のイメージでのレポート開発が必要となる。したがって，このような原価差異レポートを出力するための設計を綿密に行うことが，システム設計上重要となる。特に，原価差異レポートの種類によっては，工程ごとといったように詳細なデータを抽出し，表示する必要が出てくるため，どのシステムのどのテーブルからデータを抽出すれば業務要件を満たすのかに留意して，設計を進めていくことが重要である。

　本章では，会計関連業務で再構築を検討する際に必要となる，財務会計，連結会計，管理会計の各業務およびシステムにおける論点を整理してきた。企業によってはここで整理した以外の業務プロセスが重要になったり，業種特有のルールを設定したりする必要がある場合もあるであろう。しかし，ここで整理した論点は最低限検討の俎上に載せておかなくてはならないものであるため，まずこの論点については議論を尽くしたうえで，企業特有の論点について抜け漏れのないよう検討を進めていくことが肝要である。

図表2-63　原価差異分析レポートイメージ

消費量差異管理レポート

内作工程A

完成品	部材品目	標準単価	標準数量	標準金額	実際数量	実際金額	消費量差異
製品1	部材1	100	105	10,500	103	10,300	−200
製品1	部材2	200	105	21,000	103	20,600	−400

製造時間差異管理レポート

内作工程A

完成品	標準単価	標準数量	標準金額	実際数量	実際金額	能率差異
製品1	5,000	5.3	26,500	5.15	25,750	−750

予算差異・配賦差異管理レポート

経費発生額	予算	実績	予算差異	配賦差異
労務費	500,000	650,000	150,000	
厚生費	100,000	100,000	—	
共通固定資産減価償却費	200,000	250,000	50,000	
…				
計	1,000,000	1,200,000	200,000	
個別金型減価償却費	150,000	170,000	20,000	← 予算差異
合　計	1,150,000	1,370,000	220,000	操業度差異

製造指図への計上額　　　　　　　　　間接費配賦差異

	予算	実績		配賦差異
内作加工費	1,000,000	900,000		100,000
間接費	150,000	120,000		30,000
合　計	1,150,000	1,020,000		130,000

　また，本章で触れている内容は，本社を含む個社ごとの業務で必要となる点にフォーカスしてきている。グローバル再構築という観点からすると，個社だけでなく本社と子会社それぞれの連携の中で再構築を検討すべき部分も出てくる。その点については，各業務個別の部分を越えて検討する必要があるため，次章でグローバル全体の再構築という観点で論点をまとめていく。

第3章

会計関連業務／システムの グローバル再構築上の論点

本章では，前章で触れた単体・連結会計業務およびシステムに関する基本的な考え方，論点に続き，グローバル全体での再構築を検討する際に，特に全体を意識して検討する必要がある論点をまとめていく。本社あるいは子会社内に閉じたときの論点とは違った論点について検討が必要になってくるため，グローバル全体の業務／システムと個社別の業務／システムとの内容に関して整合性を意識しなくてはならない。

1 グローバル再構築時に認識すべきこと

まず個社別の再構築とは違い，グローバル再構築という枠組みの中で特に意識しなくてはならない点，今までとはやり方を変えなければならない点等について整理しておこう。

(1) 本社（国内）システムの特殊性

① 投資対象は本社（国内）なのか

日本企業のほとんどが日本に本社を置いている。グローバル化の深化に合わせて，海外に本社機能を移そうという日本企業も出つつあるが，日本企業が本社を海外に移すことは今後も多くは出てこないことが予想される。多くの日本企業が，今では海外の売上比率が高くなっているとはいえ，もともとは日本中心にビジネスを行い成長してきた。そのような経緯もあり，日本本社におけるオペレーションや管理，あるいはシステムは非常に充実した状態になっているものの，内外の子会社に関しては大きく劣るものになっているというのが現実である。日本のやり方を，海外を含む子会社に浸透させようとしてきた企業もあるが，よい結果をもたらしているとはいい難い。

グローバル標準化に取り組むと見えてくることであるが，標準化を進め

ていくうえでシンプルに業務やシステムを構築しようとすると，現在の業務のやり方を大きく変える必要が出てくるのは，決まって日本におけるビジネスである。一方の海外子会社でのオペレーションは，比較的容易に標準化できることが多い。最も大きな違いは，取引のパターンや1つの業務に対するバリエーションが多く，そのすべてに対応するようにシステムが構築されている点である。いわば社内外の関係者すべてに対して，至れり尽くせりの業務とシステムを作り上げているのが本社の業務／システムなのである。それだけ本社の業務／システムに大きな投資をしてきたということであり，本社を中心としたガバナンスの効かせ方をしてきたということである。海外売上比率が過半を占める（あるいは占めることが予想される）企業にとって，本社や国内子会社の業務／システムに投資することが正しいことなのだろうか。

② グローバルで統一すべき内容を考える

現在のビジネス環境に鑑み，グローバル再構築に取り組もうとする日本企業は，これまでの本社で行ってきた業務やシステム構築が特殊であったことをまず認識する必要がある。同じレベルをグローバルで追い求め，グローバル再構築に際してそれぞれの子会社が満足するものを作り上げるとなると，相当の投資を行う必要がある。再構築に踏み込めない企業が続出してもおかしくはない。

ただ，本社（国内）が特殊であることを理解していれば，特殊な要件には対応せず，グローバルで統一すべき業務／システムに対してのみ投資を行うことが可能になる。会計関連業務／システムという観点に立てば，会計基準はグローバルでそこまで大きな差はない。IFRSで統一する方向性であれば，基本的には同じ処理が行われることになる。異なるのは，会計処理に至るまでの業務プロセスであり，この業務の大部分（特に海外におけるオペレーション）を標準化し，システム統合することができれば，グローバル再構築の効果は得られるはずである。逆に，それぞれの国の商習慣に合わせたオペ

レーションの部分まで個別に業務／システム設計を行い，対応していくと膨大な開発工数となり，しかも柔軟性を欠くシステムを構築することになり，効果が得られないという結果に終わる。

　グローバル再構築にあたっては，日本で行われている財務会計のオペレーション，管理会計のルールが特殊であるということを認識し，グローバルで統一すべき内容をゼロから考えていく姿勢が重要である。どうしても現在の日本（本社）でやっていることを正としてグローバルを考えてしまう傾向が強いため，外部協力者（コンサルタント等）の意見を参考にしたり，多くの部門を巻き込んで議論したりする等，閉じた世界で検討を行わないよう留意する必要がある。

(2) グローバルという名のハードル

① グローバルの範囲

　日本（本社）の特殊性を理解したうえで，さらに理解をしておく必要がある点として挙げられるのが，グローバルという範囲で再構築を行う難しさである。日本企業にとってグローバルといえば，当然海外の市場でどうビジネスをするのかということになる。このグローバルという言葉の捉え方は，企業によってさまざまである。文字どおり欧州，米州，アジアといった地域にアフリカ大陸や南米大陸の国々を加えたすべての国々を対象にしている企業もあれば，東南アジアにだけ進出している企業では日本と東南アジアの2つの地域でグローバルといっている企業もあるだろう。

　グローバルという範囲に含まれる地域や国が多ければ多いほど，再構築のために考慮する事項は多くなり，統合や標準化といった改革を実行する難易度は高まっていく。会計関連業務という側面で見ても，管理会計はグローバルで統一することは可能であっても，各国の税務対応や商習慣への対応は統一できない可能性が高い。当然，日本とシンガポールだけに対応したらよいというビジネスモデルの企業と，東南アジア諸国すべてと EU 加盟国すべてをビジネス市場としている企業とでは，業務およびシステム設計の難易度

が異なる。なぜならグローバルで標準化する範囲を定義するという段階で，どの国とどの国の税務対応や商習慣が共通化できて，どの国の特殊性だけ標準化から排除すべきかを判断しなくてはならず，対象国が多いほど複雑になるためである（図表3-1）。

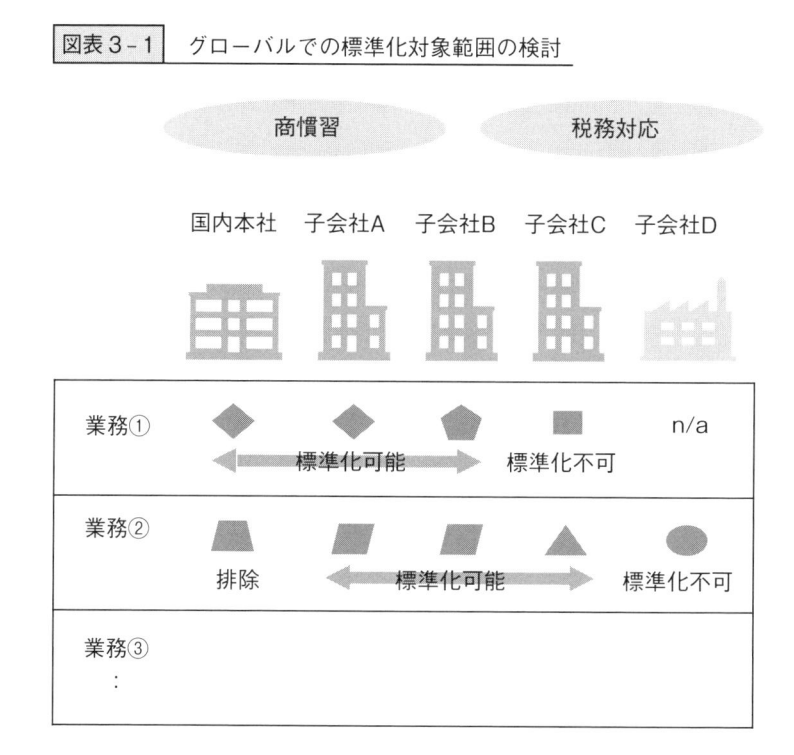

図表3-1 グローバルでの標準化対象範囲の検討

商慣習　　税務対応

国内本社　子会社A　子会社B　子会社C　子会社D

業務①　　標準化可能　　標準化不可　　n/a

業務②　　排除　　標準化可能　　標準化不可

業務③
　　：

② 国・地域を越えた部分への対応

　グローバル再構築という枠組みでは，地域で完全に分断されるわけではない領域が必ず存在する。アジアはアジアでのオペレーションのやり方，米州では米州でのやり方，という具合に分断して標準化できる部分はあるかもしれない。しかし，管理会計の部分や連結会計の部分では，必ずグローバルで統一されたルールのもとオペレーションがなされなくてはならないため，

国横断,地域横断で考えなくてはならない部分が必ず出てくる。単一国で再構築することとは決定的に違う点がここにある。物理的に離れている商習慣や法律が違う国を相手に,標準化できる部分を特定していくためには,言語や商習慣に対する相互の理解だけではなく,時差のマネジメントや展開計画策定の難しさを意識しておく必要がある(図表3-2)。

図表3-2 管理会計と連結会計のグローバル統一

- 言語や商習慣に対する相互理解
- 展開計画策定の難しさ
- 時差のマネジメント
- 人材の業務レベルの差

→ 管理会計と連結会計のグローバル統一

グローバルプロジェクト経験者で再構築を推進

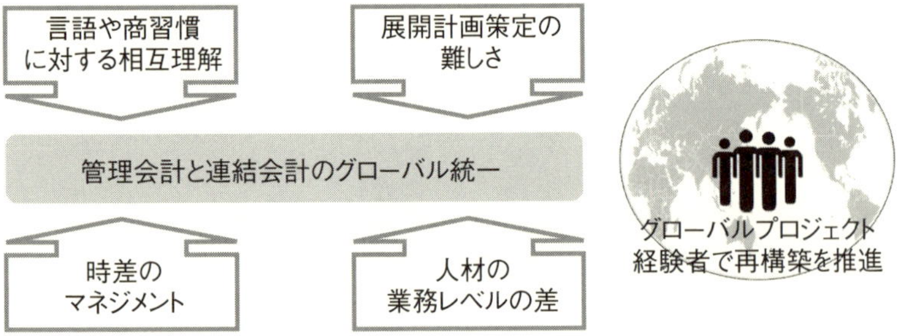

また,会計関連業務に携わる人材のレベル差もさまざまであるため,そのレベル感を標準化していく難しさがあることを認識しておかなくてはならない。本社が日本だからといって日本人の論理だけでは押し切れない部分も当然あるため,グローバルプロジェクト経験者を中心に据えたり,外部コンサルタントを巻き込んだりすることで,グローバルのハードルを克服できるようプロジェクト推進に気をつけていく必要があろう。

(3) 易きに流れないための新技術に対する理解

グローバルで業務を再構築すると,必ずその業務を遂行するためのシステムも再構築する必要がある。標準化の度合いや現状のシステム基盤の状況によって難易度はさまざまになるが,国や地域を跨がったシステム連携が必要になる以上,非常に難易度が高い取り組みであることは理解しておく必要がある。特に,基幹システムとしての会計システムを再構築するということ

は，同一システムを世界中で利用することになるのと同義である場合が多い。

　ここで気をつけなくてはならないのは，これまでの情報技術を前提にシステム展開を考えてはならないということである。グローバル展開というお題目がつくと，どうしてもパッケージでテンプレート展開するイメージを強く持ってしまい，「そんな標準化は無理だ」「そんな期間でできるわけがない」といった具合に，初めから諦めた結論が導かれがちである。しかし，最新の情報技術を活用すれば，これまで無理だったことが可能になってくる部分も多い。一度に複数の国で同時導入を行うことは難しかったが，クラウドを使えば早期に同時並行での導入が可能になる場合もある。請求書を受け取るのに時間を要していた業務が，新しい技術を使うことによって自動化されて導入を速めることができるかもしれない。こういった新しい技術に対する理解を深めておかないと，再構築をしたのはいいが大した効果を生み出さない（再構築ではなくちょっとした改善にとどまってしまう）という結果になりかねない。

　業務に対してシステムが与える影響は以前よりも増しており，スピードが求められる環境では，特にシステムによる高度化が必須となっている。グローバル再構築は半年や1年で完了できるものではないため，より先を見た技術の導入を検討するのは当然である。そうでなければ，再構築が完了した時には陳腐化してしまうという憂き目に遭うことになる。

　グローバル再構築ならではの留意点は後に述べるように数多く存在するが，取り組む前の心構えとして，前述の3点については留意しておく必要がある。日本の特殊性，グローバルという難しさ，新しい技術への理解，この3つを意識した構想，設計，展開を行っていくことを前提として，次節ではグローバル再構築において特に意識して検討が必要な論点について整理していこう。

2 多くの日本企業で検討が必要となる グローバル再構築時の論点

　会計関連業務／システムの再構築を行うにあたって，個別の業務での論点ではなく，グローバル再構築全体にわたって検討が必要となる論点について見ていこう。ここに挙げる論点やその考え方は，多くの日本企業で再構築時に検討しておかないとプロジェクトが頓挫したり，思うような効果が得られなかったりするポイントである。もちろん，企業によって環境が異なるため，論点にならないケースもあり得る。あくまで再構築時に最低限考慮しておかなくてはならない項目として，それぞれの検討要否を含めて個別に判断していけばよいだろう。

(1) 企業のIT資産（既存システム）の状況を見極める

　最初の論点は，既存のIT資産が与える影響についてである。グローバルでシステムを再構築する際に，現在のシステムの状況がどうなっているかを把握することは非常に重要である。その情報をもとに，どこの部分をどう再構築するかを決定することになるからである。

① 思った以上に把握できていない子会社システム

　システム再構築をどう行うかを判断するために非常に重要な既存システムの状況であるが，多くの日本企業では思った以上に自ら利用しているシステムの状況を把握できていない。本社のシステムは情報システム部門が資産管理を含めて行っているため把握できているケースが多いが，子会社，特に海外子会社のシステムについては管理できていないケースが多い。日本企業は海外子会社に対してガバナンスを十分に効かせないでこれまでビジネスを展開してきた傾向が強い。そのため，システムに関しても各子会社が独自に

判断して独自に導入してきたため,本社の情報システム部門では情報が把握し切れていない(図表3-3)。

図表3-3 ガバナンスの不足による子会社システム情報の把握状況

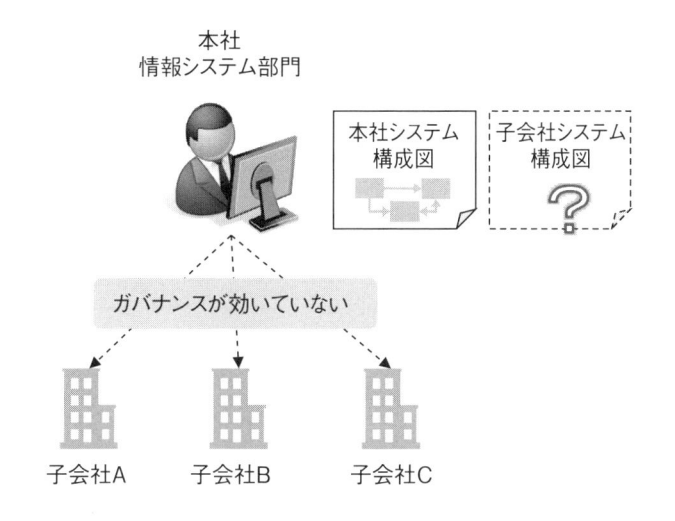

本社
情報システム部門

本社システム構成図　子会社システム構成図

ガバナンスが効いていない

子会社A　子会社B　子会社C

　海外子会社の情報システム担当者が,しっかりと自社のシステム基盤を管理できていればそれほど問題にはならないが,設計書等のドキュメントを含めて管理を十分にできていない場合(情報がアップデートされていない,ドキュメントがない等)には,子会社側でも状況を把握できていないため,グローバル再構築時に一から調査を行わなくてはならないことになる。会計関連システムに限定しても,既存システムの状況を把握できていないケースは多く,連結パッケージに手で入力しているということしかわからないという程度の理解にとどまる。

　ここで把握できているという状態がどのようなレベルかについて触れておこう。会計関連業務に絞ると,本社の場合は財務会計,連結会計,管理会計の各システムの状況であり,もう少し掘り下げると各業務で使っているシステムが何かを特定できればよい。子会社の場合は,例えば連結会計が含ま

れないというレベルで把握しておけばよいだろう。業務ごとに把握する必要があるため、具体的な把握レベルは図表3-4のようになる。

図表3-4　把握が必要となる業務システム一覧

業務領域	業務	システム名
財務会計	一般会計	GL（会計システム等）
	債権管理	AR（会計システムor販売システム等）
	債務管理	AP（会計システムor購買システム等）
	固定資産管理	FA（固定資産システムor会計システム等）
	原価計算	生産管理システムor原価計算システム等
	決算処理	会計システム
	資金管理	資金管理システムorエクセル管理等
連結会計		連結システムorエクセル等
管理会計	業績管理	管理会計システムorエクセルorBI等
	予算管理	管理会計システムorエクセルorBI等
	利益管理	管理会計システムorエクセルorBI等
	原価管理	管理会計システムorエクセルorBI等

　これはアプリケーションのレベルでの把握となるが、それ以外の視点として、データ連携に関する情報（I/F一覧等）、システム全体構成図、ネットワークインフラおよびハードウェア関連、その他システムアプリケーションの情報を把握しておく必要がある。特に、I/F一覧とそれに付随するI/Fデータの種類が再構築時には重要になるため、特にこの部分がはっきりしていない場合には、現地に調査へ行くといった対応を行うことが必要である。調査に関しては、すべての子会社で現地調査を行うことは難しいので、まず調査票を送付して回答してもらい、その回答内容を見て現地調査を行うかどうかの判断を行うアプローチが有効である（図表3-5）。
　問題は、前述のように子会社側でも満足に把握できていないため、適当

第3章　会計関連業務／システムのグローバル再構築上の論点　119

図表3-5　把握が必要となるシステム情報の調査

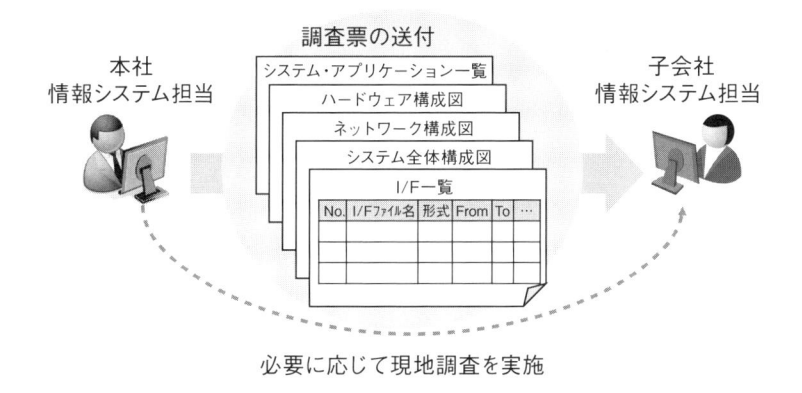

本社
情報システム担当

調査票の送付
- システム・アプリケーション一覧
- ハードウェア構成図
- ネットワーク構成図
- システム全体構成図
- I/F一覧

No.	I/Fファイル名	形式	From	To	…

子会社
情報システム担当

必要に応じて現地調査を実施

に回答してくる可能性がある点である。これまで思った以上に把握できていない企業では，満足な回答が子会社から得られない可能性が高いため，影響が大きいと考えられる子会社については，調査票の回答内容にかかわらず現地調査を行うことを検討したほうがよいだろう。

② 万能であり，癌であるエクセル

現状のシステム基盤の情報を収集する際に，どうしても情報として収集することが難しいのは，エクセルで行っている業務の部分である。エクセルで行っている業務の部分を把握しきれないと，標準化の範囲に本来入れるべきなのに排除されてしまったり，エクセル業務がネックとなって後続の標準化された業務が思ったスピードで進められなかったり，という弊害を生み出すことがある。特に会計関連業務ではエクセルが何かと使われることが多いため，伝票入力後の標準化は進むものの，伝票入力前の業務が標準化できないケースが散見される（図表3-6）。

エクセルは主に伝票入力前の集計や，何らかのロジックを通じて計算する必要がある業務（為替の計算や金利の計算等）で使われることが多く，規模の小さい子会社の場合はエクセルで帳簿がつけられていることもある。

図表3-6　エクセルで実施される業務内容把握の必要性

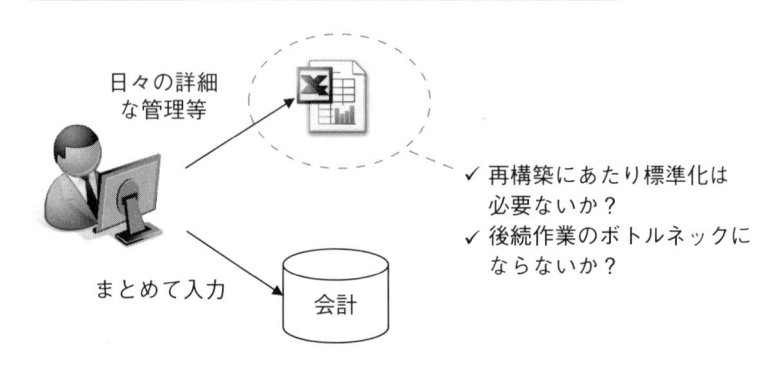

- 日々の詳細な管理等
- まとめて入力 → 会計
- ✓ 再構築にあたり標準化は必要ないか？
- ✓ 後続作業のボトルネックにならないか？

　ユーザーが簡単にロジック計算や表形式での集計を行えるため，さまざまなところで業務効率化に寄与しているところはある。しかし一方で，独自のエクセルによる業務がはびこってしまうことにより，業務標準化を阻害する要因になることがある（図表3-7）。

図表3-7　エクセルで実施しやすい業務とその問題点

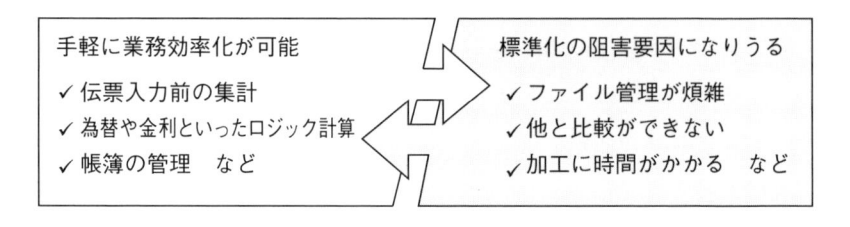

手軽に業務効率化が可能
- ✓ 伝票入力前の集計
- ✓ 為替や金利といったロジック計算
- ✓ 帳簿の管理　など

標準化の阻害要因になりうる
- ✓ ファイル管理が煩雑
- ✓ 他と比較ができない
- ✓ 加工に時間がかかる　など

　既存のシステム環境にどの程度エクセルによる業務（疑似システム化された業務）があるのかを把握することは，標準化の範囲を見極める，言い換えると再構築するシステムに標準として盛り込む機能を見極めるために重要なポイントとなる。しかし，すべてのエクセル業務を調査票や現地調査で洗い出すことも現実には難しいため，ある程度の見切りも必要になってくる。グローバル再構築にあたっては，調査票での洗い出しを行いつつ，現地調査において最大

限エクセルによる業務を拾い上げることがポイントとなる。また，ヒアリング先は情報システム部門ではなく，各子会社の経理部門や経営企画部門（コントローラー）になるため，各業務に対してどんなオペレーションを実際に行っているのかをしっかりヒアリングできる人をアサインする必要がある。したがって，現地調査では情報システム部門のメンバーだけでなく，経理や経営企画部門のメンバー，もしくは代替できる外部コンサルタントによるヒアリングを前提にしてプロジェクトを推進することに留意が必要である。

③ 一気にいくか徐々にいくか

エクセルの使用状況を含め，判断に必要となる既存システムの情報が収集できると，グローバルでシステム全体をどうデザインするかを意思決定しなくてはならない。その際に論点となるのが，一気に新しいシステムにリプレースするか，既存システムを残しつつ徐々に新しいシステムの形にしていくか，という点である。

多くの日本企業では，統合システムで既存システムが構成されていないケースが多いため，会計システムを統合する場合には，徐々に進めていく選択肢以外を採用することが難しい。これは，個別の会計システムからの移行を行ったり，新しいシステムを個別にインストールして進めなければならなかったり，個別に周辺システムとのI/Fを開発しなくてはいけなかったりするためである（図表3-8）。

しかし，クラウドで提供される会計システムの場合は個別にインストールする必要はなく，I/Fについても標準フォーマットを決めておいて子会社ごとに開発を進めておけば，一気にリプレースすることも可能である（図表3-9）。

どの方法が適しているかは，企業の既存システムの状況によって変わるため，構想段階で慎重に検討をし，ロードマップを描く必要がある。特に注意を要するのは会計システムを複数の子会社でリプレースを伴う統合を進める場合である。効果創出のタイムリミット，自社のプロジェクトメンバーの確保状況，外部コンサルタントの確保状況，投資予算の状況等を勘案してロー

図表3-8　統合システムの段階的／同時展開に関する判断

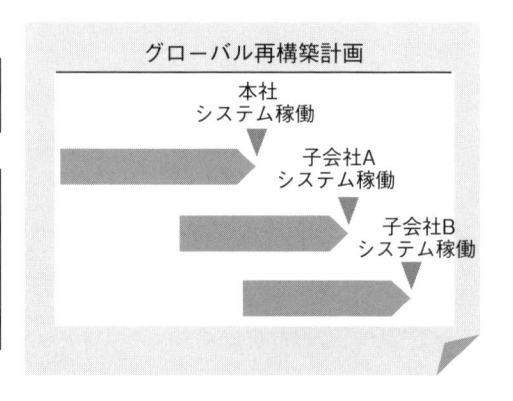

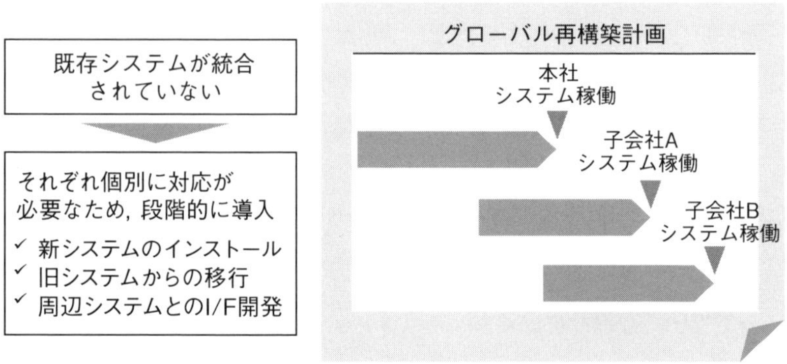

既存システムが統合
されていない

↓

それぞれ個別に対応が
必要なため，段階的に導入
✓ 新システムのインストール
✓ 旧システムからの移行
✓ 周辺システムとのI/F開発

グローバル再構築計画
本社システム稼働
子会社Aシステム稼働
子会社Bシステム稼働

図表3-9　クラウド会計システムの活用による同時展開

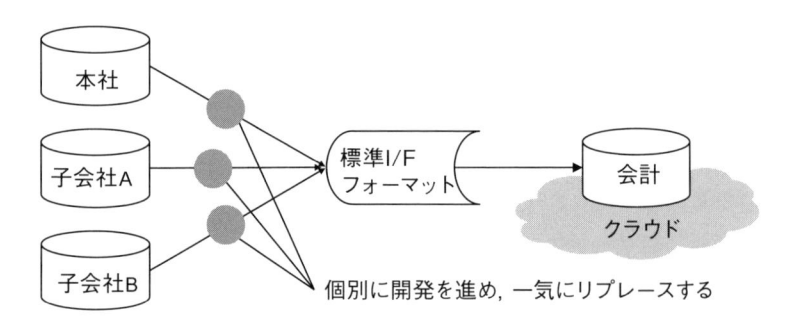

本社
子会社A
子会社B
→ 標準I/Fフォーマット → 会計　クラウド

個別に開発を進め，一気にリプレースする

ドマップを決定していくことになるが，特に自社のプロジェクトメンバーの確保ができるかどうか，その確保するメンバーのスキルは十分かどうか，という点に留意して，一気にいけるのかあるいは徐々に進めなくてはならないのか，徐々に進めるならどれぐらいのスピードで進めることができるのか，といった点を吟味することに留意が必要である。また，自社のメンバーのスキルや工数が足りない場合に，外部コンサルタントでその穴を埋めるというアプローチも可能であるため，予算と実現スピードを勘案して最終決定していくことがポイントとなる。

(2) グローバル標準化の範囲設定

2つ目の論点は，グローバル標準化の範囲を決めるという点である。これは，グローバル再構築では非常に重要な論点であり，この範囲を適切に設定できなければ再構築による業務／システム上の効果を得られない可能性が高くなる。柔軟性を確保するためには，標準化を進めることが必須事項となる。柔軟性を確保するとは，複雑なパターンを多く設けるのではなく，シンプルな状態に統合（標準化）されており，変更が生じたときに標準を変更すればすべての子会社で適用される状況を作り出すことと同義である。したがって，標準化の範囲が広ければ広いほど，柔軟性が高まることになる（図表3-10）。

図表3-10　標準化による柔軟性の確保

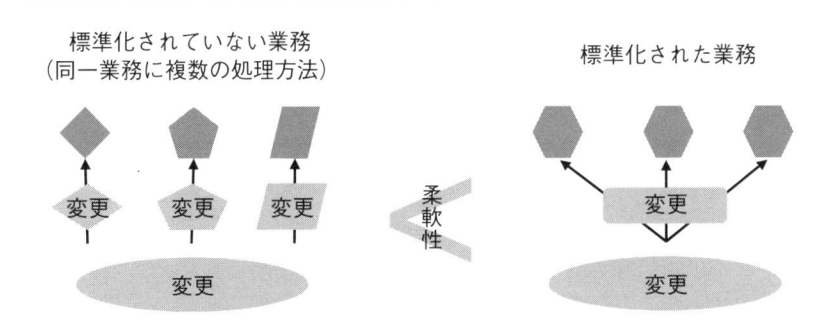

① すべての業務が標準化できるという妄想

会計関連業務は，グローバルでまったく違う業務になるということは少ないため，標準化の範囲は大きく取れるという印象を持つかもしれない。IFRSに会計基準を統一すれば，グローバルで同一の標準化されたプロセスで業務を構築できるというイメージがつきまとい，その狙いから経営者がIFRS導入の号令をかけた日本企業も現実に存在した。

確かに，会計基準がグローバルで統一されれば，すべての子会社を比較

することが可能になるとともに，同様にIFRSで財務報告を行っている海外のコンペティターとの比較も行えるようになる。基準の統一が経営に与えるメリットは非常に大きいのは事実である。しかし，基準が統一されて同じ尺度で数字が見られるようになることと，会計関連業務が標準化されることは別物である。

業務の標準化は，伝票が登録されるまでのプロセス，伝票が登録されてからの処理プロセス（支払や決算等），レポーティングのプロセス等がグローバルで統一されて運用されていることを指している。単純な例で示すと，ある国では外貨換算のプロセスで当日のレートを調べてから対象伝票を抽出しているが，別の国では対象伝票を抽出してから当日のレートを調べるといったケースで，すべての国でレートを調べてから対象伝票を抽出する流れに統一するということである（図表3-11）。

図表3-11 会計関連業務の標準化の意味

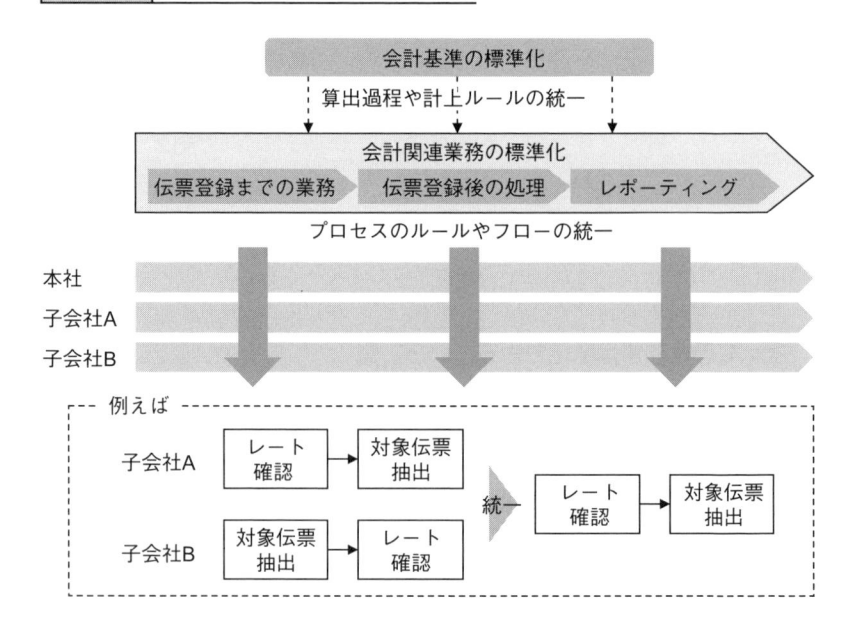

このようなプロセスは，会計基準の統一と連動するものではないため，それぞれの国で行っている業務を比較し，標準化できるところを特定のうえ新業務（標準化された業務）を設計しなくてはならない。先ほどの単純な例であれば，どちらが最も効率的かを判断して決めていけばよいため，標準化が容易である。しかし，ある国では商習慣上避けて通れない非効率なプロセスが存在する，あるいは税務当局の許可を得てからしか次のプロセスに進めないといったケースの場合は，グローバルで標準化できないためローカル独自のプロセスを残さざるを得ない（図表3-12）。

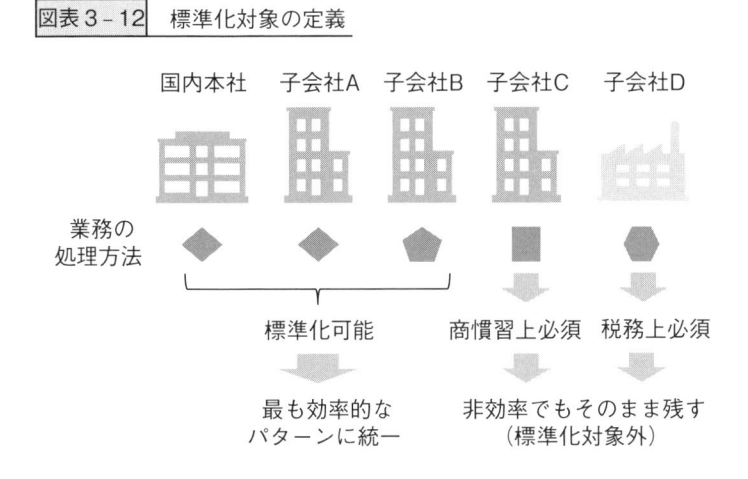

図表3-12　標準化対象の定義

会計基準の統一と会計関連業務の標準化は別物だと理解するとともに，すべての業務が標準化できるわけではないということを前提に取り組みを進めることに留意が必要である。会計基準は業務のやり方まで規定しているものではなく，算出過程や計上のルールを示しているに過ぎない。業務というものは広範囲なプロセスをカバーするものであり，そのプロセスを同一ルールや同一フローで運用できるようにしていくことが標準化である。この標準化の範囲をグローバルでなるべく拡げていくということを検討していくことがポイントであり，グローバルで標準化できなければリージョンで標準化で

きないのか、リージョンで無理なら国の単位でできないのか、といった具合に、少しでも標準化の範囲を拡げられるようアプローチしていくことが重要なポイントとなる。

② システム標準化という言葉の罠

業務が標準化されると、その業務を支えるシステムも標準化されることが理想的であることはいうまでもない。システムが標準化されていないと、業務に変更が加わったときに、業務プロセスは標準を変更すればよいが、システムの変更は複数行わなくてはならなくなってしまうからである（図表3-13）。しかし、システム標準化という言葉の解釈を誤ると、同じようなシステムが複数存在する結果を招いてしまうケースがある。

図表3-13　システムが標準化されていない状況での業務変更

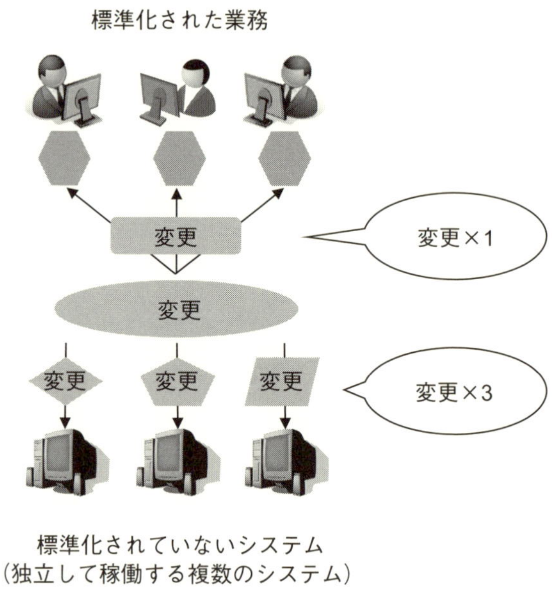

標準化された業務

変更×1

変更×3

標準化されていないシステム
（独立して稼働する複数のシステム）

情報システム部門で標準システムという言葉が使われる場合、すべての

機能面で同一機能を備えたいわゆる同じシステムを指す場合と，システムの種類を指す場合との2つのケースに出会う。問題はシステムの種類を指している場合のケースである。子会社のシステム調査を行った結果を想定してみよう。子会社AではSAPを使っており，子会社BではSuper Streamを使っている。子会社CはSAPを使っているというような結果を得られたとする。子会社Aと子会社Cは同じSAPというパッケージを使っているが，その内容は異なっている。別々の設定内容で別々のサーバーで運用がなされている。この場合，システムという観点では同じSAPを使っているので，利用システムという意味では標準化されている。しかし，設定内容が異なるため，業務に合わせたシステム標準化ができているわけではない（図表3-14）。

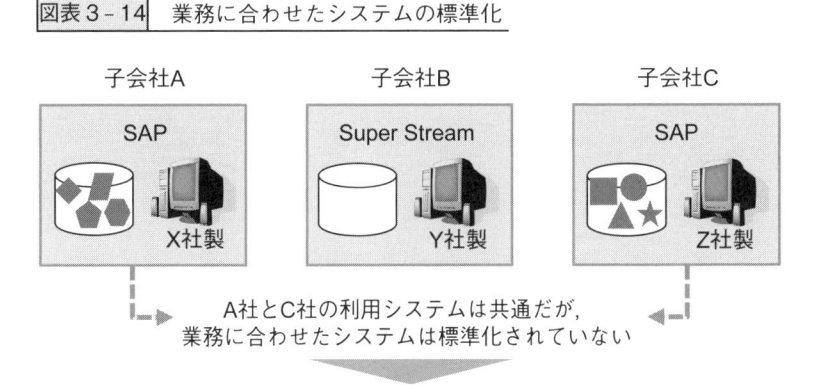

図表3-14　業務に合わせたシステムの標準化

子会社A　SAP　X社製
子会社B　Super Stream　Y社製
子会社C　SAP　Z社製

A社とC社の利用システムは共通だが，業務に合わせたシステムは標準化されていない

3社ともシステムが標準化されていない

グローバル再構築にあたって業務の標準化を進めた場合，子会社Aと子会社Cで同一の業務プロセスに統一すれば，SAPの機能もそのプロセスに合わせて変更する必要がある。しかし，別々のSAPができ上がるため，標準化の効果は限定的となる。

システム標準化とは，この子会社Aと子会社Cのケースのような別々の

システムで標準化された業務を実現するのではなく，同一のシステムで業務を遂行できる状況を実現することを意味する（図表3-15）。業務標準化の範囲に合わせて，その業務を実現するシステムを標準化（統合・統一）するアプローチが原則であり，システム標準化の範囲を業務の標準化に合わせられるかどうかを検討することがポイントとなる。

図表3-15　システムの統合および統一を目指す標準化

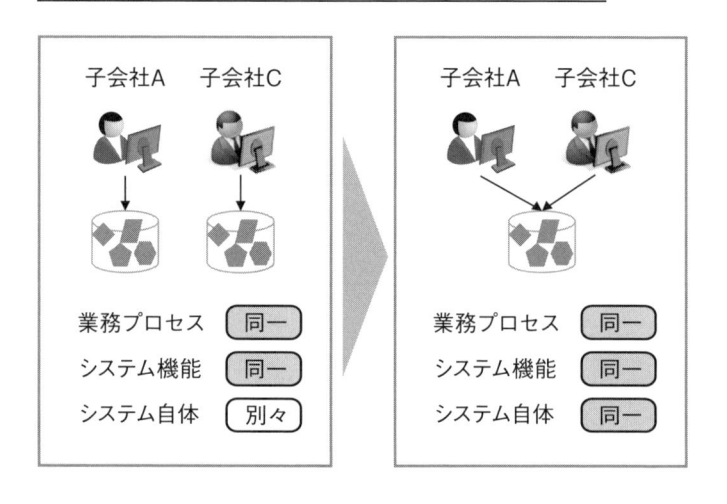

	子会社A	子会社C		子会社A	子会社C
業務プロセス	同一		業務プロセス	同一	
システム機能	同一		システム機能	同一	
システム自体	別々		システム自体	同一	

　また，システム標準化は1つのシステムで実現されるとは限らないことにも留意する必要がある。伝票入力後はSAPで標準化（統合）されるが，伝票入力前のプロセスはBPM（Business Process Management）ツールで標準化（統合）されるといった具合に，システム標準化は単一システムでの統一という意味ではなく，統一的に用いられるシステムソリューション群であるケースもある。今後クラウドの普及や新しいアーキテクチャーへの移行が進められると，会計関連業務を1つの会計システムで完結することは難しくなり，複数の関連システムを連携させて1つの標準化された業務プロセスを実現する形に変わっていくことが予想される（図表3-16）。先を見越したシステム標準化の姿を描けるかどうかが重要なポイントとなる。

図表3-16　統一的に用いられるシステムソリューション群による標準化

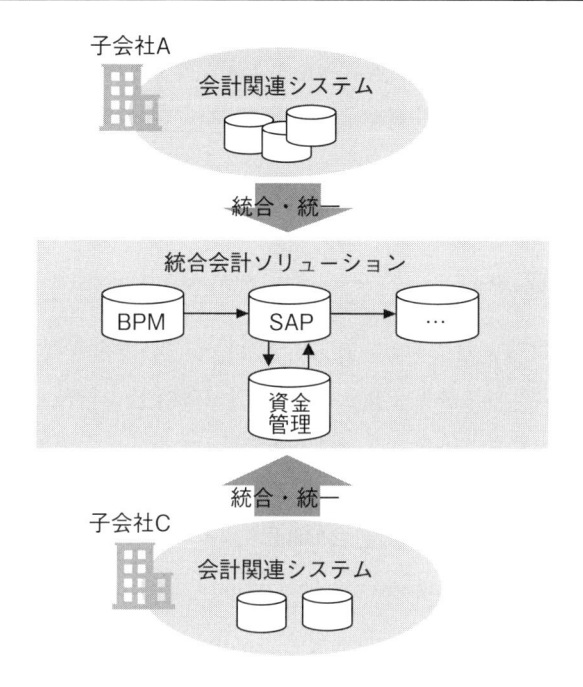

子会社A
会計関連システム

↓ 統合・統一

統合会計ソリューション
BPM → SAP → ...
　　　　↓
　　　資金管理

↑ 統合・統一

子会社C
会計関連システム

③ ローカル要件に対する理解

　グローバル再構築を進めていく中で業務の標準化の範囲を決め，それを実現するシステムの標準化も並行して進めていくと，何でもグローバル標準として統一していけばよいという考え方に傾倒していく傾向が強くなる。特に，構想や設計の段階では理想的な考え方を適用する傾向が強くなるため，致し方ない面でもある。しかし，段階的なロールアウト（展開）を前提に再構築のスケジュールが策定されている場合，最初のパイロット導入企業や第1陣として導入展開される企業の場合にはあまり問題にならないものの，第2陣以降の導入でローカル要件に対応することができないことがわかり，ローカル対応のための追加開発で時間と工数のロスを生じさせてしまうケースが散見される。

　グローバルで標準化される範囲をいたずらに拡げてしまうと，ローカル

の業務が回らなくなるため，このような問題が生じないよう，設計段階からローカル要件の抽出と，その対応を見越した標準化を進めていく必要がある。標準化はグローバル再構築の肝となる重要な部分であるため，最大限の効果が得られるように範囲設定することが求められるが，ローカル要件を勘案した実現可能なレベルをキープする（バランスをとる）ことが重要なポイントとなる。

(3) 財管一致

次の論点は財管一致である。制管一致という言い方をする場合もあるが，いわゆる財務会計（法制上必要となる財務上の数字）と管理会計（内部管理用の数値）を一致させるかどうかという論点である。この議論は以前からあり，IFRS導入のブームが始まった頃に熱を帯びた論点である。考え方は人によってさまざまだが，この論点に対する基本的な考え方について整理していこう。

① 人によって異なる財管一致という言葉

一口に財管一致といっても，日本企業でさまざまなクライアントと接している中で使われるこのキーワードは，かなり人によって意味合いが違うということが感じられる。経理部門の人と話をしているときは，財管一致が完全に財務情報と管理情報の一致を想定している場合が多く，費用の配賦についても財務上の仕訳が切られているということを想定している。仕訳帳を見ればすべての管理会計上の処理がどう行われたか一目瞭然だという状態を目指している発言が目立つ（図表3-17）。

一方で経営層や経営企画部門の人と話をしていると，財務の数字と管理の数字が乖離してしまっているので一致させて欲しいというレベルの話が多く，部署別の数字は合っていなくてもよいが，セグメント別（あるいはその一段下の事業別）の数字に関しては一致させているという状態を目指している発言が多い（図表3-18）。

第3章 会計関連業務／システムのグローバル再構築上の論点　131

図表3-17　経理部門にとっての財管一致

財務情報　＝　管理情報

仕訳帳

日付	貸方	金額	借方	金額	摘要
4/1	広宣費	200,000	普通預金	200,000	
:					
4/30	広宣費	30,000	広宣費	200,000	製品A
	広宣費	80,000			製品B
	広宣費	90,000			製品C
:					

仕訳

配賦処理
広告宣伝費
200,000円

製品A　製品B　製品C
30,000　80,000　90,000

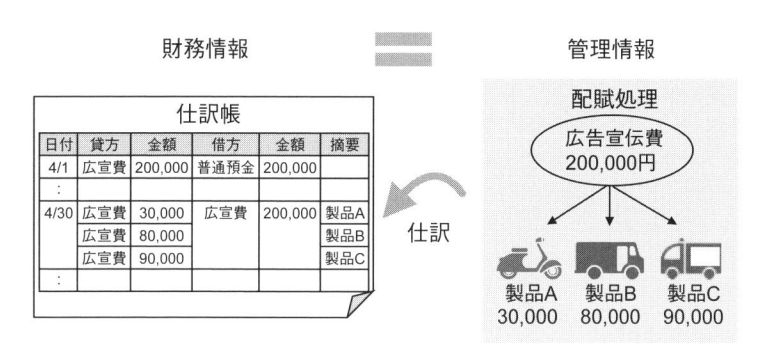

図表3-18　経営層や経営企画部門にとっての財管一致

財務会計　　　　　　管理会計

セグメント別F/S　＝　セグメント別F/S

部署別F/S　≠　部署別F/S

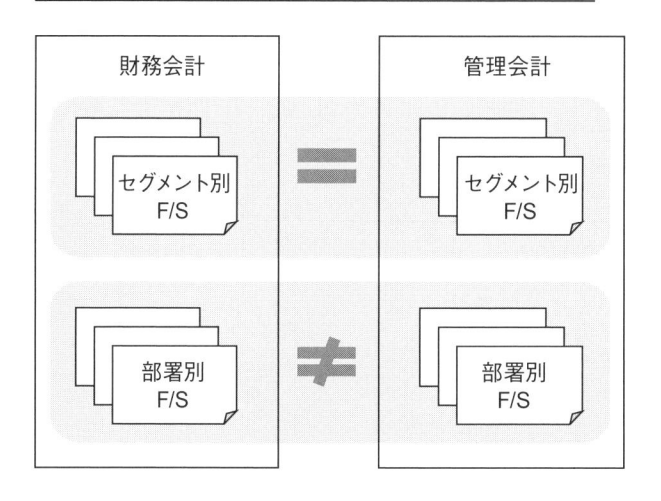

　どちらのケースもそれぞれにメリットがあり、求めている理由もリーズナブルなものと解釈できる。その意味からどちらかが正解ということはないが、グローバル再構築の際に財管一致をどのレベルまで求めるのかについては、明確に定義しておかなくてはならない事項である。これまで出てきている論点と同様、理想を求めると業務やシステムの負荷が増え、現実的な運用ができなくなる部分が出てくるため、何を優先してどのレベルまでは最低限

実行するか，優先順位をつけて対応を考えていく必要がある。

② そもそも財管一致は可能なのか

　財管一致がそもそも必要なことなのかというところに立ち返ってみよう。

　財管一致のメリットは，財務会計と管理会計を同一の処理とすることで，それぞれの数値が乖離することをなくすということである。管理会計上必要な数値というものは，その企業の経営管理思想から決まってくるものであるが，その数値を導くための処理をすべて財務会計上の仕訳という形で反映させようというものである。数字が乖離しないため，外部に発表されている数字と内部管理で使っている数字が一致し，日々の業務で混乱を招くことがなくなるというメリットがある。財務会計と管理会計が一致することから，システム的にも同一データベースにデータが格納されるため，DWHへの連携やレポーティングの開発が容易になるというメリットもある。

　次に財管一致は必要ないという立場から見てみよう。財務会計と管理会計は目的が違うのだから，そもそも一致するはずがないという立場である。この立場に立つと，財務会計はあくまで外部報告用（金融商品取引法や税法に基づく）で必要なレベルで作成されればよく，管理会計は自社で必要と判断されるレベルの会計処理（配賦を含む）を行わなくてはならないため，両者の間の差異はあって当たり前であるということになる。

　どちらも一理あるのだが，グローバル再構築という観点から現実的な解を導く必要がある。グローバルで複数の国のローカル基準に対応することが必要であることを勘案すると，財管一致を実現するためには，それぞれローカルで作成される仕訳を管理会計上に反映させる必要があるとともに，管理会計上必要な処理を仕訳で反映させる必要がある。そのための業務負荷は各国で発生し，その負荷を軽減するためにシステム化を行うとなると，ローカル対応のための開発が至るところで発生するため，システムの標準化が進まなくなってしまう。また，財務方向のためだけに行っている処理も存在するため，その処理も管理会計に反映させるのかという別の課題も存在する（例

えば評価替え等)。

このようにグローバルで物事を考え始めると，各国にそれぞれの法律があり，それぞれ財務上対応することが存在する以上，それらをすべて管理会計上反映させていく（管理会計と一致させていく）ということは，事実上難しい。また，管理会計上の数値はグローバルで統一されたルールに基づき算出されないと，意思決定に使うことができない（図表3-19）。

図表3-19　グローバル再構築における財管一致の実現性

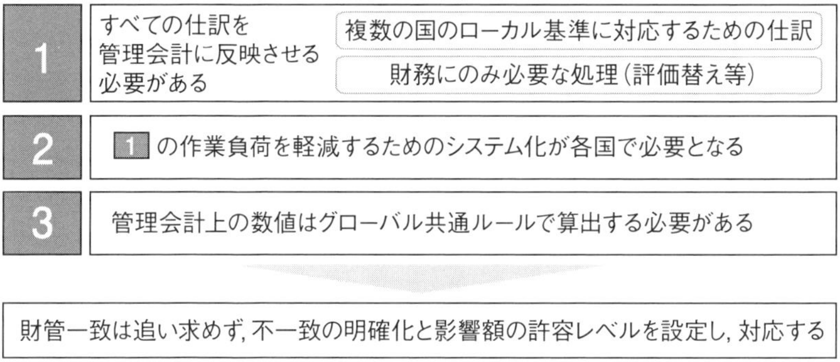

1	すべての仕訳を管理会計に反映させる必要がある	複数の国のローカル基準に対応するための仕訳
		財務にのみ必要な処理（評価替え等）
2	1 の作業負荷を軽減するためのシステム化が各国で必要となる	
3	管理会計上の数値はグローバル共通ルールで算出する必要がある	

財管一致は追い求めず，不一致の明確化と影響額の許容レベルを設定し，対応する

これらを勘案すると，グローバル再構築時に財管一致を追い求めることには現実的に無理がある。しかし，財務会計と管理会計の数字が大きく乖離してしまうと，意思決定や現場の業務に混乱を来す可能性は否定できないため，グローバル再構築を検討する際には，財務会計と管理会計の一致しない部分を明確にするとともに，その影響額が一定の範囲内に納まるように，具体的にいうと5％以内程度のギャップ（企業により差があるが大きな差を感じない程度）に抑える制度設計を検討することが重要なポイントである。

③　財管一致がもたらすシステムへの影響

財管一致がもたらすシステムへの影響にも触れておこう。財務会計と管理会計を比べた場合，当然管理会計の情報のほうが細かいため，それだけ細

かい単位で会計伝票を登録する仕組みとなる。財管不一致の場合と比べてみよう。財務会計と管理会計を別の仕組みで行っている財管不一致の場合は，財務会計上登録された会計伝票の情報をもとに，管理会計で必要な処理（配賦や組替え等）を管理会計システム側で行い，詳細な情報にした後に分析可能な BI システムへと連携する形になる（図表 3 – 20）。

図表 3 – 20　財管不一致の場合のデータの流れ

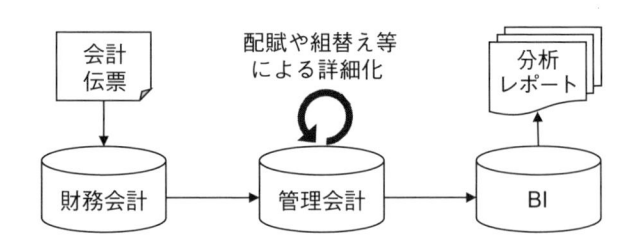

　一方で，財管一致のシステムの場合は，財務会計上の会計伝票登録を詳細な単位で行うことになるため，相当量の伝票登録作業が必要になる。しかし，現実的には業務負荷の関係で難しいため，財務会計上の伝票をもとに管理会計に必要な処理をシステム的に施し，その情報をもとに自動で財務会計の伝票を切るという仕組みか，財務会計上の伝票を登録する前に管理会計で必要になる粒度にシステム的に計算しておき，その結果を財務会計伝票の形で会計システムに連携するという仕組みにすることが多い（図表 3 – 21）。

　この仕組みで問題になるのは，いずれの仕組みでも管理会計の数値を計算してから財務会計上の伝票を切るため，管理会計の処理でトラブルが発生すると，財務会計の決算が締まらないという弊害が出る。管理会計の処理を待たないと財務会計の決算ができないというこの仕組みは，トラブルが大きいと数日間決算を締めることができない事象を引き起こすため，場合によっては会計監査や決算発表にまで影響を及ぼすおそれがある。

　財管一致を採用するか否かは，各企業の経営管理思想やグローバルオペレーションに対する考え方に基づき判断されるべきことではあるが，システ

第3章 会計関連業務／システムのグローバル再構築上の論点　135

図表3-21　財管一致の場合の伝票登録

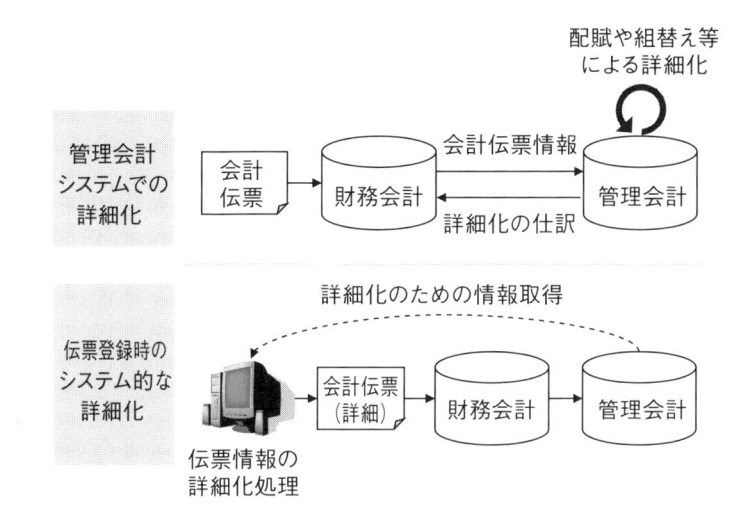

ムに与える影響およびシステムが業務そのものに与える影響を勘案して、どのレベルまで財管一致を実現するのかを定義する必要がある。特にグローバル再構築の場合は、グローバルという視点を重視して、その実現可能性を評価する必要があろう。

(4) 配賦計算の精度

次の論点は配賦計算に関するものである。管理会計上、部課別、製品別、取引先別といった具合に詳細な管理データを作成しようとすると、複数の部課や製品に跨って計上される費用を個別に按分する必要が出てくる。ここで行われるのが配賦の処理であるが、再構築にあたってはどこまで詳細に配賦をするのか議論がなされることになる。

① 客観的な配賦基準は存在するのか

管理会計の目的が内部統制や意思決定にあることから、その目的を達成するために必要な配賦はするべきであり、内部統制や意思決定に役に立たな

い配賦はすべきではないのが大原則である。統制上意味がある，あるいは意思決定するために意味のある数字となるためには，配賦する際に使用する配賦基準が妥当であるかどうかがポイントとなる。

　代表的な配賦の例として，複数の部署が入っているオフィスの光熱費を部署別に配賦するというケースを見てみよう。よくあるのは，フロアの各部署の専有面積で按分するというパターンだろう。電気代は電灯の量やパソコンの数に比例するだろうという客観的な判断を用いて，フロア面積が大きい部署に大きく負担をしてもらうという考え方である（図表3-22）。このような場合は，配賦基準をフロア面積とするのは客観的かつ妥当なものといえるだろう。

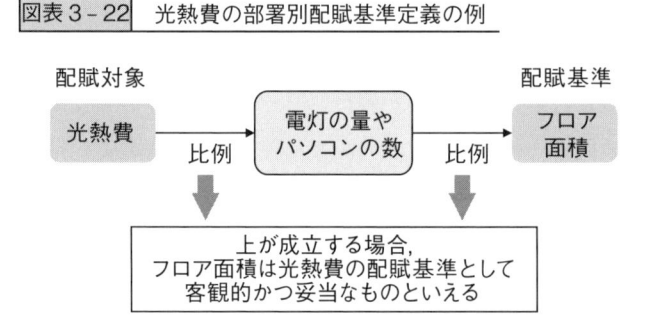

図表3-22　光熱費の部署別配賦基準定義の例

配賦対象　光熱費　─比例→　電灯の量やパソコンの数　─比例→　配賦基準　フロア面積

上が成立する場合，フロア面積は光熱費の配賦基準として客観的かつ妥当なものといえる

　しかし，このフロアのある部門は，専有面積は広いものの普段は外で仕事をしているため，日中オフィスをほとんど使用していない場合はどうだろう。あるいは，ある部門にはパソコンのサーバーが複数置いてあり，消費電力が大きいと考えられる場合はどうであろうか。このようなケースでは，先に出てきたフロアの専有面積という配賦基準は客観的ではなく，妥当だといい切れない。客観的かつ妥当な配賦基準を別途設けなければ，配賦された数値を意思決定や統制に用いることができない。用いると判断を誤ってしまうことになりかねないからである。

　したがって，配賦を行う必要がある際には，客観的な配賦基準を設定で

きるかどうかを慎重に吟味する必要がある。設定できない場合には，計算される管理会計上の数値に恣意性が含まれることを避けるため，あえて配賦しない選択を行うほうがよい。配賦しない費用については別途管理方法を考える必要があるが，誤った判断を導く可能性のある配賦を行うほうが経営に与えるインパクトが大きいためである（図表3-23）。

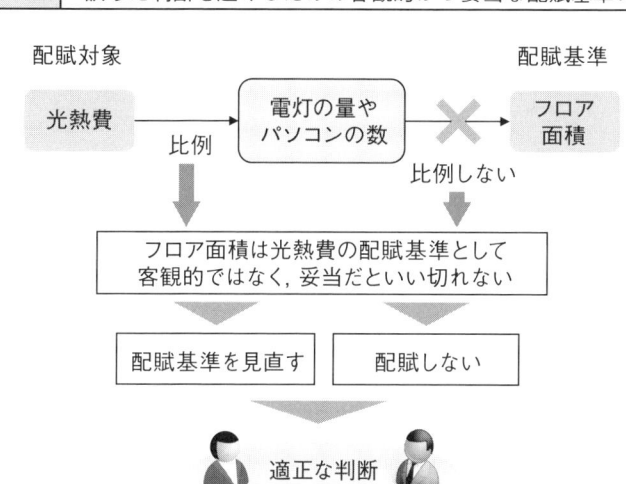

図表3-23　誤った判断を避けるための客観的かつ妥当な配賦基準の設定

配賦対象：光熱費 → 電灯の量やパソコンの数（比例）　×　配賦基準：フロア面積（比例しない）

フロア面積は光熱費の配賦基準として客観的ではなく，妥当だといい切れない

→ 配賦基準を見直す　／　配賦しない

→ 適正な判断

② 管理不能な費用に意味はあるのか

配賦しても意味をなさない費用，あるいは意味のない配賦をされてきて部署別等のP/Lに表示される費用は，管理者がコントロールのしようがないため，管理不能費用と呼ぶことが多い。管理会計の目的が内部統制あるいは意思決定にあることから，管理不能（つまりコントロール不能）なものがあることでその目的を達成できないということを，日本企業の経営管理に携わっている人は思いのほか認識していない。

よく耳にするのは「製品別の営業利益」「取引先別の営業利益」「部別の経常利益」といった表現である。営業利益を算出するためには当然一般管理費

が含まれることになるが，一般管理費が製品別や取引先別に計上されることはない。同様に，経常利益を算出するためには営業外損益を把握する必要があるが，部別に計上されることなどあり得ない。したがって，一般管理費や営業外損益を配賦しなければ営業利益や経常利益が算出されないことになるが，妥当な配賦基準が存在するはずもないため，結局は管理不能費として製品や取引先，部といった細かい単位に配賦されることになる（図表3-24）。

図表3-24　配賦による管理不能費の発生

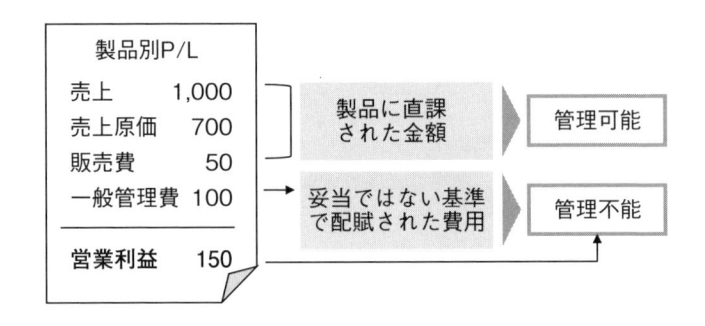

製品別P/L
- 売上　　　　1,000
- 売上原価　　　700
- 販売費　　　　 50
- 一般管理費　　100
- 営業利益　　　150

- 製品に直課された金額 → 管理可能
- 妥当ではない基準で配賦された費用 → 管理不能

製品別の営業利益のケースを取り上げてみよう。一般管理費が製品別に製品の売上比や売上原価比で配賦されることになる。このとき，ある製品の営業利益がマイナス（つまり赤字）になっている場合に，意思決定者が赤字だから生産を中止する，あるいは生産量を減らすというような決定を行えるのかという点を考える必要がある。一般管理費がたまたま多くかかった月だったため，配賦されてくる管理不能費が大きくて赤字になった可能性もある。また，赤字になった原因が一般管理費だとわかったときに，次に一般管理費を抑えるためのアクションを考えることはできない。配賦元の発生原因まではたどれないためである。もし，この製品だけが赤字で，他の製品は利益を出していた結果となっていた場合，一般管理費に対して何らかのアクションを採るべきかどうかも判断できない（図表3-25）。

このように，妥当な配賦基準で配賦されてきていない管理不能費は，い

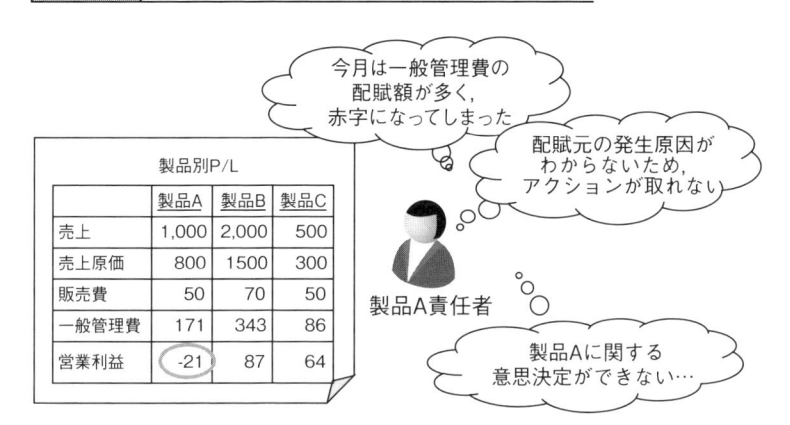

図表3-25　管理不能費の配賦による意思決定への影響

製品別P/L

	製品A	製品B	製品C
売上	1,000	2,000	500
売上原価	800	1500	300
販売費	50	70	50
一般管理費	171	343	86
営業利益	-21	87	64

製品A責任者

今月は一般管理費の配賦額が多く，赤字になってしまった

配賦元の発生原因がわからないため，アクションが取れない

製品Aに関する意思決定ができない…

くらコントロールしようにもできないため，管理会計に活用することが不可能である。つまり，製品別の営業利益を配賦することによって算出したとしても，何ら意思決定に使えないので，配賦するだけ無駄だということになる。

管理会計の世界で，管理不能費は意味をなさないということを認識すべきである。管理するための会計の中で，管理できないものを扱うこと自体ナンセンスであるが，実際の日本企業で行われている管理会計では，往々にしてこのような意味のない配賦が存在している。何を判断するためにどのような情報が必要なのか，どうしても直課できずに配賦する場合は，妥当な配賦基準を用意できるのか，こういった視点を重視して，配賦の要否を判断する必要がある。

③ 意思決定者が理解しているかどうかが重要

前述の製品別の営業利益を管理会計上算出しているような企業では，意思決定者，つまり経営層やミドル層がその管理会数値が必要だとリクエストしていることがほとんどである。冷静に考えると，配賦に頼った管理会計数値を使って意思決定をすることに限界があることは容易にわかることである。しかし，以前からそういう管理を行ってきた，あるいは細かく数値を出

すことが高度化だという妄想を抱いている等の理由で，グローバル再構築の際にも管理不能費の管理会計への取込みを行う企業は多い。

　コントロールする必要があるものについては直課できるような業務／システムに変更して，管理可能費に変えていくという取り組みを行うことが正解であって，配賦基準を無理矢理作って配賦するということが正解ではない。そのことを意思決定者（経営層，ミドル層）が理解し，グローバル再構築を進めていかなければ，意味のある会計関連業務の再構築にはなり得ない。トップマネジメントが理解しないまま無理難題をプロジェクトチームに押しつける形になっていないか，プロジェクトチームは配賦の意味合いをちゃんとトップマネジメントに伝えられているのか，常に気を配ってプロジェクトを推進しなくてはならない。

　管理会計は財務会計と違い，企業の思想が反映される部分であり，理論の部分である。感覚ではなく，意味があるのかないのか理詰めで内容を詰めていくことが重要なポイントとなる。

(5) パッケージ vs スクラッチ

　次にシステムに関する論点に触れていこう。会計関連のシステムということでは，いわゆる会計オペレーションに使う基幹システムとしての会計システムと，連結会計に必要となる連結会計システム，これらのシステムと同一システムで実現することもあるがBI等を含む管理会計システム，の大きく3つのカテゴリーに分けられる。これらのシステムをどのような形で構築するのか，特にパッケージを導入するのか，スクラッチで一から開発するのかという点について検討が必要になる。

① 多様性を増す会計システムの形

　昨今，会計関連業務を支援するシステムをスクラッチで開発することはほとんどなくなってきた。金融機関では，伝統的に勘定系のシステムをはじめとしてメインフレームと呼ばれるホストコンピュータでスクラッチ開発す

ることが多いが、それ以外の企業では、パッケージを使って会計関連システムを構築することが多い。ロジスティクス系のシステムと違い、会計は基本的な部分はどの国でも共通している部分が多いため、パッケージの活用がスタンダードになっている。

　パッケージと一口にいっても、いくつかの種類が存在する。最もわかりやすいパッケージは、単体会計システムのパッケージである。Super Streamや規模の小さいものだと勘定奉行等がそれに当たるが、単体会計システムとして伝票入力から入金・支払といった会計処理をシステム上で実行することを実現する。同様にパッケージという意味では、ERPパッケージの会計モジュールが導入されている日本企業は多い。日本企業の本社に関していうと、現在はこのケースが大部分を占めるといっても過言ではないだろう。ERPの会計だけ導入している企業もあれば、ロジスティクス系のモジュールを含めた密結合の形で会計モジュールが導入されている企業もある。大規模であればSAP、Oracleが代表格だが、GLOVIA、ProActive、JD Edwardsといった中堅パッケージも含めて多種多様である。

　また、ここに来て新しい形の会計システムが登場してきている。1つがクラウドにより提供されている会計システムである。クラウドでのERP活用も増えてきており、実現の形はさまざまだが、クラウドベースの会計システムの構築が可能となっている。クラウドの特色は各子会社のサーバーにインストールすることなく、でき上がっている（テンプレート化されている）機能を一度にリリースすることができるため、導入期間を大幅に短縮できるところにある。また、クラウドは素早く部品（モジュール）単位でリリースするものが多いため、うまく活用することで独自の追加開発の量を最小化することができ、標準化を進めやすいという利点もある（図表3－26）。

　もう1つ注目されている会計システムが、セントラルジャーナル方式と呼ばれる会計システムである。これは、グローバルですでにいくつかの子会社に対してERPが導入されていたり、各子会社最適のシステムを変更することが難しかったりするケースに対して、既存のオペレーションを行ってい

図表3-26 クラウドベースのERPの特色

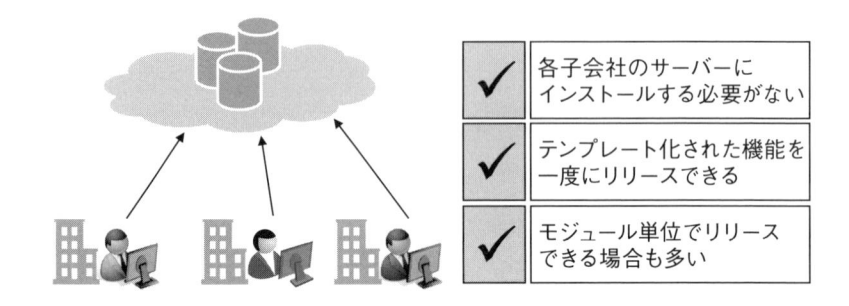

- ✓ 各子会社のサーバーにインストールする必要がない
- ✓ テンプレート化された機能を一度にリリースできる
- ✓ モジュール単位でリリースできる場合も多い

る仕組みはそのままにして，会計情報をセントラルジャーナルと呼ばれる会計システムに連携し，その後の決算あるいは連結をセントラルジャーナルのほうで行う（既存の各社オペレーションシステムと分離する）というものである（図表3-27）。

図表3-27 セントラルジャーナル方式によるグローバル管理の実現

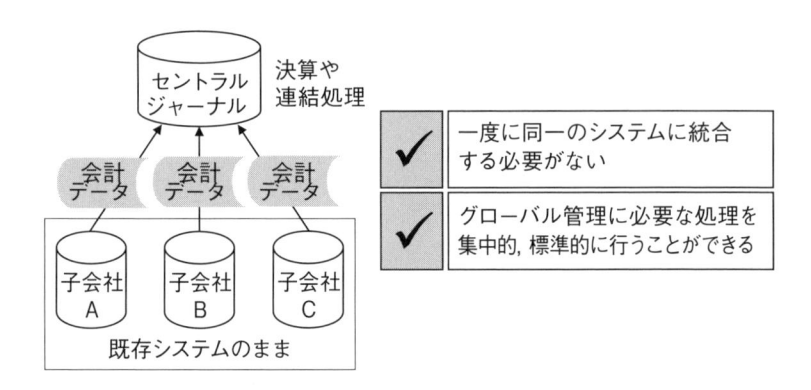

- ✓ 一度に同一のシステムに統合する必要がない
- ✓ グローバル管理に必要な処理を集中的，標準的に行うことができる

多くの日本企業はバラバラのシステムで構成されているため，一度に同一のシステムに統合することは難しいのが現実である。そのようなケースでこのセントラルジャーナルを使えば，各子会社の明細データを収集し，連結をはじめとするグローバルでの管理に必要な処理を集中的，標準的に行うこと

が可能になり，グローバル経営のスピードや情報精度を高めることが可能となる。グローバル再構築を検討する際に，このセントラルジャーナル方式は日本企業にとって最もフィットする方式だと想定される。システム的な実現方法はいくつか存在するため，システム標準化の構想時に吟味する必要がある。

② 寡占化が進む連結会計パッケージシステム

　単体の会計システムとしてパッケージ導入が主となっていることは前述のとおりだが，連結会計システムに関しては，ほぼパッケージしか使われていない状況にある。パッケージを使っていないのは，連結子会社が少ないあるいは金額が小さい（内部取引が少ない）といった背景からエクセルで手計算しているケースくらいだろう。日本企業が利用している連結会計システムはDIVA，Oracle Hyperion，SAP，STRAVIS，Pathfinderといったところだが，寡占化が進んできているとともに，一度導入したシステムを入れ替える動きはほとんどない。特に財務会計上の連結会計については，既存のパッケージに不満を抱きつつもそのまま使っているという日本企業が多い。

　グローバル再構築のタイミングで，管理連結を含めて連結会計システムの見直しを検討することになるため，どのパッケージを採用するか，既存のシステムをそのまま継続して利用するのか，構想の段階で確定させる必要がある。財務会計上の連結と管理連結では求められる要件が異なり，特に管理連結についてはどういう経営管理をグローバルに行うかによって要件が変わるため，どのようなパッケージを採用するか十分に吟味しなくてはならない。連結会計システムをどのような形で導入するかは，財務会計上の連結と同一パッケージにする，BIと同一パッケージにする等，いくつかのパターンが想定される。

　経営管理の要件と既存システムの構成が重要な判断のポイントとなるが，昨今の傾向としては，グローバルで統合されたプラットフォームを構築していく流れから，BIを含めたプラットフォームを最初に決定し，そのうえに連結機能を同一プラットフォームの製品か，連結処理エンジンのみの活用で

既存パッケージを使うという方式が主流となっている(図表3-28)。

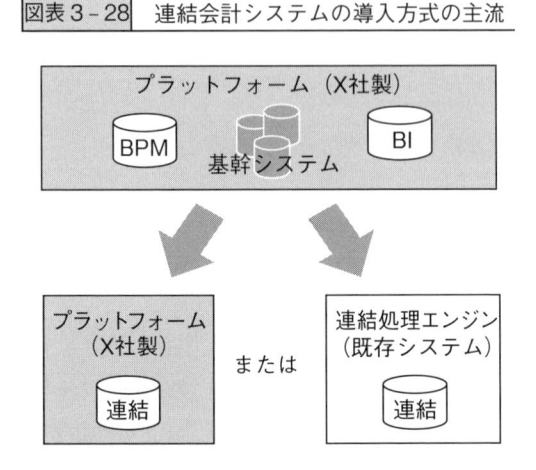

図表3-28 連結会計システムの導入方式の主流

プラットフォーム(X社製)
BPM 基幹システム BI

プラットフォーム(X社製) 連結
または
連結処理エンジン(既存システム) 連結

　また，海外子会社では，海外のデファクトスタンダードがOracle Hyperionということもあり，独自にHyperionを使っている例も多く，グローバル統合の際に海外の仕組みに合わせていく事例も増えてきている。日本は特殊だという観点から，日本の仕組みで統一しなくてもよいだろうという判断をしている日本企業が増えてきているといえよう。この場合，日本での財務会計上の連結は既存のシステムをそのまま活用することが多く，管理連結とBI系のシステムを新たに再構築する形が一般的である(図表3-29)。

　グローバル再構築の観点からは，ローカルはローカル対応，グローバルは統合環境という形を作るほうが柔軟性を確保しやすい。したがって，財務会計上の連結は既存システムでそのまま行い，グローバル統合という観点で，自社に合った新しい連結経営管理システムを構築することが得策だといえよう。

　パッケージを採用する視点はさまざまだが，最も重視すべきは統合されたグローバルプラットフォームの中で，どれだけの範囲を担うのか(処理のみか，データ収集を含むプラットフォームそのものなのか等)をシステムの観点から判断し，決定していくということである。連結処理の機能ももちろ

第3章 会計関連業務／システムのグローバル再構築上の論点　145

図表3-29　連結会計システムを海外の仕組みに合わせていく方式

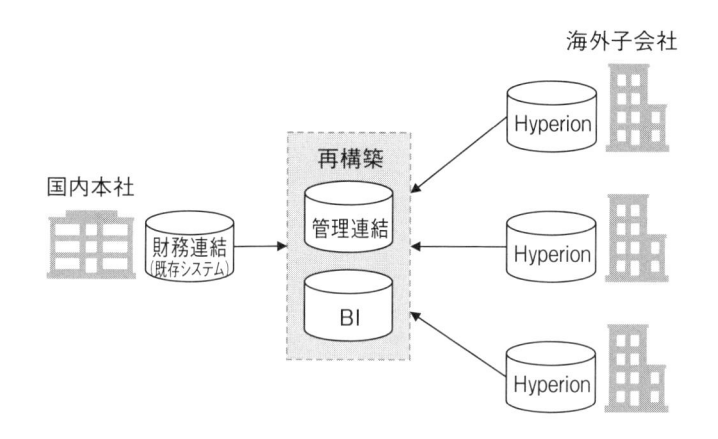

（図：国内本社の財務連結（既存システム）から再構築領域（管理連結、BI）へ、海外子会社のHyperionが再構築領域に接続する構成図）

ん重要だが，グローバルでシステムプラットフォームを統合していく中では，システム全体の最適化を意識することが重要なポイントとなる。

③ 「パッケージのほうが導入期間が短い」は本当か

　会計システムの分野では，新規に導入する際にパッケージ（もしくはクラウドサービス）を選択されることが主流であることはすでに述べたとおりである。会計関連業務が比較的標準化されているという背景とともに，導入が速くできるというのがその理由として挙げられるだろう。

　ここで触れておきたいのは，パッケージの導入を選択すると本当に導入期間が短くなるのかどうかという点である。

　スクラッチで開発する場合に比べて，パッケージ導入の場合は実現機能に制限はどうしても発生するものの，要件定義期間の短縮やシステム設計・開発期間の短縮が実現できるのは事実である。その意味では，パッケージのほうがスクラッチ開発より導入期間が短くできる。ただ，構想時にパッケージだからと短めのプロジェクト期間をロードマップとして引いてしまうことには，危険が伴うことを認識する必要がある。パッケージで会計システムを構築する場合，想定以上の工数と期間がかかるのはデータ移行である。もち

ろん，追加開発が想定以上に増えたケースや開発範囲が広い場合はテスト工数が余計にかかるため，それ相応の期間がかかってしまう。しかし，グローバルレベルでの再構築を行う場合，データ移行は思った以上に難しくなる可能性があることを意識しておく必要がある。

　グローバルで標準化を行い，パッケージを適用するとなると，これまでとは違ったマスターデータ／トランザクションデータの持ち方，新しいI/F項目の追加等が発生する。業務／システム設計は粛々と進めればよいのだが，データ移行のために既存システムから残高および明細データを新しいフォーマットで準備する段階で，思った以上の工数を費やすケースが散見される。これは，グローバル標準化により，これまでとは考え方の大きく異なるデータの持ち方をしなくてはならなくなったため，移行する残高や明細データも異なるデータの持ち方で用意しなくてはならず，既存のシステムから自動で生成することができずに手作業を介しての移行データ準備となってしまったことにより生じる（図表3-30）。

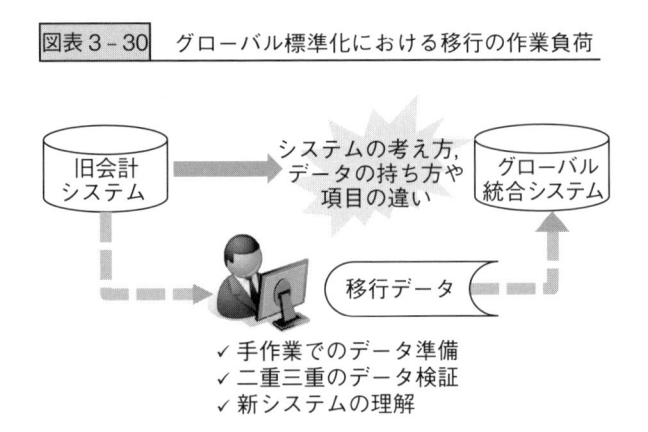

図表3-30　グローバル標準化における移行の作業負荷

旧会計システム　→　システムの考え方，データの持ち方や項目の違い　→　グローバル統合システム

移行データ

✓ 手作業でのデータ準備
✓ 二重三重のデータ検証
✓ 新システムの理解

　会計システムの場合，経理部門のメンバーが現業と並行してデータ準備を行う必要があり，手作業での移行データ準備には相当の時間を要してしまうことがある。また，経理にしか判断できない内容のデータも多く，データ

検証も二重三重に行う必要がある等，想定以上の工数が強いられることは少なくない。加えて，新しいシステムの考え方やデータの持ち方を理解したうえでないとデータ準備にも取りかかれないため，単純に人海戦術を採ればよいというわけにはいかず，現業におけるエース級を投入しないと前に進まなくなることもしばしばである。

　このように新しい会計システムに乗り換える場合は，会計関連データの取扱いが変わることが多いため，現状をよく知ったメンバーが新しい会計システムを理解したうえで移行データを作成しなくてはならない。ここがうまくいかないと，数ヶ月という単位で本番稼働がずれ込むことも珍しくないため，構想段階から移行データ作成要員がどれぐらい確保できるか，その状況を見ながらロードマップを引くということが重要なポイントとなる。

(6) 費用対効果

　次の論点として費用対効果について触れていく。システム導入を伴う場合，必ず費用対効果を試算し，最終的な投資判断を経営者に仰ぐということは，ほとんどの日本企業で進められているプロセスだろう。特にグローバル再構築となると，その範囲も広大で，影響を与える部門も多いため，慎重な判断が必要になることは想像に難くない。会計関連業務／システムの範囲でグローバル再構築を考えた場合，本当に費用対効果を算出し，経営層が判断できる条件を提示できるのだろうか。

① そもそもコストは回収可能なのか

　会計関連業務は，売上を生む活動をしている業務／システムではなく，いわゆるバックオフィスの業務／システムである。定量的な効果，とりわけ金額インパクトを測るとすると，コストダウンがどれだけできるかに集約される。ここで考えなくてはならないのは，バックオフィスのコストダウン分で会計関連業務／システムのグローバル再構築にかかるコストが回収できるのかどうかということである。

コストダウン可能な金額を算出することから始めてみよう。コストダウンとして認識できるのは，システム化による業務効率化やグローバルシェアードサービスの導入等を背景とした人員減である。固定費が削減できれば，恒久的なコストダウンとして定量的な効果が見て取れるということである。システム化という面から，既存システムより保守・メンテナンス費用がいくぶんか下げられるという可能性もある。そのコストダウン分も定量効果に含めるべきであろう（図表3-31）。

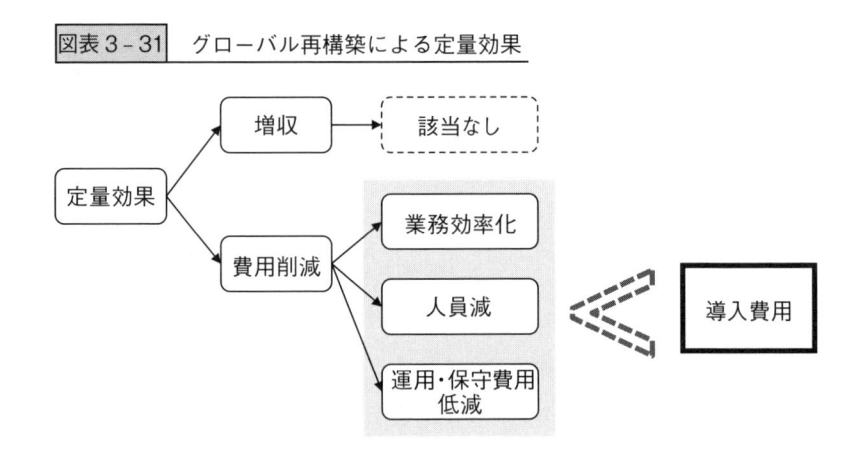

図表3-31　グローバル再構築による定量効果

```
                  ┌─ 増収 ────→ 該当なし
定量効果 ─┤
                  └─ 費用削減 ─┬─ 業務効率化
                                      ├─ 人員減         <<< 導入費用
                                      └─ 運用・保守費用
                                          低減
```

ここで冷静に考えないといけないのは，これらのコストダウン分の定量効果で，導入費用を賄うことができるレベルに到達するのかということである。人員減という観点からだと，例えば導入費用（コンサルティングフィー，SI費用等の外部流出のみを想定）として10億円かかったとすると，人員としては1年で回収するには100人単位の削減が必要となる。グローバル再構築となると，導入規模にもよるが，この10倍以上のコストを見込む必要が出てくるかもしれない。一方で，海外の人件費は日本よりも大幅に低い新興国も多いため，回収するためには数千人規模の人員削減が必要となる。これは本当に可能な数字なのだろうか。

結論からいうと，コストダウン分の定量効果により投資判断をするなら，

会計関連業務／システムの再構築にはゴーサインが出ない。そもそも利益を生む業務／システムではない以上，再構築によって今よりも格段に利益を生むという前提は置きようがないのである。では，コストに見合わないのだから再構築は行わないという結論でよいのかというと，もちろんそういうわけにはいかない。グローバル競争に生き残るためには今のままでよいはずがないのである。つまり，費用対効果を考えるうえで重要なのは，定性的な効果のほうにある。

② 定性的効果の見極め

バックオフィス業務や経営管理といったマネジメントに関連する業務／システムは，直接的に金額換算できる効果を見出せないということを認識する必要がある。その代わり，定性的な効果を指標として費用対効果を見極める必要がある。

キーワードとなるのはマネジメントレベルの向上である。グローバルで統合されたプラットフォームが構築されることによって，世界中の情報が1ヶ所に集められ，その分析を行うことによってグローバルにさまざまな統制や意思決定を行うことが可能になる。これは，現在実現できていないマネジメントが将来実現できるレベルに到達するということを示しており，マネジメントレベルを，競合となる海外企業と同レベルに持っていく価値は計り知れない。マネジメントレベルが同じであれば，製品の差，オペレーションの差，規模の差といった他の要素で勝負に出ることが可能になる（図表3-32）。

もう1つの着目すべきポイントは，スピードである。グローバル再構築を行うことによってスピードがどれだけ速まるのかを明確にし，定性的効果として測っていこうということになる。スピードにはさまざまな種類がある。受注時の納期回答のスピード，出荷のスピード，顧客問い合わせに対するレスポンスのスピード，意思決定のスピード，情報伝達のスピード等，ビジネスの中で少しでも速めなくてはならないスピードは数多く存在する。グローバル再構築によってどんなスピードがどれぐらい速くなるのか，この点を明

図表3-32　グローバル再構築によるマネジメントレベルの向上

グローバルにさまざまな統制や
意思決定が可能

競合する海外企業と同じ
マネジメントレベルを実現

確にし，自社にとってどれぐらい意味のある取り組みなのかを判断する必要がある。自社にとって今速めなくてはならない，あるいは将来にわたって速めなくてはならないスピードの種類はどんなものなのか，ここを経営戦略とも照らして明確に定義し，そのスピード向上度合いをもって費用対効果を判断していくことが重要なポイントとなる（図表3-33）。

特に前述のマネジメントレベルの向上という観点と合わせると，意思決定スピードがどれぐらい再構築によって上がるのかは重要な判断基準であり，費用対効果を判断する中で特に重視すべき指標となる。

③　経営者が判断すべきこと

結局のところ，費用対効果を見極め，最終的にグローバル再構築に対して実行するかしないかを判断するのは経営者である。経営者は短期的な視点で，定量的な効果が見込めないからグローバル再構築に取り組まないというのではなく，自社がグローバル競争に生き残っていくために必要かどうかという視点で判断を下さなくてはならない。特に，マネジメントレベルが向上することの重要性は，経営者だからこそわかる部分であり，定性的にしか捉

図表3-33 グローバル再構築によるスピードの向上

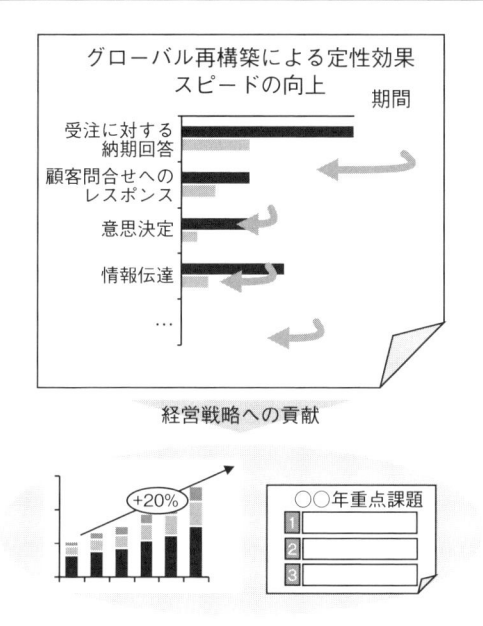

グローバル再構築による定性効果
スピードの向上
期間
- 受注に対する納期回答
- 顧客問合せへのレスポンス
- 意思決定
- 情報伝達
- …

経営戦略への貢献

+20%

○○年重点課題
1
2
3

えられないところではあるものの，経営判断に利用する情報が今より格段に増えたり，入ってくる情報のスピードが格段に上がったりすることで，どれだけ自らの意思決定に，あるいは経営判断として自社の方向性を定めていくために有用であるかを判断しなくてはならない。

　多くの日本企業が，どの程度の投資をグローバル再構築に対して行うべきか判断するのに迷うことであろう。これまでやったことのない取り組みであり，投資規模もグローバルが対象となるため大きくならざるを得ない。しかし，今しかタイミングがない以上，経営者は先を見越した決断をしなくてはならない。ビジネス環境の変化が著しい現代において，躊躇している暇はない。将来のリスクを小さくするためには，少しでも早く決断して取り組み，早く再構築を完了させることである。期間が短ければ投資の総額も抑えられる可能性は高く，かつビジネス環境がまた変化を見せても，さらにそこから方向性の修正が可能である。なぜなら，すでに柔軟性のあるグローバルプラッ

トフォームを持っている状態になっているのだから，そのプラットフォームを活かして新たな変革を進めていけばよいのである。

　日本企業は必要以上に横並びを意識する。他社で実行しているかどうか，事例があるのかどうか，といった点で特に日本の同業他社の動向を気にする傾向が強い。今後グローバルで勝負する以上，日本企業との横並びを意識していても意味がないことを認識しなくてはならない。それよりも海外の先進企業との横並びを意識して，あるいはその企業を超えることを意識して取り組んでいかなくてはならない。常にグローバルを意識した経営者としての判断が求められている。

(7) シェアードサービス／BPOとの関係

　会計関連業務／システムでグローバル再構築を進める際に，業務の観点から必ず論点として出てくるのは，グローバルシェアードサービスの導入である。構築方法については拙著『導入ガイド　グローバルシェアードサービス』(中央経済社) に詳細を記述しているので割愛するが，システムを含めた再構築を考える際には，子会社の経理担当者のスキル不足や定着率の悪さからくる業務の混乱を回避する，あるいはシステム導入対象会社を劇的に少なくするといったメリットを享受できる可能性がある。ただし，グローバル再構築全体の枠組みの中で考えた場合，いくつか注意すべき点がある。

① 標準システムだとシェアードサービス化しやすいという妄想

　グローバルでシステム標準化を前提とした再構築を志向した場合，業務とシステムが標準化されているため，比較的容易にグローバルにシェアードサービスを構築できると思うかもしれない。確かに，標準化されていないよりは，標準化されているほうがシェアードサービスを導入しやすい面はある。ただ，シェアードサービスを導入するにはクリアすべき前提がいくつかあるため，その状況を見極めてグローバルシェアードサービスを導入するかどうかを判断する必要がある。

グローバルシェアードサービスを導入する際に，どの業務をシェアードサービスで行うのか，子会社ごとに定義する必要がある。これは，子会社の扱っているビジネスによって業務プロセスや商習慣が変わってくることと，子会社によって経理担当者のスキルレベルがバラバラであることに起因している。シェアードサービス側で巻き取る仕事を定義しても，グローバルという範囲になるとそのとおりにいかないことを前提にしなくてはならず，徐々に理想の形に巻き取っていくというアプローチを採らざるを得ないのである（図表3-34）。

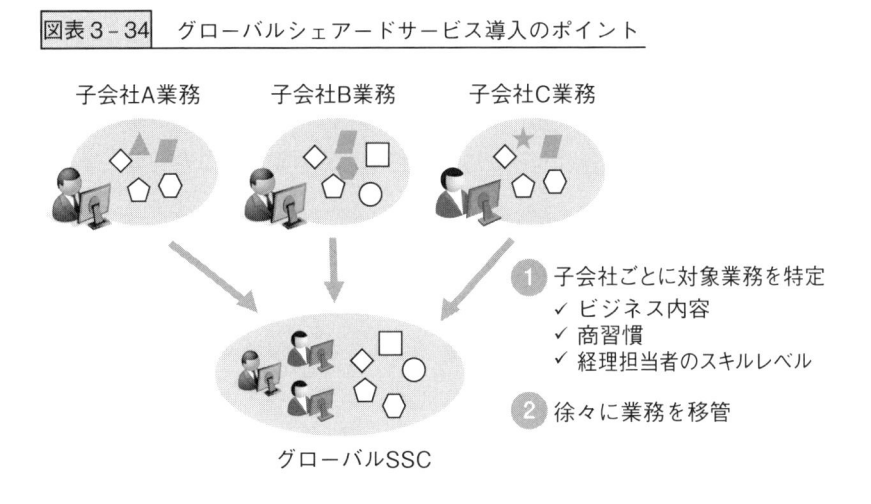

図表3-34　グローバルシェアードサービス導入のポイント

① 子会社ごとに対象業務を特定
　✓ ビジネス内容
　✓ 商習慣
　✓ 経理担当者のスキルレベル

② 徐々に業務を移管

このように業務プロセスやシステムに関係なく，シェアードサービスで巻き取る仕事は決まってくるため，中途半端にシェアードサービスに業務を委託することになってしまい，そのための一時しのぎシステムを開発する必要が出てくるケースもある。このようなケースが多く出てくるようなら，グローバル再構築の中にグローバルシェアードサービスの導入を入れるべきではないため，構想時にどの程度の子会社がこういう状況になるのか調査のうえ判断をする必要がある。

② BPO だと自社にシステムは必要ないのか

　一方で，グローバルシェアードサービスを導入するのではなく，業務を丸ごと BPO（Business Process Outsourcing）に委託する企業も多くなってきている。海外企業では比較的早くから BPO を活用してきたが，日本企業では活用がそれほど進んでおらず，シェアードサービスの再構築から始める企業が多かった。しかし，昨今では BPO ベンダーのサービスが向上してきたこともあり，最初から業務全体を BPO ベンダーに委託するケースが出てくるようになってきた。

　BPO ベンダーは自社の中にシステムを構えており，それを活用して標準的な業務を自分たちで回すことで効率化を追求し，受託先に処理結果をデータとともに提供するという，オールインワンパッケージともいえるサービスを提供するようになってきた。システムを BPO ベンダー側で用意し，業務を委託する企業側にはオペレーションを行うためのシステムが必要なくなるため，効果は大きいと考えられる。

　一方で，管理会計に必要な数値をどう捉えるかといった点では，柔軟性を確保することが難しくなる。ビジネス環境の変化から新しい項目の情報が欲しくなったとしても，自社のシステムでもなければ業務オペレーションをやっているのも自社の従業員ではないため，タイムリーに対応することが難しい（図表 3-35）。

　BPO を使えば自社にシステムは必要なくなるが，システムがないがゆえのデメリットがあるということがわかるだろう。マネジメントレベルの向上という観点からは，柔軟性がなくなることは致命的ともいえるため，BPO の採用はお勧めできない。しかし，子会社数が多く，規模や戦略上の観点から重要性の低い子会社の会計関連業務を BPO に委託することは，再構築を進めていくうえでメリットがある。グローバルで定義した標準化された業務とシステムを活用して，規模の小さな子会社にまで徹底させるのは相応の工数が必要となる。重要性のない子会社については，割り切って BPO に会計関連業務すべてを委託することで，標準化を浸透させる作業を大幅にショー

第3章　会計関連業務／システムのグローバル再構築上の論点　155

図表3-35　BPOベンダーを活用する際の留意事項

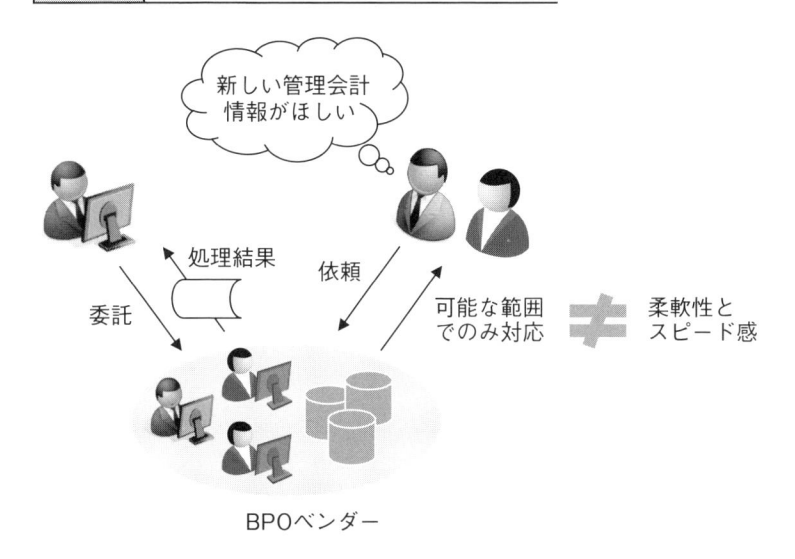

（新しい管理会計情報がほしい）

委託　処理結果　依頼　可能な範囲でのみ対応　≠　柔軟性とスピード感

BPOベンダー

トカットし，再構築の完了を速めることが可能になる。

　シェアードサービスやBPOは，グローバル再構築を進めるうえでの手段として，選択肢の1つとして検討する価値は十分にあるだろう。しかし，標準化を進めていく中で足枷になる可能性をはらんでいることを認識しておく必要がある。システムの全体最適を含めた検討を進めていくと，シェアードサービスやBPOを行わないほうが，メリットが大きいという結論が導かれる可能性もある。個別に議論するのではなく，再構築の構想策定の段階で，あらゆる可能性を含めて検討を進めることが重要なポイントとなる。

　本章では，グローバル再構築ならではの論点について触れてきた。個別業務ではなく，グローバルに範囲が広がったがゆえに検討を要することは，結論を導くためにさまざまな検討が必要となる事項ばかりである。特に全体最適をグローバルレベルで検討するには，業務はもちろんのこと，システムも含めて全体像を検討する必要がある。自社だけでは検討が進まない場合は，外部コンサルタントを要所で活用することも視野に入れ，グローバル再構築

に向けた構想をしっかりと策定し，実行に移していくことが重要である。その中で経営者の役割は非常に重要であり，さまざまな事項に対する意思決定を行っていかなくてはならない。人任せにするのではなく，業務およびシステム双方に対する理解を経営者が深めていかなくては，グローバル競争に参加することが難しい状況にあり，かつ海外の先進企業ではすでに経営者は次の段階に進んでいることを認識しなくてはならない。

　グローバル競争に打ち勝つためのグローバルでの業務／システムの再構築は，日本企業にとって不可欠の取り組みであることを認識し，覚悟をもってやりきることが，日本企業の経営者に求められているのではないだろうか。

第4章

会計関連業務／システム連携のポイント

グローバルシステム再構築を進める中で，業務の標準化とそれを実現するシステムの重要性についてはすでに述べてきたとおりである。推進していくうえで日本企業が最も躓いているのは，業務とシステムを連携させるべきポイントの設計である。経理部門（あるいは事業部門）が自ら最適という業務を考え，情報システム部門はシステムの制約に苦しみながら構築するが，でき上がると思っていたものと違うという話は，身近でよく耳にする事例ではないだろうか。業務設計，システム設計という形で，通常の構築では分けてフェーズが進むために，分断されてしまうこともしばしばあるが，必ず連携しないと思うような最適化が実現しない部分が少なからず存在する。グローバル再構築を進めていくうえでは，そのタッチポイントに注意しながら，そこについては必ず連携を意識した双方の設計を行う必要がある。本章では，グローバルシステム再構築における業務／システム連携で，必ず押さえておくべき連携ポイントについて触れていく。

1 業務／システム連携の重要性

(1) なぜ連携が重要なのか

　現在の企業におけるさまざまな業務は，情報システムを介して行われているものばかりである。当然，意思決定については人間が行うものの，意思決定の支援に至るまで大量の情報処理が必要になっている昨今では，情報システムなしで業務を行うことは不可能といっても過言ではない。その意味から，業務を行ううえで必要な情報処理を無駄なくシステムがやることが，最大限の効果を発揮する大前提となってくる。業務とシステムが連携していないと，結局人が手作業で行う業務が多くなり，手作業によるミスやスピードの減衰，統制が効かずにバラバラにシステムが乱立し，業務効率だけでなく

システム投資の面でも無駄が多くなってしまう。

　システムが活かせる領域を見極め，システムができること，得意としている部分に特化して徹底的に任せることで，システムの導入効果を最大化することが重要なポイントとなってくる。人間が行う業務と自動でシステムが行う処理が一気通貫で行われることなくして，グローバル業務およびシステムの再構築はなし得ないということを認識しておくべきである。

(2)　会計関連業務／システム連携の失敗事例

　実際に企業が業務とシステムの連携がうまくいかなかったために思うような効果を得られなかった失敗事例を通じて，もう少し具体的に業務／システム連携の必要性を見てみよう。

　債権管理業務において，入金消込業務が論点になることについてはすでに触れたとおりであるが，この消込業務をシステムで自動でできるように構築し，高度な債権管理を可能とする仕組みを構築したにもかかわらず，結果として目的をまったく達成できなかった事例である。

　この企業では，請求した明細に対する入金は明細単位に消し込む形で業務は設計された。これまではざっくりと合計額で消込みを行っていたが，より精緻な年齢別の債権管理を行うために明細単位で消し込む業務に変更された。しかし，明細単位で消し込むとなると営業担当の業務負荷が大きくなるため，システムで自動消込みができるよう取引先と入金明細番号と請求番号とで消し込む仕組みをパッケージ上で設定した。金額を完全一致させると消し込めないものが出てくると予想されたため，そのような場合には古い順に消し込む仕様とした。その結果，自動消込みが実行されたのだが，金額が一致する明細がほとんどなく，結果として古い順に債権が消し込まれた。精緻な年齢別の管理を行うことを目的としていたが，結局古い順に消し込まれているので明細別の年齢管理ができず，結果として手作業での消込みに切り替えるという結果になってしまった。営業担当の負荷は大きく増えることとなり，新たな対応を求められることになった。

このケースはシステム化の目的と，そもそもの業務設計上狙った目的とが微妙にずれており，それぞれは意味のあるものであるにもかかわらず，双方の連携を怠ったために，結果としてどちらの目的も達成できなかった事例である（図表4-1）。

図表4-1 業務／システム連携の失敗事例

当初の想定

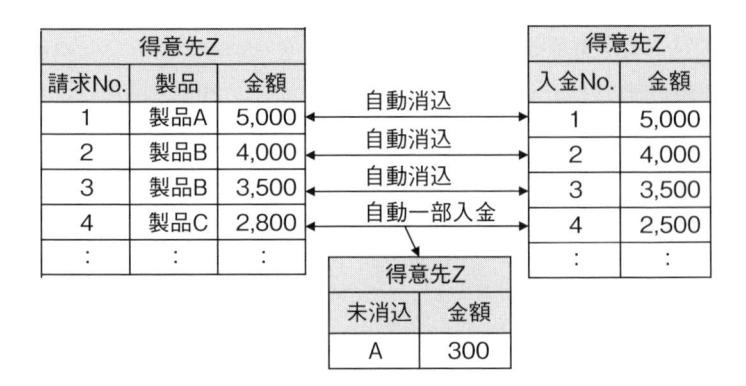

得意先Z				得意先Z	
請求No.	製品	金額		入金No.	金額
1	製品A	5,000	自動消込	1	5,000
2	製品B	4,000	自動消込	2	4,000
3	製品B	3,500	自動消込	3	3,500
4	製品C	2,800	自動一部入金	4	2,500
:	:	:		:	:

得意先Z	
未消込	金額
A	300

現実

得意先Z				得意先Z	
請求No.	製品	金額		入金No.	金額
1	製品A	5,000		1	10,000
2	製品B	4,000	自動一部入金	2	3,000
3	製品B	3,500		3	500
4	製品C	2,800		4	1,500
:	:	:		:	:

得意先Z	
未消込	金額
A	300

・明細の対応関係がわからない
→どの債権明細が未入金か(残っているのか)わからず，年齢管理不能

(3) なぜ連携がうまくいかないのか

　連携がうまくいかない理由として，大きく2つのことが挙げられる。

　1つ目は，業務設計，システム設計を担当する担当者が業務の本質を理解できていないことである。プロセス設計として，業務内容とその手順は設計書で定義することになる。しかし，業務のアクティビティレベルの内容やそのアクティビティに必要なスキル，ノウハウを理解できていない人が業務設計を行うと，ぼんやりした総論の設計になってしまい，事細かな機能を定義すべきシステム要件の段階で，十分なレベルでの機能設計ができなくなってしまうのである。どの機能が骨格としてどうしても必要で，どの機能が便利機能なのか，どこまでの便利機能が我慢できるレベルなのか，こういった問いに明確に答えられる状態で設計を行わないと，業務と連携したシステムはでき上がらないことを認識しておく必要がある。自社のリソースでそこまでのレベルを確保できない場合には，外部の協力者に依頼して設計を行うという選択肢も考えるべきであろう。特に，既存業務を根本的に変えたいという思いを持っている場合には，第三者の目で業務設計およびシステム設計を進めていくほうがよい方向に進む可能性が高い。

　もう1つは，適用するシステムがパッケージであった場合，そのパッケージの機能の特性を十分に把握できていないケースである。この場合も，表面的な機能だけで理解していると，対象となるアクティビティをシステム化したほうがいいのか，業務との連携でカバーしたほうがいいのか正しい判断ができない。パッケージは機能的な制約があるものの，その制約を活かしたほうがいいのか，それとも追加開発を行うことが正解なのかといった業務との連携部分に関わる部分は，パッケージの細部まで理解していることが大前提となる。

　パッケージの標準機能でも，使い方次第でいかようにも柔軟な設計にできることも多い。パッケージそのものができ合い製品というイメージが強く，何もいじれないため追加開発が膨らむと勘違いしている人も多いが，各パッ

ケージにはさまざまなパラメータの設定を通じて，標準機能で幅広く対応できるものが多いということを認識したうえで，連携の設計を行っていく必要がある。業務とパッケージの限界を見極めながら最適な仕組みを構築することこそ，グローバルシステム再構築の最大のポイントといえよう。

2 業務／システム連携のポイント

では，どのような点に気をつけて，業務とシステムの連携を形作っていけばよいのだろうか。本節では，特に気をつけるべきポイントに絞って解説を加えていく。

(1) 業務だけで完結する部分／システムだけで完結する部分の見極め

業務だけで完結する部分とシステムだけで完結する部分の見極めが非常に重要になる。まず，システムだけで完結する部分とは，誰がやっても同一の結果を導き出せる業務のことを指しており，ルール定義やルーチンによって処理ができる業務と言い換えることもできる。ルールを作って同じことを繰り返すだけの業務は，システムが最も得意としていることであり，人間がやるよりも何倍も速く処理を行うことが可能になるということである。このような観点で業務を整理し，自動化が可能となる業務を特定できたら，そのルールを徹底的に詳細に定義し，システムで自動処理させるようにプログラムを組んでいく。一見自動化ができないと思う業務でも，実は場合分けの分岐が多かったり複雑だったりするだけで，人間でないとできないという業務ではないことも多い。海外の先進事例等も参考にしながら，この部分を見極めていくことがポイントとなる。

また，業務だけで完結する部分とは，業務上担当者のクリエイティビティ

やスキル，ノウハウに大きく依存する業務のことを指す。どうしても人の判断というものが入らないとできない業務と言い換えることもできる。Aという事象の場合はZ，Bという事象の場合はYといったルールが存在せず，全体を見渡してどうするか，ある意味，人間の勘というものが働いているような業務がこれに当たる。例えば，営業活動や戦略・施策の策定業務などは，人による判断が入る業務であるため，システム化を考えるのではなく，業務だけで完結する方向を目指すべきである。ただし，意思決定のためにはあらゆる情報が必要になってくるため，そのための情報収集や分析に必要なシステムは構築する必要があることに注意しなくてはならない（図表4-2）。

図表4-2 人が行う業務とシステムの関係

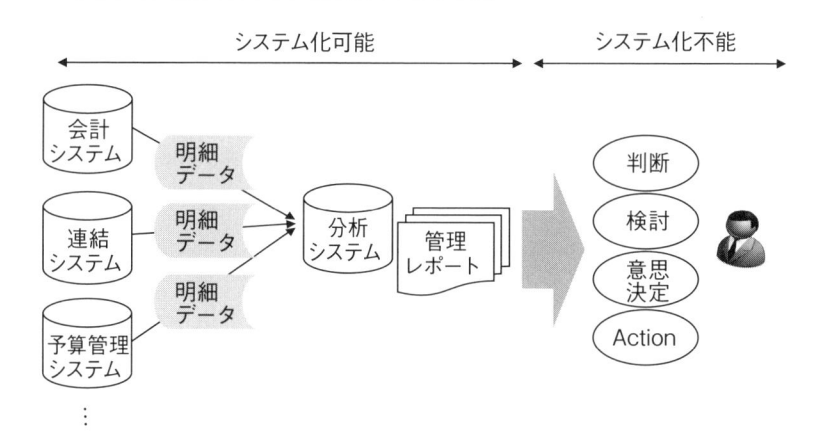

(2) 各業務における業務／システムで連携に注意すべきポイント

① 一般会計

一般会計で業務／システムで連携に注意すべきポイントは少ない。基本的に一般会計では，伝票登録が主となるため，何らかのエビデンス（証憑）に基づき，伝票をインプットできればよい。このプロセスにおいては，業務上エビデンスをどう手に入れるか（あるいは経理へどう回付するか）が重要

であるが，業務で独立して設計できる部分である。一方，伝票登録はシステムに対する行為であるが，その後の業務とシステムの動きに連携させるポイントが隠れている。

　伝票登録は一般会計だけでなく，さまざまな会計業務で行われるが，便宜上ここですべての会計関連業務にて伝票登録する際のことをまとめて記しておく。

　通常，伝票を登録すると，その伝票が正しいかどうかを上長がチェックし，勘定科目や金額の多寡に応じてしかるべき承認者が承認を行う流れとなる。例えば，資金が移動する未払経費の伝票は必ず経理に回付され，最終的に経理部長の決裁が必要になるといった具合である。誰がどの伝票を承認するか，どういったルートが必要になるかは業務設計段階でルールとして定義され，その内容がシステムに正しく連携されなくてはならない。会計システム内でワークフローが完結している場合は，連携をそれほど意識しなくても問題は起きないが，会計パッケージのワークフロー機能では対応できないケースでは，別途ワークフローツールやBPM（Business Process Management）ツールを連動させる必要がある（図表4-3）。

図表4-3　一般会計業務／システム連携の例

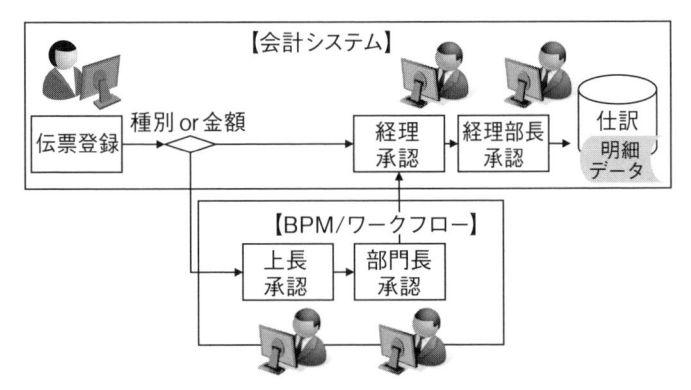

業務とシステムの制約を勘案して，最も適したフローを構築する必要がある

この際に，業務上会計システムを使う人とワークフローツール（BPMツール）のみを使う人といった形で，人によって使うシステムが異なるケースがある。ここで業務とシステムの連携を怠ると，同じ人がケースによって違うシステムに対してオペレーションをしなくてはならないような不整合が発生し，業務の効率性を著しく阻害する結果を招く。

このような状況を回避するためには，業務フローの整備を行う際に，誰がどのシステムに対してオペレーションをするのかについてもきちんと整理しておき，システムの持つ機能と業務の流れに不整合がないかどうかを，業務設計者とシステム設計者で確認しておくということが重要である。

② 債権管理

債権管理業務における業務とシステムのタッチポイントは，失敗事例にもあったように，入金消込みのプロセスである。入金を認識するのは銀行口座を管理している経理であり，消し込む対象がどの請求であるかを認識しているのは営業担当ということもあり，経理と営業担当の連携をどのようにシステムを介して行うかが重要なポイントとなるプロセスである（図表4-4）。

図表4-4　入金消込みにおける経理と営業の連携

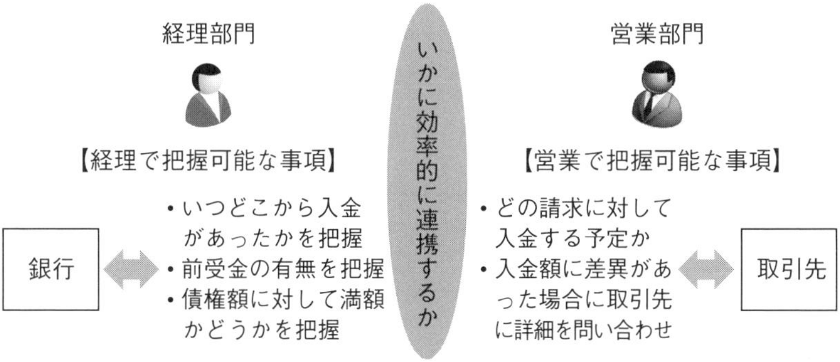

経理部門

【経理で把握可能な事項】
銀行
・いつどこから入金があったかを把握
・前受金の有無を把握
・債権額に対して満額かどうかを把握

いかに効率的に連携するか

営業部門

【営業で把握可能な事項】
・どの請求に対して入金する予定か
・入金額に差異があった場合に取引先に詳細を問い合わせ
取引先

営業担当と経理担当は物理的に離れていることがほとんどであり，グローバルで共通の口座を使っているようなグローバルアカウント（取引先）の場合は，時差もあることを考慮に入れる必要がある。消込業務のトリガーが入金となるため，経理が入金の情報を，正確にシステムを介して営業担当に伝達し，営業担当は消込みをシステムに対して行うという流れを実現する必要がある。消込み後は，年齢別の債権管理を経理が中心に行うことになるため，経理は営業担当に対して未消込み分の消込みもしくは回収督促を指示する必要があり，これらをタイムリーに進められる仕組みを構築しなくてはならない（図表4-5）。

図表4-5 入金消込みにおける業務／システム連携

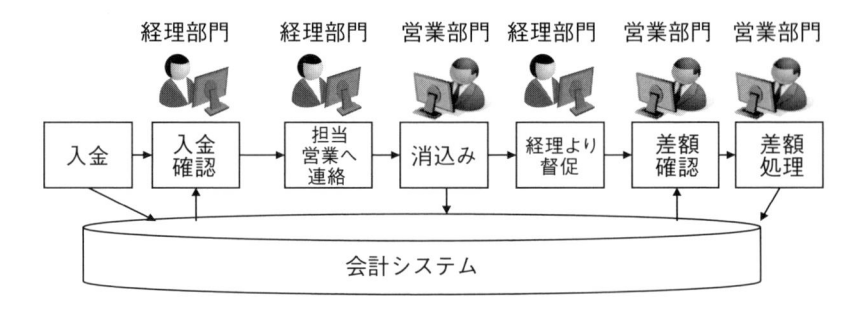

[経理部門：入金→入金確認／経理部門：担当営業へ連絡／営業部門：消込み／経理部門：経理より督促／営業部門：差額確認／営業部門：差額処理／会計システム]

入金消込みの連携は，経理，営業，システムの三者が共同で行う必要があり，全体の連携をうまくデザインできないと，失敗例のようなちぐはぐなシステムとなってしまうことを念頭に置いておく必要がある。日本企業ではなかなか三者が集まって1つのことを設計することがないため，個別に調整をかけてしまいがちだが，重要なタッチポイントであるため，必ず合同で設計を進めることが重要なポイントである。

③ **債務管理**

債務管理におけるタッチポイントは，支払業務の一部分のみである。未

払金の伝票は一般会計の場合と同じく，承認プロセスに気を配る必要があるが，それ以外の業務では，支払業務における支払保留や支払方法変更といった変更業務の部分である。支払はどの企業でも経理の専任業務の様相が強く，通常は最終的に経理の承認をもってシステム上（伝票上）設定されている支払予定日にファームバンキング（FB：Firm Banking）送金される仕組みになっている。

　しかし，業務上もともと設定されている支払予定日どおりに支払うのではなく，延期されたり支払方法が現金から手形に変わったり，緊急で支払う必要が出たりといった例外対応が往々にして起こる。取引先（仕入先）との交渉を行っているのは現場であるため，経理はその情報をタイムリーに受け取り，タイムリーにシステムに反映させることによって，支払を早くしたり遅くしたりコントロールしなくてはならない（図表4-6）。

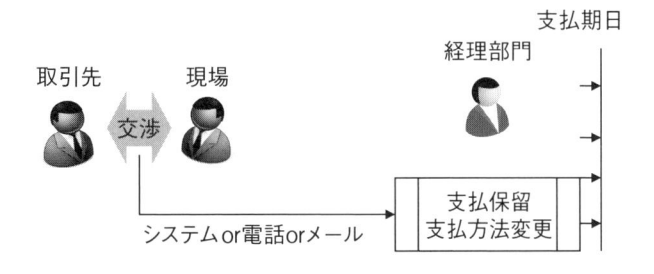

図表4-6　支払のコントロール

取引先　⇔交渉⇔　現場　　　　　経理部門　　支払期日

システムor電話orメール　→　支払保留
　　　　　　　　　　　　　支払方法変更

　先方からの依頼により支払を早める場合には，銀行の営業時間等で非常にシビアなタイムリミットが設定される場合もあるため，物理的に離れている現場と経理とのやり取りをシステム的にかつタイムリーに行える業務ルールとシステムを準備しておく必要がある。

　支払に関しては失敗が許されないため，支払期日の変更や支払方法の変更といった対応には迅速かつ確実に対応できなくてはならない。取引先にはこちらの支払が滞ったら経営状態が危なくなるところも含まれているかもし

れないため，ミスの出ない仕組みをシステム的に担保しておく必要がある。したがって，業務的に相互チェックが行えるような仕組みを構築したり，取引先との情報共有をポータルで行ったりといった仕組みを検討する必要があり，業務とシステムがシームレスにつながる環境をグローバルに構築しておく必要がある。国を跨ってグローバルレベルで集中購買を行っている，あるいは行おうとしている場合には，そのプラットフォームを拡張することも有効な手段であるため，設計段階で取引先との情報連携方法等については方向性を固めておくとよいだろう。

④ 固定資産管理

　固定資産管理におけるタッチポイントは，取得の段階が最も重要である。どういった会計システムで固定資産管理を行うかにもよるが，ERPをはじめとするパッケージを導入する場合には，通常，固定資産はマスター管理され，償却計算等をマスターの情報をもとに行う仕組みになっている。パッケージによっては固定資産マスターを登録してからでないと取得（購買）するオペレーションを始めることができないものもあり，パッケージの機能によって業務プロセスが制限されることも多い。そのため，業務設計の段階からシステムの制約を織り込んで業務を作っていく必要がある。

　また，システムの制約が大きく，業務を変更する必要が出てくるケースもあるので注意が必要である。特に，現場で固定資産の取得（購入）を行っているようなケースでは，固定資産マスターを現場で登録しなくてはならなくなるため，業務負荷の問題から別の仕組みを作らないといけないケースがある。テストの段階でこのようなことが発覚すると稼働が間に合わないという状況になりかねないため，設計段階で成約を考慮しておく必要がある。

　また，固定資産マスターには経理でないと正しく判断できないような項目（耐用年数や償却期間）を必須で登録しないといけないパッケージもあり，そのような場合はすべて経理に情報を回付してマスターを登録してもらうか，仮の耐用年数等で登録しておき，後から経理に変更をしてもらうといっ

|図表4-7| 現場と経理で役割分担する際のマスター登録例

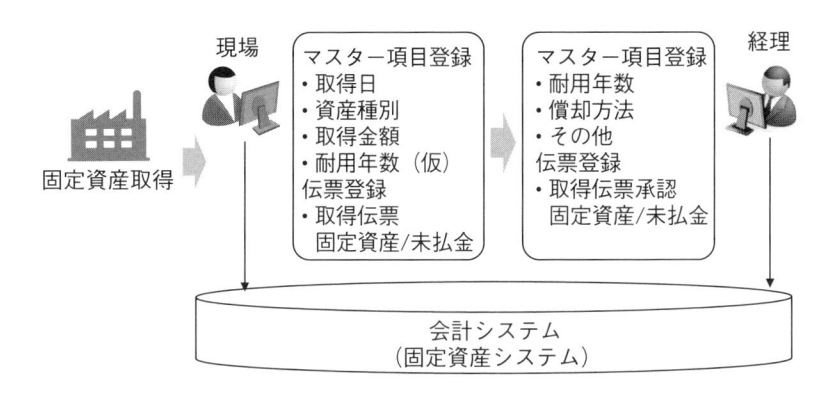

現場
マスター項目登録
・取得日
・資産種別
・取得金額
・耐用年数（仮）
伝票登録
・取得伝票
　固定資産/未払金

経理
マスター項目登録
・耐用年数
・償却方法
・その他
伝票登録
・取得伝票承認
　固定資産/未払金

固定資産取得 → 会計システム（固定資産システム）

た業務を設計しなくてはならない（図表4-7）。

　このように，固定資産の取得時にシステム制約により業務が変わる可能性が高いため，取得段階で常に業務とシステムを連携させて全体を設計することに留意が必要である。固定資産は経理で管理する項目が多いものの，企業によっては現場での管理や総務での管理ということもあるため，システム制約に従って組織の役割分担を変更することも視野に入れて設計することが重要なポイントである。

⑤　原価計算

　原価計算におけるタッチポイントは，経費の締めのタイミングと原価計算タイミングの調整である。経費等の締め処理が終了したタイミングで原価計算を走らせるような制御ができるパッケージであれば，特に意識をする必要はないのだが，そうでない仕組みの場合は注意が必要である。

　原価計算は，労務費や経費の実績がきちんと登録された後に，原価計算のロジックに従ってシステム上計算される仕組みである。したがって，労務費や経費が正しく入力されていない状態で原価計算処理が回ると，もう一度正しく入力した後に再度原価計算処理を実行しなくてはならない（図表4-8）。

　システム的に経費の締め処理といったトリガーがない場合には，業務上

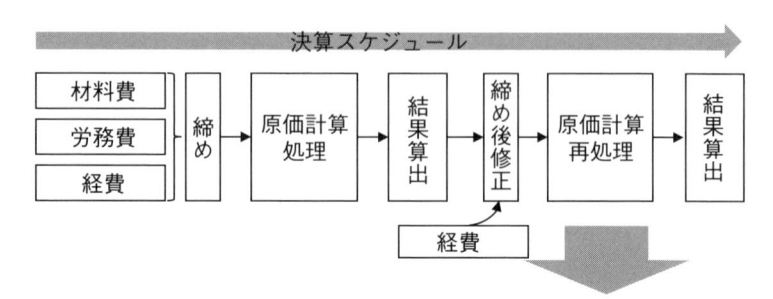

図表4-8　原価計算システムの処理

```
決算スケジュール →

材料費
労務費   → 締め → 原価計算 → 結果算 → 締め後修正 → 原価計算 → 結果算
経費           処理      出             再処理       出
                                ↑
                               経費
```

再処理を避けるためには，これ以上修正が入らない（入れられない）ことをシステム的に制御する必要がある

　経費の締めが終わり追加で伝票が入らないことを確認した後に，原価計算を実行する必要がある。システム的に締め処理を認識できる場合はシステムのみで完結するため，連携しての設計は行わなくても大丈夫であろう。

　システム構成によっては，在庫の締めといった処理も絡んでくることになるため，経費伝票の締めと同様に，システム制約に応じて連携を行っていく必要があることに留意しなくてはならない。

⑥　単体決算

　単体決算におけるタッチポイントは，決算に関する仕訳入力と他システムとの連携である。決算時には決算整理仕訳をはじめとして，決算特有の伝票登録を行う。タイミングによっては，会計システムの周辺システム内のデータを修正し，再度正しい情報を会計システムにつなぐ必要があるケースもある。このようなケースでは，他システムの処理がネックとなって決算が締まらないというような事象が起きる場合がある。業務上必ずこのタイミングで決算を締めなくてはならないという要件がある場合，他システムの夜間バッチを待たなくてはならないというようなトラブルが生じると，決算が締まらないばかりでなく，レピュテーションリスクまで勘案しなくてはならない事

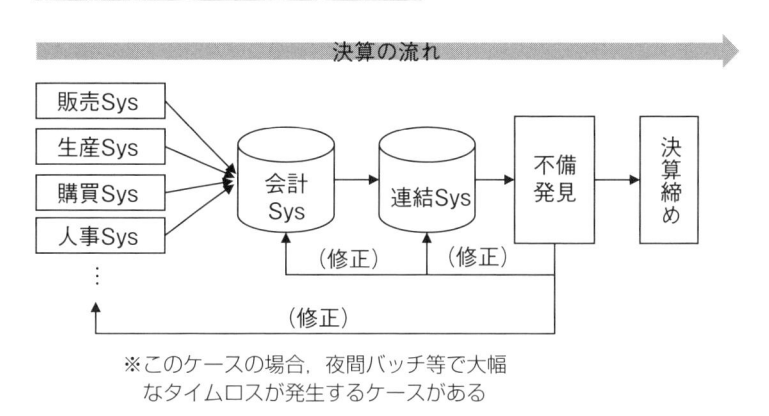

図表4-9　単体決算の修正サイクル

```
                          決算の流れ →

販売Sys ┐
生産Sys ┤→ 会計Sys → 連結Sys → 不備発見 → 決算締め
購買Sys ┤      ↑         ↑
人事Sys ┘    （修正）   （修正）
  ⋮
        ←────────（修正）────────
```

※このケースの場合，夜間バッチ等で大幅なタイムロスが発生するケースがある

象になりかねない（図表4-9）。このようなことがないように，システムの限界と業務上のニーズのバランスをとりながら，全体の設計（特に決算スケジュール）を進めていく必要がある。

　グローバル再構築では，単体決算の遅れが連結決算の遅れに直結するため，システム的な担保や機能アップ（リアルタイム処理を実現する等）を含めた設計を行っていく必要がある。

⑦　連結会計

　連結会計におけるタッチポイントは，単体決算との連携と内部取引照合プロセスである。連結パッケージ上の不整合については連結パッケージ上修正するというよりは，元データ側から修正しなくてはならない自動連携の仕組みが再構築時に作られるケースが多いため，単体システムの修正（単体決算での連携）がポイントとなる。単体側での対応がタイムリーに行える状態になっていれば，連結そのものはルールに則って処理が粛々と行われるため，単体決算側の修正データをいかに素早く反映させるかがポイントとなる。

　もう1つは内部取引照合のプロセスである。連結会計において最も時間がかかるプロセスが内部取引照合であることはすでに述べたとおりである

が，取引照合で不整合が出てきた場合には，子会社とやり取りを行い不整合の要因を特定のうえ，しかるべき処理を行う必要がある。月次ではなく週次といったタイミングで内部取引照合をしている場合であっても，子会社との原因究明のプロセスは必ず発生すると考えておくべきである（明細を本社側で取り込んでいたとしても）。

　連結会計業務も単体決算と同様，タイムリミットが決まっており，短い期間で確実に処理を終えなければならない業務である。不整合があった場合には，その取引を特定し，その元伝票を照会できる情報を抽出のうえ，子会社側の単体会計システムもしくは業務系のシステムからデータを特定し，不整合の原因を探るといった一連の流れを，システム内の情報をうまく連携させて構築する必要がある（図表4-10）。

　このプロセスのできいかんで業務効率が大きく変わってくるので，子会

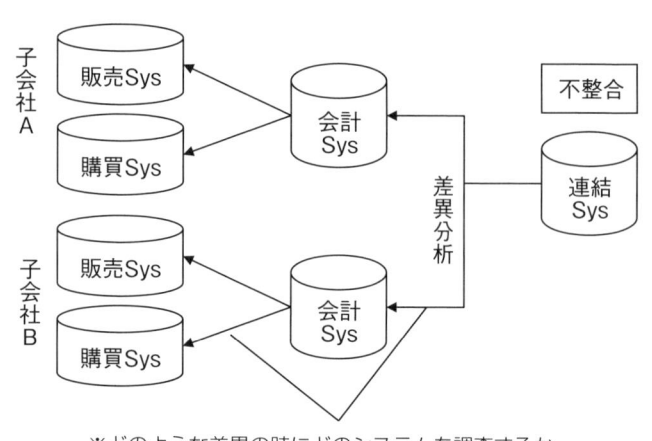

図表4-10　内部取引照合における差異分析をスムーズに

※どのような差異の時にどのシステムを調査するかを明確にするとともに，各システムの検索をスムーズにできる仕掛けを構築することが必要

社のシステム構成や情報（データ）の所在を理解したうえで，業務との連携を検討する必要がある。

⑧ 管理会計

　管理会計は日々のオペレーションと直接関わるのではなく，意思決定や内部統制に必要な情報を作り，レポート等を通じて判断を行うプロセスを確立するものである。したがって，業務とシステムのタッチポイントは限られている。

　特にプロセスが存在する部分としては，予算策定プロセスと標準原価設定プロセスが，タッチポイントを考えなければならないプロセスとなる。予算策定，標準原価設定ともに予算立案プロセスということになるが，予算策定にあたってはトライアンドエラーを繰り返すプロセスが構成されるという特徴がある。予算策定プロセス，標準原価設定プロセスともに何度もやり直しながら最終的な予算値を確定するため，途中段階ではバージョン管理を行う必要がある。そして，そのバージョン管理はシステム的にシビアに行われる必要があり，業務と連携して違うバージョンを正としてしまわないように管理されなければならない（図表4-11）。

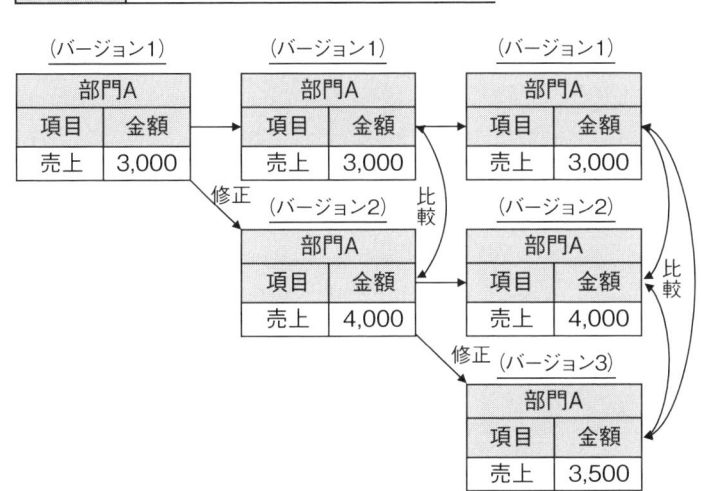

図表4-11　予算管理におけるバージョン管理

（バージョン1）

部門A	
項目	金額
売上	3,000

→ （バージョン1）

部門A	
項目	金額
売上	3,000

→ （バージョン1）

部門A	
項目	金額
売上	3,000

修正 → （バージョン2）

部門A	
項目	金額
売上	4,000

比較 → （バージョン2）

部門A	
項目	金額
売上	4,000

修正 → （バージョン3）

部門A	
項目	金額
売上	3,500

比較

最終的に確定予算値となったバージョンを，今後の実績対比をするバージョンとして利用することになるが，それまでの履歴を残しつつ，各バージョンからのコピーを行ったり，一部を修正して再利用したりという業務は，パッケージだとシステムの制約に依存する部分が多くなるため，業務とシステムが連携して最終的な業務を確定する必要がある。

本章では，業務とシステムが連携すべきポイントで，特に留意しておく必要があるプロセスについて，会計関連業務ごとに触れてきた。グローバル再構築を進めていくうえで，業務とシステムが連携すべきポイントは，情報技術の進歩に従い増えてきている状況にある。今後，情報技術が進歩する中で，さらに多くのタッチポイントの検討が必要になることを念頭に置きながら，グローバル再構築における業務設計，システム設計を進めていくことが求められる。

第 5 章

会計関連業務／システムの
グローバル再構築の進め方

ここまでは会計関連業務のグローバル再構築で必要となる，業務機能やシステム機能，そしてその連携というポイントについて触れてきた。つまり，グローバル再構築をする際の中身について述べてきたわけだが，本章ではグローバル再構築の進め方にフォーカスを当てて解説する。

いくら設計内容をあるべき姿で作り上げてきたとしても，再構築全体のアプローチを誤ってしまうと，工期および費用の増加，稼働した後のトラブルや結局使われずに終わる，といった事象が起こってしまう。設計内容を固めることも重要だが，その内容をしっかりと期限どおりに実行に移していくというやり方を理解しておくこともまた重要である。本章では特にグローバルでの仕組み作りでよく問題になる点について触れていく。

グローバル再構築の基本的な進め方や論点には，会計関連業務／システム特有という部分はそれほど多くなく，様々な他のシステムのグローバル再構築とほとんど同じである。したがって，基本的な論点やアプローチをしっかりと押さえ，どのシステムでも同様のアプローチで進めていくことが混乱も少なく，スムーズに再構築を進めていくうえで重要なポイントとなる。

1 必須となる基本構想策定

(1) グローバルシステム再構築の失敗事例

日本企業において，グローバルでシステム再構築を行う際の問題点として顕著なのが，本社（日本）と海外子会社間のコミュニケーションミス（ロス）である。本社側で企画・立案したシステム再構築の目的，コンセプトが子会社側に明確に伝わっておらず，子会社側は自社のための個別最適化のみに特化してしまうケースなどを引き起こす。グローバルでのシステム再構築というよりは，単なる海外子会社のシステム導入と同じ状態に終わってしまい，

もともと描いていた業務とシステムの標準化ではなく，まったく別のシステムができ上がってしまった例もある。

このような状況になると，グローバル全体で「計画（スケジュール，リソース，コスト）どおりにプロジェクトが進まない」という導入期間中の問題と，「想定した効果が出ていない」等の導入後の問題の両方が発生することになる。

コミュニケーションが不十分であることが根本要因ではあるが，その1つとして，本社と海外子会社とのパワーバランスが影響をしている場合がある。例えば，収益を十分に上げている海外子会社や，M&Aを行ってグループ傘下に入った子会社などは，本社からのガバナンスが効きにくく，実務においても本社側がコントロールできていないケースが多い。このような場合は，いかに海外子会社を納得させて計画を推進するかという作業に膨大な工数を費やさなければならない可能性があり，プロジェクト推進上のボトルネックになるため，回避しなければならない重要な課題である。

会計関連業務／システムの場合は，管理会計分野についてグループ共通のルールを適用する必要がある。グローバル再構築時には大きくルールを変更することが多いため，そのルール変更が及ぼす子会社への業務負荷の増加や，システム改修の手間といった部分について早期に同意を得ながら進めなければ，本番稼働後にルールを守らないために管理会計が意味をなさないということも起こりうる。特に，意思決定に大きな影響を及ぼす子会社は早期に巻き込んでおき，稼働後を見据えた調整を構想段階から進めていくことが重要なポイントとなる。

(2) 効率的なグローバル展開

では，前述のような失敗の状態に陥らないためにはどのようにすればよいのかという点について触れていこう。

① 「声の大きい」海外子会社を巻き込む

　前項で本社からのガバナンスが効きにくい子会社という例を挙げたが，特に海外において，「声の大きい」拠点がそれに当たる場合が多い。

　「声の大きい」というのは発言力があるということで，「収益を十分に上げている」，「現地でのシェア，認知度も十分高い」，「子会社の中でも規模が大きい」など，さまざまなケースが考えられる。前項でも述べたが，日本企業では「声が大きい」子会社については，本社がコントロールすることは容易ではなく，全体最適などは二の次で，個別最適へ進んでしまうケースも少なくない。

　ただし，発言力があるという意味では，他の子会社への抑えも効きやすいということでもあり，当該子会社で展開の成功事例ができれば，その構築内容がグローバル標準になる可能性もあり，その後の導入する子会社への適用スピードを加速させることが期待できる。発言力のある会社は，グループ内でオペレーションが洗練されている場合も多いので，ある程度「ベストプラクティス」といえる存在である可能性も高い。

　したがって，このようにコントロールが難しいが，影響力の大きい子会社から優先度を高めて展開することで，その後の展開に向けて強力な味方ができる効果と相まって，再構築のスピードアップに結びつけることが可能となる。

② グローバルテンプレートを活用する

　グローバルテンプレートとは，各社でシステムを導入（再構築）するうえで，グループ全体としての業務を標準化するためにコアとなる業務機能（グローバルコアプロセス）を確立するものである（図表5-1）。

　各地域独自の法規制対応，および商習慣上実施せざるを得ない業務については，ローカル要件として構築する。

　これを活用することにより，その後のグループ展開をより効率的に推進することが可能ではあるが，構築する前に，どこまでを「グローバルでテンプ

図表 5-1　グローバルテンプレートの展開

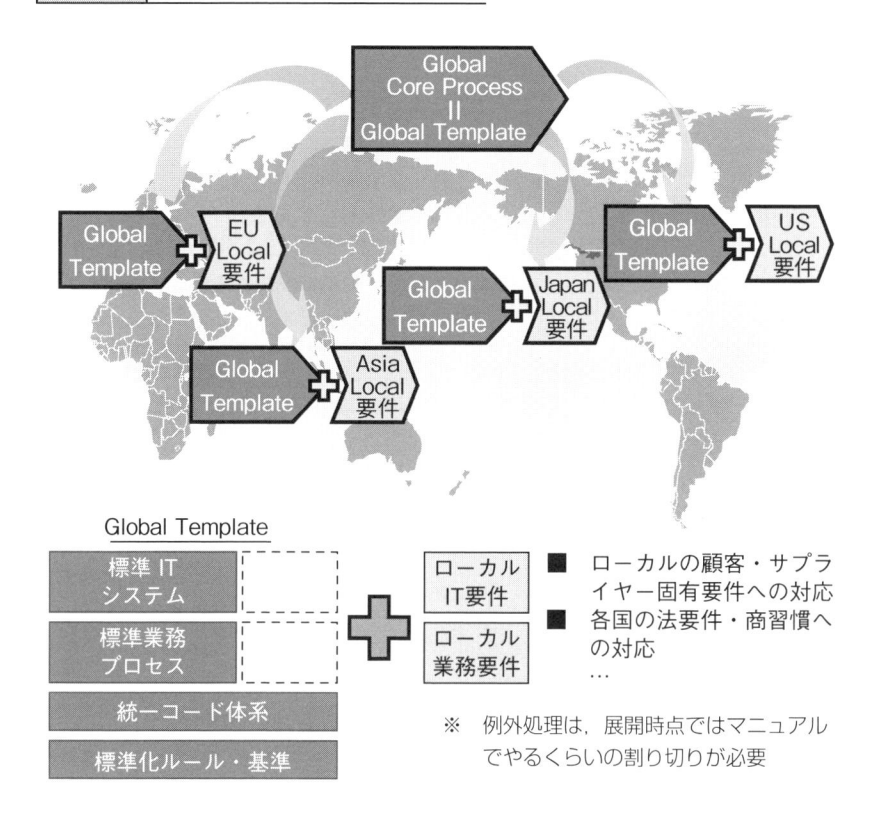

レート化するか」を明確に決定することが鍵となる。すべてのプロセスをテンプレート化できるわけでもなく，その必要性もないので，情報としてグローバルで何を管理，可視化したいのか，ということを根底に基準を検討することが一般的である。

一例として，図表5-2のようなパターンが考えられる。

上記の内容に則り，システムのキーとなる組織構造定義，マスター構造の定義をドキュメント化し，厳密に管理を行う。

会計関連業務／システムにおいては，会計基準が子会社によって異なる（例えば日本基準の子会社とIFRSの子会社等）場合もあるため，グローバル再

| 図表5-2 | グローバルでのテンプレート化事項（サンプル） |

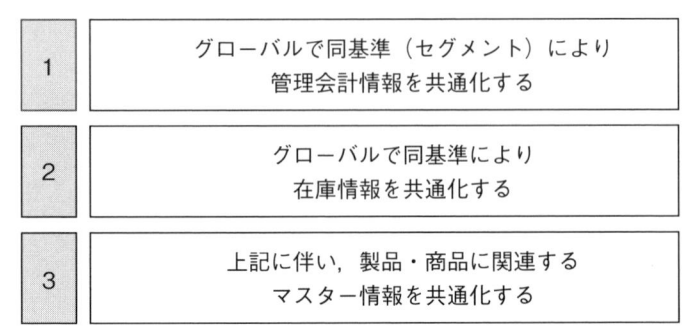

1	グローバルで同基準（セグメント）により 管理会計情報を共通化する
2	グローバルで同基準により 在庫情報を共通化する
3	上記に伴い，製品・商品に関連する マスター情報を共通化する

※ すべてのプロセスをグローバルでテンプレート化する必要はない。
  情報としてグローバルで「何を管理，可視化したいのか」を根底に
  基準を検討することが一般的。

構築にあたって会計基準の統一まで含めて標準化されたグローバルテンプレートにするかどうかを決定する必要がある。昨今の動きとしては，IFRSでグループ全社を統一することが一般的になってきているため，IFRS基準のグローバルテンプレートを作成し，税務用のローカル基準についてはテンプレート化しないといった対応を念頭に置いておくべきであろう。

③ テンプレートの展開

　テンプレートを各拠点に展開する場合には，実際に構築した担当者が，各拠点の導入に関与することが望ましい。構築担当者は内容を熟知しており，テンプレート定義の背景，目的，意図を正しく各拠点に伝えられる。初期展開時にテンプレートの内容が理解されずに，まったく別の要件定義を行ってしまうことで，後々重大な課題（グローバルで管理したい情報の欠如など）に発展する可能性があるため，留意すべきポイントの1つである。

　また，テンプレートは展開するに従って徐々に進化する。テストを通じて思ったように業務が進められないことが起こったり，ビジネス環境の変化によって新たな対応が必要になったりという具合である。システムの使用方法

も，導入を進めていくと効率的な方法が見つかる場合も多々あるため，都度変更は行っていくことになる。そのためには，グローバルテンプレートの変更管理を明確に定義しておく必要があり，そうすることで常に最新の状態をグローバルで活用することが可能となる。

④ グローバル展開時のスケジュール

前項に引き続いてグローバルテンプレート活用における話だが，ここではスケジュール作成について述べる。テンプレートを用いた場合の導入手法においては，初期導入拠点での立上げが非常に重要である。初期導入拠点においては，テンプレートの内容確認や修正作業が発生し，テストにもそれなりに工数を費やす必要があることから，他拠点に比して長い期間を要する。

図表5-3　グローバル展開時のスケジュール例

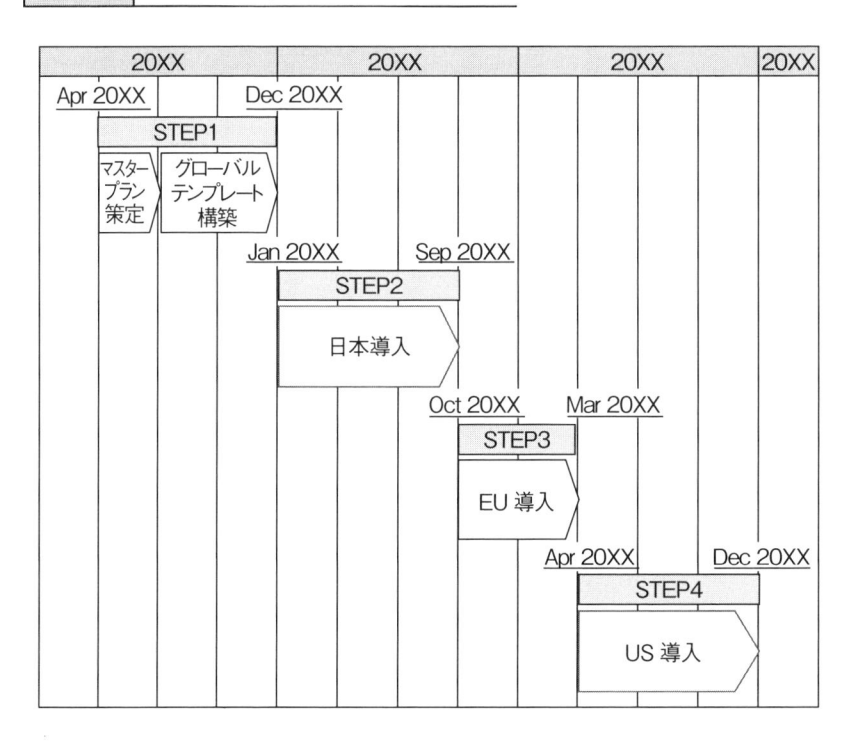

	20XX	20XX	20XX	20XX
	Apr 20XX　　Dec 20XX			
	STEP1　マスタープラン策定／グローバルテンプレート構築			
		Jan 20XX　　　Sep 20XX		
		STEP2　日本導入		
			Oct 20XX　　Mar 20XX	
			STEP3　EU導入	
			Apr 20XX　　　Dec 20XX	
			STEP4　US導入	

2番目以降の拠点においても，少なからずテンプレートの調整が必要になるが，展開を進めるうちにシステムの品質は向上するため，工数も少なくなってくる。

　また，グローバルで推進する際に，時差があるため拠点間の調整は思いのほか工数を要することは考慮に入れるべきである。加えて，体制についても（後述するが），グローバルに対応できる要員が必要であるのはいうまでもない。コミュニケーションを円滑に行うための意思決定プロセスは事前に明確に定めておくことが，スケジュールを遵守するための前提となる。

　スケジュールを検討する際に，グローバルで各拠点を同時並行で進めるのは極力避けたほうがよい。上記でも述べているコミュニケーションの難しさが要因として挙げられるが，各拠点の要件が各々異なった場合には，その調整だけで数日間要することもあり，そのような課題が複数出てくるとスケジュール的に大きなインパクトが発生してくる。小さい問題でも積み重なってくると，すぐに遅延につながるので，同時推進はなるべく回避することを推奨する。同時展開という意味では，テンプレートが相当枯れた状態になってからの時期を想定しておくほうがよいであろう（図表5-3）。

　しかし，経営上の理由から少しでも早くリリースする必要があるケースも考えられるため，その際にはなるべく枯れた状態を早く作るスケジュールを引き，展開スピードを上げる工夫が必要となる。会計関連業務／システムの場合は，会計基準を統一する前提であれば，それほど同時展開は難しくない側面があるため，何社かパイロット導入を行った以降は一気に展開を進めることは可能である。各国のローカル要件が多くなければ，早期の展開プランを策定してもよいだろう。

⑤　アウトプットは極力少なくする

　システム導入プロジェクトを行うと，さまざまな資料が錯綜し，各資料の間で整合性を取るだけでもプロジェクトメンバーの工数を相当確保しなければならないことが多い。しかもグローバルプロジェクトの場合は，ドキュメ

ントに使用する言語も統一しなければならず（多くは英語だが），変更管理を行った場合に，極力シンプルになっていないと伝達だけでも工数がかかり，スケジュール遅延につながる。

その対応としては，なるべくアウトプットは極小化し，シンプルにすることである。業務やシステムの設計に関しては当然明確に定義したドキュメントが必要になるが，その後の変更管理等についてはなるべくシンプルなものにしておかないと，毎回書き直すくらいの工数がかかってしまうことも少なくない。システム導入ということが頭をよぎるとどうしてもドキュメントを詳細に作ることに目が行きがちだが，テンプレートをある程度形作った後は，トライアンドエラーの様相を呈してくるので，変更部分のみをうまく反映していく手立てを考える必要がある。管理資料は一本化し，定義資料も最低限確認が必要なものだけ残すなど，プロジェクト開始時にまずは削減できる資料を検討することが重要である。

(3) 失敗しないシステムベンダーの選定

① RFPで伝える内容

システム構築を実際に行う導入ベンダーの選定も，成功のための重要なポイントである。その導入ベンダーに対して，提案依頼，つまりRFP（Request for proposal）を正しく伝え，自社側が想定しているとおりの提案書をいかに出させるかということが，システム構築を委託するうえで重要である。これができないと構築の第1段階からつまずくことになる。

RFPに網羅されているべき事項は，一般的に図表5-4のとおりである。この内容をより具体的，かつシンプルに伝える必要がある。

単に書面のやり取りだけではなく，説明会を開いて具体的な質疑応答を実施することで，委託する側とされる側の意識合わせを入念に実施する。また，RFPを提示後はそのまま放置せず，各ベンダーと質疑応答等のコミュニケーションを十分に行い，その情報を，RFPを提示しているすべてのベンダーと共有することで，RFPの内容自体をブラッシュアップさせることが

図表 5-4　RFP で提示すべき事項例

1	システム開発の背景, 目的	5	予　算
2	プロジェクトターゲット, 目標	6	スケジュール
3	開発スコープ	7	体　制
4	開発手法		

※　上記内容をより具体的, かつシンプルに伝える必要がある。

可能となる。

　また，上記の対応を行うことで実際のベンダーからの提案期間を短縮することが結果として可能となる。早い段階からベンダーとのコミュニケーションを行い，プロジェクトの予定どおりに提案が出てくることで，その後の決定までのスピードが速まり，プロジェクトスケジュールの遅延を防ぐことができるのである。往々にして不十分なRFP対応のために当初開始予定のタイミングを大きく過ぎてしまい，月に1度の経営会議を何度も逃してしまってプロジェクトが頓挫している例も少なくない。このあたりには十分気をつけて取り組んでいく必要がある。

② 　ベンダーの選定

　RFPを提示後，各社から提出された提案書の内容の確認，およびプレゼンテーションによる選考が進むことになる。ベンダー選定にあたっては，事前に評価指標を明確，かつ簡潔に作成し，評価するメンバーとも十分に共有しておくことが重要である。評価内容としては，システム再構築の目的にもよるが，一般的には図表5-5のような内容を網羅しておく必要がある。

　プレゼンテーションにおいて，各ベンダーは，非常に「聞こえのいい」内容で説明をするので，説明者がプレゼンテーションに長けている場合には，

図表5-5　ベンダー選定のポイント例

1	プロジェクト（方針）の理解	6	導入方法論の保持
2	導入経験（パッケージソフトを前提）	7	プロジェクト管理手法
3	グローバル対応経験・資質	8	システム運用・保守
4	導入体制	9	開発手法
5	スケジュール	10	コスト

※　ベンダー選定にあたっては，事前に評価指標を明確，かつ簡潔に作成し，評価するメンバーとも十分に共有しておくことが重要。

往々にして評価がよい方向に流される傾向にある。しかしながら，説明者が実際のプロジェクトメンバーではない可能性もあるので，必ず，プロジェクトに参画するメンバー（できればプロジェクトマネージャー）に説明してもらうように事前に指定するほうがよい。プロジェクトマネージャーの都合がつかない場合には，プロジェクトリーダーにプレゼンテーションをしてもらい，そのチームのレベルを推し量るのもよい方法である。

　会計関連業務／システムの場合，特にベンダーの力量に差が現れるのは管理会計の分野である。管理会計はシステム的には配賦やレポーティングといった単純な仕組みとなるため大きな論点とはなりにくいが，その機能を実装するにあたっては管理会計の思想やグローバルで適用するためのノウハウが必要になる分野である。特に要件定義段階での調整が難しいため，その調整ができるだけの力量があるかどうかを見極めることが重要なポイントとなる。場合によっては要件定義を外部コンサルタントに依頼し，システム構築のみを開発ベンダーに依頼するというケースも出てくるだろう。自社にとってベストとなるベンダー選定を柔軟に行っていく必要がある。

また，前述のとおり，ベンダー選定の条件にはいくつかあるが，最終的には導入時に実際に作業を行う人材が決め手となる。人材を見極めるのは非常に難しい作業ではあるが，プロジェクトマネージャーをはじめ，中心となるメンバーは，できる限りの情報網を利用してリファレンスをとり，実績のあるメンバーを揃えることが成功への近道である。

③　構想を外部任せにしない

　プロジェクトを開始する際には，業務やシステムの再構築を何のために実施するのか等の目的の明確化，企業の指標として何を目指すべきなのか（間接業務削減XX％など），また，どのようなアプローチで推進するのか等，全体スケジュールや，もろもろ重要な指針を事前に策定しなければならない。それがプロジェクトの基本構想であり，今後のマスタープランとなる。

　そのマスタープランは決して外部コンサルタント等が主導して策定するものではなく，自社側でのポリシー，考え方を盛り込み，納得のいくものにしなければならない。もちろん，導入の段取りはプロである外部コンサルタントが手順を確立するものではあるが，考え方，スケジュール等は，自社メンバーのリソースも考慮し，結局は自社の状況を最も理解している者が最終的に判断することが必要である（再構築であれば既存システム部分との連携も十分に知っている必要があるので，なおさらである）。

　一方で，構想時に考慮すべき業務のポイントやシステム構築のノウハウについては，外部コンサルタントの知見を大いに活用すべきである。外部コンサルタントを活用することによって，自社では入手できない情報やノウハウ，そして時間を手に入れることが可能であり，そのために高額のフィーを払っているということを認識する必要がある。

(4)　プロジェクト体制の重要性

　プロジェクトを推進していくうえで非常に重要なポイントとなるのが，体制である。リーダーをはじめとして，全体をどう構成していくべきなのかに

ついて触れていく。

① 社長がオーナーシップを持つ

　基幹システムを変更するような大規模プロジェクトを実施する場合には，会社としての方向性を強く指し示し，方針がぶれないように，全員が一丸となって推進する必要がある。なぜなら，企業そのものの屋台骨を揺るがしかねない機能であるし，グローバルという広範囲にわたってのプロジェクトが失敗すると企業の存亡に関わるからである。

　方針がぶれないようにするには，強力なリーダーシップのあるリーダーが旗振り役を務めるべきであり，象徴という意味からも企業のトップマネジメント自らが行うのが理想的である。現場レベルでのマネジメントにまで口を出す必要はないが，プロジェクトオーナーとしてトップマネジメント（社長）が推進しているということを示せば，社員の認識や士気も高まり，協力体制を得やすく，最終的な意思決定も社長を含めて実施することで，スピードを持ったプロジェクト推進を行うことができる。

　また，会計関連業務／システムでは，管理会計の分野で経営の意思を色濃く反映させる必要が出てくるため，トップマネジメント自ら管理会計の思想や要件に関わる姿勢が重要である。プロジェクトで詳細な要件を定義することになるが，その内容については定期的にトップマネジメントの承認を受けて，グループ全体に展開していくことが望ましい。

　ただし，弊害として，すべての課題，および意思決定事項をトップマネジメントに上げてしまうと，かえってスピードが落ちるだけではなく，誰も何も決めなくなってしまうため（トップが決めるものという認識で），意思決定の体系，プロセスは明確に定義したうえでオーナーシップを持ってもらう必要がある。

　また，体制図上はオーナーが社長になってはいるものの，数ヶ月に1度報告を聞くだけでほとんど機能しないケースもある。このような場合は数々の意思決定が遅れてしまう可能性が高く，逆に自分たちでは決めきれない（調

整できない）課題に対して膨大な時間をかけてしまい，プロジェクトスケジュールが遅延してしまうことになりかねない。バランス感覚が非常に重要な部分になるので，企業文化も考慮して最も効果が出やすい体制を作る必要がある。

② グローバルプロジェクト体制

グローバルレベルでプロジェクトを行う際には，各拠点単位での導入チームとは別に，グローバルでの展開を管理するグローバルチームが必要となる。

グローバルチームには大きく2つの役割がある。それは前述のグローバルテンプレート展開・管理というタスクと，各拠点のローカルチームと常に連携を取り，グローバル全体のプロジェクトマネジメントを行う「グローバルPMO（Project Management Office）」という役割である。いずれも高度なコミュニケーションスキル（リーダーシップ，交渉力，語学）と経験・知見が要求される。

グローバルPMOについては，次項で述べるが，グローバルテンプレートを管理するメンバーは，該当するプロセスのグローバルTo-be（あるべき姿）

図表5-6　グローバル組織体制例

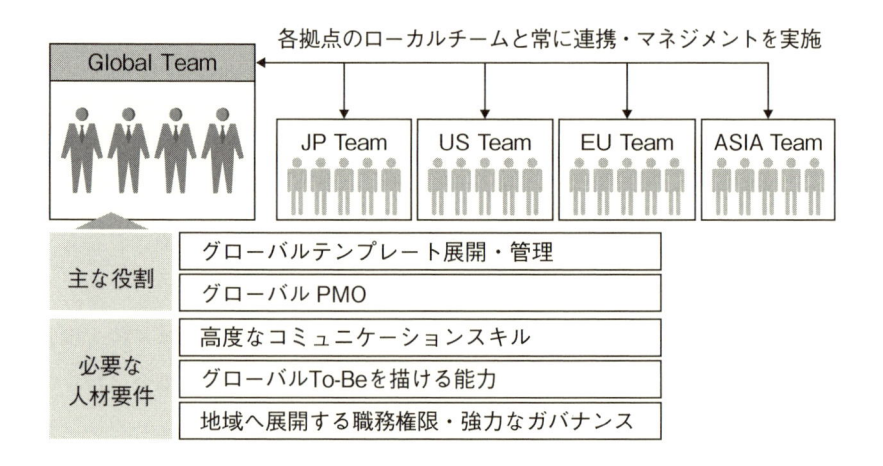

各拠点のローカルチームと常に連携・マネジメントを実施

Global Team → JP Team / US Team / EU Team / ASIA Team

主な役割	グローバルテンプレート展開・管理
	グローバルPMO
必要な人材要件	高度なコミュニケーションスキル
	グローバルTo-Beを描ける能力
	地域へ展開する職務権限・強力なガバナンス

を描ける能力も必要であり，かつ，それを地域へ展開する職務権限も必要となる。強力なガバナンスも必要であり，社内でもエース級を投入すべきである（図表5-6）。

③ グローバルプロジェクトのPMO

ここでは，グループ全体を統括するグローバルPMOの役割を述べる。

グローバルでのシステム再構築ということになると，各拠点単位でグローバルに関連する課題や，システム全体のスコープに影響する課題など，全社で意思決定しなければならない重要な問題（特に開発コスト，スケジュール）に直面する可能性がある。そのような案件をグローバルで，スピーディーに推進していく役割を担うことがグローバルPMOのミッションとなる。プロジェクトオーナーの意見を代弁できるような強力なリーダーシップと権限を持たせる必要があり，プロジェクト推進において最も重要な役割の1つである。

グローバルプロジェクトでPMOを設置することは，昨今では当たり前のこととなってきているが，PMOが機能しているかどうかが疑わしい事例はよく目にする。そのようなケースでは，PMOが広範囲にわたるステークホルダーから情報を集めるだけ（伝書鳩のような状態），あるいはミーティングスケジュールを調整するだけ（事務局の状態）といったことしかやっていない。本来は強力なリーダーシップを持ってグローバルで起こる課題を解決し，プロジェクトを前へ進めていく役割であるので，外部コンサルタントをつける場合でも，そのような役割を担えるのかどうかに留意しておく必要がある。

2 雌雄を決する業務/システム設計

(1) スコープのコントロールはトップダウンで実施

　グローバルでの業務/システム構築におけるスコープのコントロールは特に難しい。まずはどこまでの業務範囲を含めるのか（縦），そしてその業務をどの拠点，子会社，地域まで含めるのか（横）の全体のスコープを固める必要がある。システムの再構築の場合には，それに伴い，既存のどのシステムまで改修をする必要があるのか，影響を分析して決定しなくてはならない。

　会計関連業務/システムの場合，財務会計の分野ではスコープのコントロールはそれほど重要視されないが，管理会計では業務の混乱への対応やシステムの制約によってスコープをコントロールする必要が出てくる場合がある。よく目にするケースは原価管理（原価計算）システムの改修や入替えが事実上難しいため，原価管理をスコープから外すというものである。原価に限らず，管理会計の分野では子会社側の制約でスコープを変更することが頻繁に発生するため，達成したい理想と現実の間をうまく取り持っていく必要がある。経営の意思決定に関わる内容が多いため，トップダウンでタイムリーにスコープの変更を周知徹底していくことが重要なポイントとなる。

　各社の業務/システム上では，独自の課題が発生することが多々ある。例えば，ある子会社では品質管理システムの老朽化が進んでおり，これを機にこのシステムも含めて刷新したいという要望が出ているが導入対象外となっているケースである。規模的に大きくはない要望かもしれないが，業務範囲としては新規に1つの領域が加わるので，コスト，スケジュールなど全体に影響を及ぼしかねない。また，このような要望を受け入れることにより，他の拠点からも同様の要望が発生する可能性もあるので，安易にスコープ変更はするべきではない。グローバルPMOが徹底した管理を行い，トップダウ

図表5-7　スコープ定義例

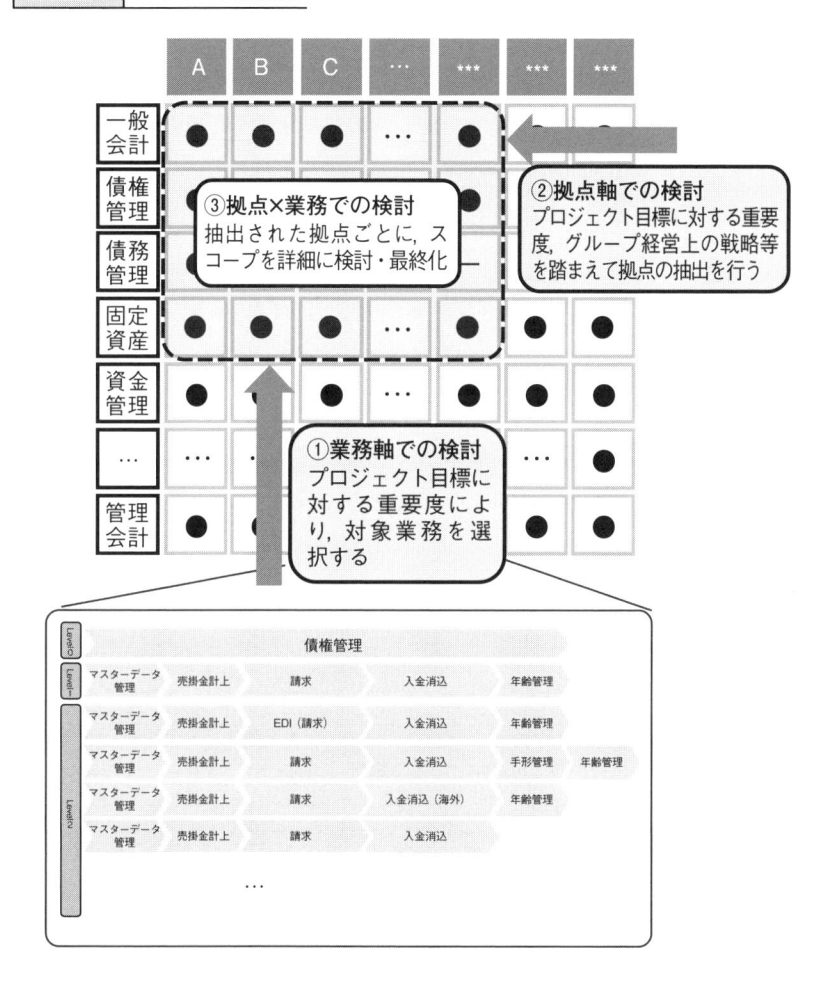

（図は省略）

- ①業務軸での検討
  プロジェクト目標に対する重要度により，対象業務を選択する
- ②拠点軸での検討
  プロジェクト目標に対する重要度，グループ経営上の戦略等を踏まえて拠点の抽出を行う
- ③拠点×業務での検討
  抽出された拠点ごとに，スコープを詳細に検討・最終化

ンにて強力なガバナンスを効かせる必要がある（図表5-7）。

(2) 要件（要求）定義を曖昧にしない

① コンセプトを理解する（させる）

　システム導入（再構築）を何のために実施するのか，現場にも明確に理解させることが重要である。例えばパッケージソフトを導入し，そのオペレー

ションに合わせるべく全社で推進しているにもかかわらず，ある現場では，「現状のXXというレポートが出ないからこのシステムは使えない」というように，現状肯定の態度を取られる場合がある。特に現行のシステム開発に関わったメンバーなどはその傾向が強く，新システムの「あら探し」に陥ってしまうと，大きな抵抗勢力へと成長してしまう可能性もある。このような状況になる前に，コンセプトをしっかり理解させるための啓蒙活動を事前に展開しておかなければならない。

　ERPの導入において，要件（要求）定義を行う際に事前にユーザー側へ注意を促した例を，図表5-8で提示する。

② 過剰な要件（要求）は聞かない
　パッケージソフトを導入するということになると，極端な話ではあるが，

図表5-8 要件定義 ユーザー留意事項例

1	そのやり方は今までやったことがないからできない
2	うちの会社にはこのやり方は適用できない
3	今の業務がうまくいっているのに変更する必要性が感じられない
4	このやり方では工数がかかりすぎて実施できない
5	現行のシステムで実行できているレベルは絶対下げたくない

⋮

上述のような現状肯定的アプローチではなく，新たなシステムのうえでTo-Be像を描くというコンセプトを，事前にユーザーに理解してもらう必要がある

現場レベルでの「要件（要求）は一切聞かない（聞く必要がない）」ということも想定される。パッケージソフトを導入する際にプロトタイプ(試作機)を使って業務設計を行うプロジェクト推進アプローチになる場合が多いが，これに合わせて業務をどのように行うのかを徹底的に考えることが，標準化を推し進め，かつコストを最小限に抑える1つの方法である。ただし，パッケージソフトの内容がベストプラクティスといえるかというと，必ずしもそうではない場合があるので，業務設計時にグローバル再構築の目的やゴールに合わせて，必要な部分には追加開発を行うといった判断をしていく必要がある。

また，グローバルでテンプレートを用いて各社に順次導入するアプローチの場合は，導入初期の会社において，業務インパクトが大きい部分には要件をある程度聞き，その内容をシステムに反映させることで，テンプレートを充実させていくという考え方も必要である。そうすることで，その後の各社展開時には余計な要件定義のフェーズを実施せずに推進できるというメリットを享受できるはずである。

③　意思決定できる人を参加させる

業務／システム要件を固めるということは，今後長期にわたってその仕組みを使用する将来像を描くことになるため，非常に重要な意思決定を行うことになる。要件定義の打ち合わせを実施する際に，担当者レベルで意思決定できない人が参加することがあるが，権限を与えられていないメンバーにいくら説明をしたところで何も決まらないケースが多い。権限を有しているメンバーを参加させることが必須要件であるが，現場業務から遠ざかっている管理職が詳細な業務を検討することは，実際には現実的ではなく，現場の業務をある程度理解しており，権限を持っている中間管理職層が担当することになる。

とはいえ，多忙であることが多く，スケジュール調整が困難であるケースも多い。その場合には，担当者であっても，将来的に管理職候補だと考えて

いるメンバーに権限を委譲し、プロジェクトを確実に推進させるということは有効な手段である。また、そのような将来を期待している人材を要件定義の責任者に起用することは、社員育成の面でも有効な手段といえよう。新業務、新システムの要件を自らが組み立て、それを将来的に推進するリーダーとして権限を与えることは選択肢の1つとして挙げておきたい。

④　課題は解決するまで徹底的に追い込む

　課題は必ず発生するもので、なるべくシステム構築の早期の段階に、多くの課題を抽出しておきたいところである。しかしながら、課題を抽出しておきながら、期限、担当者も設定せずに放置しておくとすぐにスケジュールに影響し、遅延タスクが並ぶことになる。そのような状況に陥らないために、課題管理の運用は事前に明確に定義付けする必要がある。

　内容的に課題なのか、単なる実施項目なのかを区分できず、優先順位をつけることができないケースも見受けられるが、PMOがしっかりと課題のレベル感を調整し、そのうえで課題の優先順位をつけて対応を推進していく必要がある。

　一般的には図表5-9のように分類されることが多い。

　ただし、優先度「中」、「低」に分類される課題であっても、まったく解決の糸口が見つからず全体の進捗に影響を与えることが予想される場合は、「高」にランクアップして管理しなければならない。「高」にすると対応すべ

図表5-9　課題の優先度管理

優先度：高	プロジェクト全体の進捗に影響する課題
優先度：中	複数の領域に跨がる課題
優先度：低	単一の領域内で解決できる課題

き課題が増えるからといって，ごまかしごまかし「中」以下のステータスをつけているケースによく出会う。これは先送りしているに過ぎないため，なるべく早く対応すべきものはするという姿勢で，課題をしっかりと出すことはいいことだという風潮を，プロジェクトに植えつけることが重要である。

会計関連業務／システムの場合は，子会社のある国によって法規制が異なる場合があり，日本の感覚でそれほど重要な課題ではないと判断してしまうと取り返しのつかないことになる可能性がある。税務当局への対応等，その国特有の課題があることを常に意識し，ローカル対応の部分に気を配りながら正しく課題の優先度を設定していかなくてはならない。あらかじめ各国の法規制についてはグローバルPMOのほうで影響度を調べておき，グローバル展開時にその内容を詳細に確認していくアプローチが有効である。

そして課題管理には期限，担当者だけではなく，図表5-10の項目も網羅することで管理レベルを高めて運用することが可能となる。

図表5-10　課題管理項目

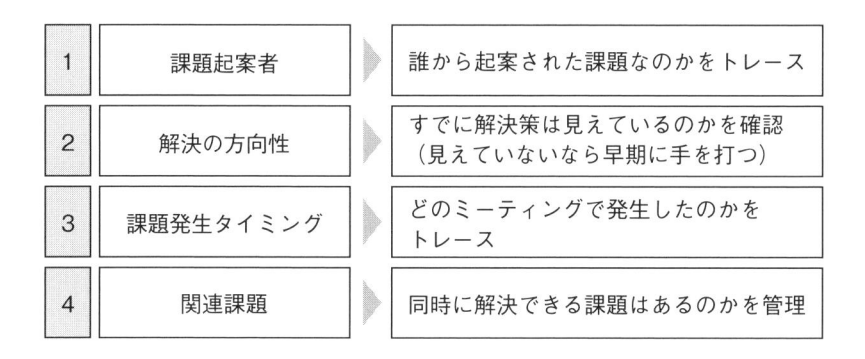

#	項目	内容
1	課題起案者	誰から起案された課題なのかをトレース
2	解決の方向性	すでに解決策は見えているのかを確認（見えていないなら早期に手を打つ）
3	課題発生タイミング	どのミーティングで発生したのかをトレース
4	関連課題	同時に解決できる課題はあるのかを管理

管理上のポイント
- 課題は常に全員が可視化できる状態にする
- 期限，責任者を管理し，必ず期限内に解決させるようにする
- 期限内に解決できない場合は安易に期限を変更せず，遅延理由を明確にし，解決するまで必ずトレースする
- グローバルの課題は，影響も大きいため，さらに管理レベルを強化する

課題は常に全員が可視化できる状態にあり,内容もわかりやすく記述されている必要がある。何が問題で,どうなったら完了といえるのかという完了の基準に至るまで記述しておくよう,運用を徹底する必要がある。また,プロジェクトマネジメント側は,期限,責任者を管理し,必ず期限内に解決させるように徹底的に追い込まなければならない。期限内に解決できない場合は安易に期限を変更せず,遅延理由を明確にし,必要であれば上位職にエスカレーションするか,課題解決要員を増員するなどの意思決定を行い,解決するまで必ずトレースする。グローバルで発生した課題などは,影響も大きいため,さらに管理レベルを強化して対応する必要がある。

(3) グローバルでの業務標準化をどこまでやるか

① グローバルでインスタンスは1つにするか

グローバルでシステムを導入する際に検討しなければならないのが「インスタンス」の問題である。ここでいうインスタンスとは,ERP導入という仮定で述べるが,一般的には,「サーバー」または「アプリケーションサーバー」と同じ意味で使用されることが多い。つまり,システムを構築する1つの単位ということである。「シングルインスタンス」というと,1つのシステム内ですべて完結するが,「マルチインスタンス」となると,同じERPを導入していても複数のシステムが存在するということになる。

グローバルでシステムを再構築する際には,既存システムをグローバルで

図表5-11 インスタンス検討のポイント

1	ビジネスの変化への対応スピード・柔軟性
2	データの可視性・整合性
3	システム構築と運用

シングルインスタンス化してプロセスとデータの統合を行い，TCOの削減を狙うという要件が出る場合があるが，果たしてどのようなインスタンス構成にすることが正解なのか，この章では述べていきたい。

インスタンスを検討する際には，3つのポイントから検討を進める（図表5-11）。

企業の戦略によって左右されるのが，「ビジネスの変化への対応スピード・柔軟性」だと考えられる。

1つの企業で周囲の変化に対応するためにスピードが要求される事業体，あるいは子会社が存在し，新規にビジネスプロセスを構築しようと考えた場合には，同一のインスタンスの中でデータの構造や，システム設定等を変更しなければならない。しかしながら，インスタンスが同一という中では，設定を変更するには影響範囲を確認するための検証に時間がかかる場合があったり，影響が大きいために変更ができなかったりするなど制約条件が発生してしまうことがある。このスピードの遅れが命取りになって，競合との競争に負けてしまうことも想定される。うまく運用できれば確実に効果が出るシングルインスタンスではあるが，自社の業種・業態を考慮してどの形態がよいのかを構想段階で判断しておく必要がある。

この3つの点を考慮したチャートは図表5-12のとおりである。グローバルでの標準化を検討する際に，その企業がどの点に優先度を置いて，推進すべきかを考慮し慎重に判断する必要がある。

また，今後拡大が想定されるクラウド型の基幹システムに関しては，基本的に「シングルインスタンス」の考え方に則ることになる。自社で運用するものとは違い，プログラムを大きく変更することが難しいクラウド型の場合には，基本的には業務を合わせ込む（代わりに展開や運用開始のスピードを買う）考え方になるため，通常のシングルインスタンスに比べてさらに変更に際して注意が必要である。

これらを考慮しながら，最適な構成を考えていくことが重要なポイントになるが，それぞれのよさを享受することを想定すると，クラウドとオンプレ

図表5-12　インスタンス検討時のポイント

	シングルインスタンス	マルチインスタンス
ビジネスの変化への対応スピード・柔軟性	すべての会社・事業部が同じシステム上にあるため、一部の会社・事業部の業務変更に伴うシステム変更の場合でも、他の会社・事業部と調整のうえ、システムを変更する必要がある。ただし、グローバルでの業務変更に対する柔軟性は高い。	各会社・事業部などでインスタンスが分かれているため、一部の会社・事業部の業務変更に伴いシステム変更が発生したとしても、他の会社・事業部との調整の必要がなく、独自で変更を進めることができる。
データの可視性・整合性	すべての会社・事業部の業務データ、マスタデータが同じデータベース内で管理されているため、1つのシステム内でデータが一元管理されて、可視性が高い。また、マスタデータも1つのシステムでの登録・変更が可能で整合性が保たれる。	各会社・事業部の業務データ、マスタデータが各インスタンスに分散しているため、別途、業務データを統合管理する仕組みやマスタデータの整合性を取る運用や仕組みが必要となる。
システム構築と運用	業務を会社・事業部を横断して、標準化を行うことにより、システムを1つに統一して構築することができる。システムの運用についても1つのシステムについてのみでよい。ただし、業務を説得する強力なグローバルガバナンスが必要。	インスタンスが分かれるため、その分構築するシステムの数が大幅に増加する。共通部門との連携には、インスタンスを横断した多数のインターフェースが必要となる。システムリソースや運用に要する作業ボリュームも大幅に増加する。

ミス（マルチインスタンス）のハイブリッドを想定しながら構想することが、日本企業における今後のトレンドになると考えられる。

② パッケージソフト導入の論点

　パッケージソフトを導入する際には、どこまでを標準機能を用いて実装すべきか、ということが論点となる。2の(2)でも述べたが、要件定義のフェー

ズでは，導入のコンセプトを明確に浸透させておかないと，現場が混乱することになる。

　まず，パッケージ導入の利点は，基本的な基幹業務はカスタマイズせずに，実装できる点にある。しかしながら，導入企業が今まで実施してきた業務に対して適用した場合に，サービスレベルが著しく低下するなど，利点を活かせない場合があるので，どの部分は開発するべきなのか，あらかじめ基準は設けるべきである。グローバルに展開する際には，その国・地域の法令に沿った機能が実装されているかは検証しなければならない。また，商習慣ということも考慮に入れないと，取引先との連携ができなくなる場合があるので，これも考慮すべきポイントである。

　会計関連業務／システムの場合は，会計基準への対応が1つのポイントになってくるため，少なくとも自社が採用している会計基準，今後移行する可能性のある会計基準（IFRS等）への対応可否については押さえておく必要がある。多言語多通貨対応等のグローバルで活用する際の基本機能についても実装されていることが前提となる。

　また，グローバルに限ったことではないが，その企業が独自に実施していて，他企業に比して競争力のある業務に関しては，追加開発費用とのコスト比較をして，必要に応じて実装すべきである。競争力を持つ独自業務でありながら，標準化を求めてパッケージに無理やり合わせ込むことは，サービスレベルも下がることになり，余計に間接工数もかかる可能性があるので，十分に検討するべきである。

　どんなパッケージであっても，現在の自社の業務がそのまま実行できるということは基本的にないと思って差し支えない。パッケージの機能を使って大きく効率化できる部分がどこにあるのか，高度化できる部分がどこにあるのかということを明確にし，一方，自社で持ち続けなくてはならない機能を実装しやすいやり方はどういったものなのかについても明確にしていくということを推進していく必要がある。そのためには，構想段階で目的やゴールをはっきりと定義し，外部コンサルタント等の意見も取り入れながら納得の

いく形でのパッケージ選定を行うということが非常に重要なポイントになる。

③ グローバル標準とローカル対応の明確化

パッケージを複数社に導入する場合，システムが一元管理されることに伴い，業務の標準化を推進するケースが多い。さらにそれがグローバルでの導入になると，海外の商習慣，法律なども鑑みて推進しなければならないので，難易度はさらに上昇する。

独自業務の標準化へのシフトは前項でも述べたが，ここで考えなければならないのは標準化の目的である。何が何でも業務を標準化しなければならないというわけではなく，あくまでも目的達成のための手段に過ぎないことを忘れてはならない。

例えば，在庫を，同一の品目およびカテゴリーで評価したいから，品目に関連するマスター項目を標準化する，あるいは勘定科目をグローバルで統一する，といった標準化を実施する場合がある。プロセスを統一しないまでも，アウトプットを統一すれば最低限の標準化，共通化は実現できるので，あまりにもシステム的，業務的に影響が大きすぎて，大改修が必要になると判断される場合には，中間的な落としどころを定めて，一部ずつ標準化を推進することが賢明な選択だと考えられる。

何事もバランスが大事で，その見極めという意味では業務に対する深い知見とともに，システムに対する深い知見が必要になってくる。自社でもエース級をプロジェクトに投入する必要があるのはこの点からも明らかで，自社ですべてをカバーできない場合には外部コンサルタントを使いこなして，上記の判断をしっかりとやっていくということに留意する必要がある。

(4) 仕様凍結

① 追加開発工数のハードル（上限）を決める

パッケージ導入の場合には，追加開発は極小化すべきではあるが，前項で

も述べたように必要最低限の開発はやむを得ず発生する可能性がある。自社の競争力に結びつくポイントであれば追加開発を推奨すべきでもある。「追加開発は極小化する」というコンセプトを掲げたとしても，掛け声だけで終わることも少なくない。結局は現場の意見に引きずられ，経営層までもが「現場がそう言うなら」と追加開発に許可を与えることは，多くの日本企業で見られてきた。

　どの程度極小化するのかを数値として表すことで，プロジェクト全体の意識を統一することができ，開発案件の絞込みがしやすくなる。ERP全体のコストの10〜15％を開発費の上限として設けるなど，コスト視点からでもいいので，何らかの開発上限は定めるべきである。

　また，追加開発が多いということは，テストの工数がそれだけ増えるということと同義であり，プロジェクト全体に大きな影響を及ぼす。コストで上限をつけたとしても安易にそのレベルまで開発を膨らませてしまうと，プロジェクトの終盤になってテスト未了や不具合の頻発によって炎上することにもなりかねない。パッケージの標準機能でできない（やらない）ものを増やすということは，テスト等で多くの工数増につながることと同義であることを認識したうえで，追加開発の是非を判断していく必要がある。

② Nice to have は不要

　追加開発工数の上限に関連して，法令対応，商習慣対応，サービスレベル維持に関する要件への追加開発以外に，現場からは「操作性向上（業務効率化）」という観点で，要件が提示される場合がある。この部分の見極めは難しい場合があるが，客観的な視点で見ると，中には Nice to have（あればうれしい）レベルの要件に該当するものがある。少なくとも稼働直後になければできないのか，稼働して3ヶ月後（期間はケースによる）に実装すれば有効なレベルなのか，優先順位づけを行っていくことは必須である。すべてが稼働時に揃っている必要はないという割り切りを持ちながら，プロジェクトを進めていくことが重要である。

③ 仕様凍結宣言は社長から

　要件定義フェーズが終わると，次に実装を行う開発・導入フェーズへ進むことになる。そのフェーズへ進むには，「仕様が凍結されていること」が大前提となる。業務要件，そして開発案件が固まっていなければならない。その要件をベースにその後のフェーズのスケジュール，工数が詳細化されるので，凍結されていない状態での実装フェーズ突入は，リスクが非常に大きいものであることはいうまでもない。

　仕様凍結の重要性を現場に認識させるためにも，「仕様凍結宣言」はトップマネジメントである社長から出すことが望ましい。そこまで明確に宣言したとしても，その後の仕様変更は発生するものなので，変更のルールは厳重かつ，簡単には変更できないレベル，つまり役員決裁が必要だということも定義していくことが重要である（詳細は次項で触れる）。

3 確実な遂行が求められる開発・導入フェーズ

(1) 開発ベンダーの選定

　ここで述べる開発ベンダーは，ERP等のパッケージを導入した際に，追加開発を行うベンダーである。開発ベンダーとシステム導入ベンダーとの違いは，前者はSE，プログラマーで構成されており，単価は安価である場合が多いことである。もちろん，同一のベンダーがすべてを実施する場合もあるが，単価やスキルが異なることもあり，別の会社（メンバー）で実施することが一般的である。

　選定にあたって第1に着目しなければならないのは，当然のことながら当該パッケージの開発実績である。開発手法，体制，開発テンプレートの保持などで工数を抑制する手段があるかも評価のポイントになり得る。また，設

計者のレベルについてこられるかどうかという面も判断しなくてはならない。構想時，あるいは業務設計時にいたメンバーが途中でいなくなってしまうと設計思想が開発ベンダーに伝わらない可能性もある。開発者のスキルレベルには大きな差があるため，事前に開発者そのものの履歴を確認する等，さまざまな情報を集めたうえで選定する必要がある。

(2) 開発管理の見える化

① 進捗管理の方法

　開発作業は，基本設計書（概要設計で業務的な要件を記述してあるドキュメント）をベースに，詳細設計書作成，開発（プログラミング），単体テスト，受入（検収）という段取りで進める。これを追加開発の案件単位に，どのようなステータスになっているのかを定量的に把握して，管理する必要がある。管理するドキュメントとしては，進捗管理表，課題管理表の2つの表と，仕様変更時に記述する変更管理表と，障害発生時に記述する障害管理表の2つの表でコントロールするのが一般的である。

　また，グローバルに管理していくことになるため，プロジェクト全体で共通の方法論のもと進めていく必要がある。例えば，日本のやり方と中国のやり方が違うということになると，全体を管理している本社のプロジェクトメンバーにとって中国の進捗等がブラックボックス化する可能性が高まる。このようなことを避けるためには，グローバル統一の方法論を持ち，その方法論に基づいたグローバルプロジェクトを実際に推進しているような外部コンサルタント・ベンダーを採用することも一考である。グローバルプロジェクトではガバナンスをしっかりかけておく必要があるので，自社独自の進め方でやる場合であっても，グローバルにやり方を統一するという点には留意する必要がある。

　また，統一された進め方に従ってドキュメントを会議体で共有して可視化すること，また問題が発生した場合のエスカレーションプロセスを明確，かつ定型化することで無駄な意思決定を省くように推進する点についても，グ

ローバル標準の形で進めるという認識を持つ必要がある。

② 品質管理の方法

開発の品質を担保するためには，開発者のスキルレベルを保持することはもちろんだが，レビューを的確に実施することが何よりも大事になってくる。クオリティ・ゲートをくぐり抜けたというエビデンスにより，客観的に評価すべきであり，そのゲートは常に厳しいものであることが必要である。プログラムは後から直せばよいという姿勢ではなく，後々の工数増を防ぐためにも各ゲートでしかるべきレベルのチェックを通過させることを徹底することが重要である。

大きくは図表5-13のとおり，6つのレビューサイクルで，それぞれの開

図表5-13 開発レビューサイクル

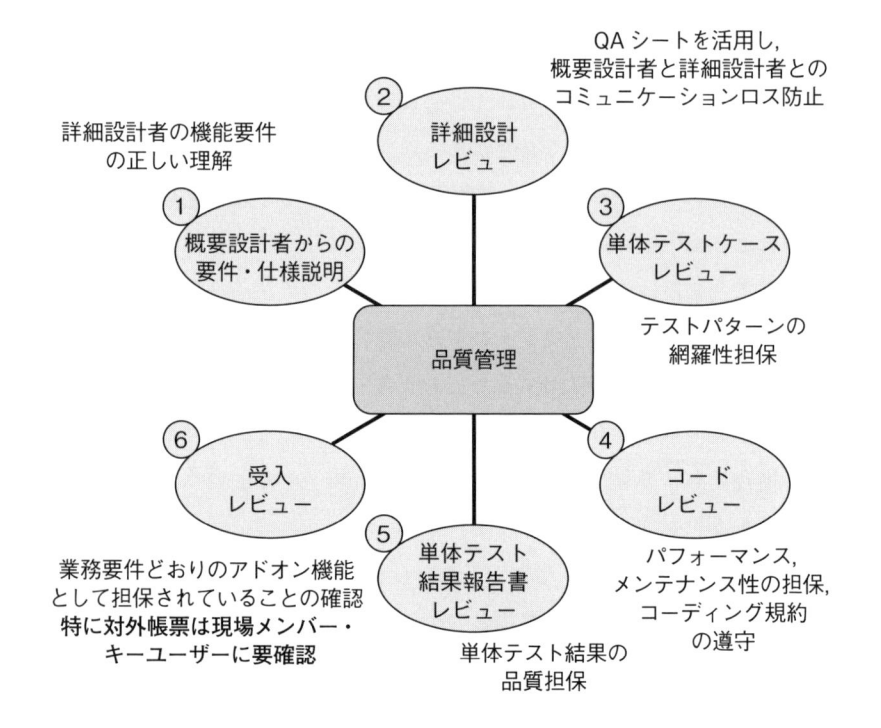

① 概要設計者からの要件・仕様説明
　　詳細設計者の機能要件の正しい理解

② 詳細設計レビュー
　　QAシートを活用し，概要設計者と詳細設計者とのコミュニケーションロス防止

③ 単体テストケースレビュー
　　テストパターンの網羅性担保

④ コードレビュー
　　パフォーマンス，メンテナンス性の担保，コーディング規約の遵守

⑤ 単体テスト結果報告書レビュー
　　単体テスト結果の品質担保

⑥ 受入レビュー
　　業務要件どおりのアドオン機能として担保されていることの確認
　　特に対外帳票は現場メンバー・キーユーザーに要確認

（中央：品質管理）

発段階における品質チェックを実施する。

また，設計，開発，テストの各々の過程において，数値的な評価を実施することで，状況を客観的に可視化することも忘れてはならない。

③ 開発物承認の方法

開発が完成すると受入（検収）手続に入るが，誰が何を検収するのか，あらかじめ明確に定義しておく必要がある。開発がすべて完成してからの承認だけではなく，各々のレビューポイントでのチェックにおいては，業務設計を担当したメンバーが確認できるものか，システム設計をしたメンバーが確認すべきものなのか等，項目によって役割も変わってくる。また，記述内容が揃っているか否かのチェックであれば，チェックシートで代替できるものもあり，省力化が可能なものもある。

十分に注意すべきは，基本設計（概要設計）が仕様どおりにできているか，という点であるので，そこは業務設計を担当したメンバーとの合意を確実に取得し，承認（サイン）をもらうべきポイントである。また，この承認（サイン）なしに前に進めることは，前述のように後々の工程での工数増を誘発する要因となるので，しかるべき段階で確実に進めていく覚悟が，企業側に必要である。

④ 仕様変更は役員決裁

前項で述べた要件定義フェーズでの「仕様凍結」が宣言された後は，文字どおり，原則として変更は実施しないことになっているが，業務上，変更しなければ致命的になるものについては対応しなければならない。

ここまでで，しかるべき段階でしっかりとレビューをしてくることを強調してきたが，それでも仕様漏れや認識の相違は発生するものである。発生の都度プロジェクトとベンダーの間で小競り合いが続くことも多いが，そもそもそういうことは起こるものとしてプロジェクトを最初から進めていかなければならない。設計段階で完璧にすべきという考え方であればテスト等は必

要ないのであり，人間がやる以上ミスは往々にして起こるものとしてプロジェクトを推進する必要がある。すなわちレビューの重要性を強調してきたのは，この仕様変更を最小限に抑えることが目的なのである。

　しかしながら，仕様変更はプロジェクトを推進するうえで，スケジュール，コストに少なからずインパクトを与えるものであり，場合によっては稼働日程を変更せざるを得ない状況まで追い込まれることもある。したがって，安易に変更を受け入れるべきではなく，実施する際には厳密なプロセスを経て意思決定を行う。なぜ仕様変更を実施しなければならないのか，それを行わない場合の業務インパクトはどの程度なのか，また実施した場合のシステム構築スケジュールへの影響を PMO 側で取りまとめ，最終判断は役員決裁にて実施すべきである。役員決裁をしなければならないほどの仕様変更の重み，そして，再発の防止を全員が理解することが重要である。

(3) 周辺システム開発の盲点

① インターフェース開発は要注意

　基幹システムを再構築する場合でも，部分的には既存のシステムを併用して使用する可能性は高い。例えば，会計，生産，購買，販売関連のシステムは入れ替えるが，品質管理，顧客管理など，各地域，各会社の特色を生かしたシステムなどは，そのまま使用するか，あるいは別のシステムを導入するなど，基幹システムとは別になるケースもある。その場合，基幹システムとの連携，つまりインターフェースを構築しなければならない。

　インターフェースは連携元のシステムと連携先のシステムの双方の改修があるために，改修スケジュールやコストを別途検討しなければならず，先方の改修スケジュールをコントロールしにくい状況も発生する。また，テストを実施する場合も，双方のスケジュールやテストデータを調整するのに工数を要する等，想定外の工数も発生しがちである。基本構想時に，インターフェースのボリュームがどの程度で，どのシステムとの連携が必要になるかは十分に見極めておくとともに，要件定義の段階で具体的なボリュームを押

さえておき，綿密な開発スケジュールをプロジェクトとして策定しておく必要がある。

特に会計関連業務／システムで影響が予想されるのは，ERP 内の自動仕訳を経由しない構成になったシステムである。企業の状況によって変わってくるが，販売系システムからの売掛金／売上の仕訳データや原価計算システムとの仕訳データ連携等が対象になってくる。会計システムとは仕訳のやり取りがポイントとなってくるため，ERP 内で自動仕訳によって計上されるかどうかという観点で整理を行っていく必要がある。

グローバル再構築になると日本のベンダーだけでなく，現地のベンダーも管理する必要が出てくるため，PMO の役割が重要になる。インターフェースの標準化やミドルウェア（ESB：Enterprise Service Bus や各種アダプタ）による工数削減を構想段階から想定するケースもある。できるだけ早めに着手することが重要である。

② 簡易ツール対応の罠

追加開発を減らす代替案として，エクセル，アクセスなどのツールを使用することで対応するケースがある。実際に適用がうまくいった例としては，現状使っているエクセルをそのまま使用し，多少マニュアル作業が発生するもののうまく業務運用にのせられたというものがある。追加開発で実施するには，コストと工数がかかりすぎるという状態だったため，工数やコストの観点で大きなメリットが出た例である。

逆に適用がうまくいかなかった例としては，要件が複雑でエクセルマクロを駆使して構築したが，構築後も仕様変更が多発し，マクロの修正では対応しきれなくなってしまったケースがある。また複雑すぎて，通常の追加開発以上に工数がかかり，エクセルのバージョンアップによって当該ツールが動かなくなってしまうなど，業務上のボトルネックに陥るケースもあった。したがって，要件が複雑ではないもの，また現状業務でもエクセル運用できているものなど，過度な機能は盛り込まない形での簡易ツール活用を考えるべ

きである。

　パッケージの標準機能にない機能を，エクセル等の外部簡易システムに載せようとする動きがプロジェクトで横行するケースは多い。同様にBIツール等への要件として丸投げする例も後を絶たない。こういったやり方は，前述のエクセルで失敗したような例になる可能性が高いため，慎重な判断を行っていく必要があることに留意する必要がある。

(4) テストは仕切りが肝心

① テストの目的，ゴールは明確に

　システムの品質を担保するうえで，テストは非常に重要なフェーズである。ここではグローバルでのシステム再構築という観点でのテストの方法について述べていこう。

　通常，テストには単体テスト，統合テスト，システムテスト，UAT（User Acceptance Test）などがあるが，プロジェクトによっては，さらにインターフェースの接続テスト，システム間の結合テスト，システムパフォーマンスをチェックするための性能テストということも実施する。テストの呼び名はプロジェクトや担当する外部コンサルタント・ベンダーによってさまざまであるが，おおよそこのような種類が存在すると認識してもらってかまわないであろう。

　このようにさまざまなテストがあるが，重要なのはテストの目的とアウトプットである。それが明確になっていないとテストシナリオも目的に沿ったものができてこないし，テストのゴールまでも曖昧になってしまうことがある。グローバル再構築の場合は，国内よりもさらにコミュニケーションが重要になるため，目的とゴールを明確に定義し，シンプルな内容で認識の齟齬がないように情報共有を図ることが重要である。そのためにはテスト方針，テスト計画，そしてテストのアウトプットはネーミングルールも含めて厳密な管理をし，グローバル全体で同じルールの下運用がされるようPMOが徹底していく必要がある（図表5-14）。

図表5-14　各テストの目的とゴール

テスト名	目的	ゴール
単体テスト	個々のプログラムが仕様どおり作成されたかを確認する。	・詳細設計書に記述された処理ロジックが漏れなく，正しくプログラミングされていること ・製造されたソースコードの各命令および命令の組み合わせを実行し，プログラムが想定したとおりに動作すること
結合テスト	別々に開発されたプログラムを実際に結合して行うサブシステムごとの機能の正当性を確認する。	・複数のプログラムが正しく結合され，業務機能が実現されていること ・各サブシステムが基本設計書で決められた機能を正しく実現していること
システムテスト	結合テストにより，サブシステムごとに動作が確認された全サブシステムを組み合わせ，システム全体としての機能の正当性を確認する。	・サブシステム間が正しく連携し，システム全体の整合性が確保されていること ・例外事象に対する処理，性能評価，大量のデータあるいはトランザクションを投入した場合の処理，セキュリティ，さらには，障害発生時の対応が確認されていること
UAT (User Acceptance Test)	本番と同様の環境で，ユーザーが実運用を想定し，新システムでの機能が要件どおりに動作することを確認する。	・新システムが要件どおりに実装され，実際の業務が運用可能であることが確認されていること

② テストシナリオ作成にはユーザーが参画する

　テストでは業務を網羅的に検証し，仕様を固める最後の砦である。仕様は要件定義で凍結していなければならないので，最後の砦という表現は本来矛盾するものであるが,現実的に膿を出し切るのがこのテストフェーズになる。

　業務のパターンは本当に漏れがないのかは,入念にチェックが必要である。そのためには，テストシナリオを作成する段階で業務側ユーザー（仕様判断ができる代表者になるため，プロジェクトメンバーにいればそれでもよい）は確実に参加しなければならない。グローバル展開の段階では,業務ユーザー間でもコミュニケーションロスが発生することが多いため，テストシナリオ

等のドキュメントは詳細に記述する必要がある。

　また，ユーザーが実際に参加するテスト（UAT）で使用するデータは，ユーザー側が実際に使用している過去データ等を準備する。この時点で擬似データを使用することはリスクを先延ばしにするだけであり，本来のテストの目的を考慮して回避せねばならない。実データを使用して，早めに不具合を検出すること，それがデータの精度向上にもつながる。したがって，不具合が出るのは当たり前なので，トラブル発生で騒ぎすぎず，早期に解決策を講じること，なるべく早く実データでテストをして例外事項をあぶり出すことが重要である。

③　グローバルでのテストは時間管理が重要

　グローバルでのコミュニケーションの重要性は再三述べているが，テストフェーズにおいては，さらに連携を密に取らなければならない。特に実務を想定したテストの場合は時差を考慮して，連携を確認しなければならない場合がある。グローバルでシングルインスタンスにて運用する場合には，同一システム内ということもあり，システム間のジョブプログラムの連携も含めて運用を検討するが，処理時間も他地域に影響してくることを考慮しなければならない。また，不具合が発生し，システムのパラメータ設定を変更する際にも各地域，各社との運用ルールは明確に取り決め，グローバルPMOが一元管理して変更を行う必要がある。

　テスト時の不具合解消は時間との戦いになるが，各地域で各々が変更を行った場合に，結果として想定と異なる変更が反映されてしまうと，リカバリだけでも数日を要することになり，致命的な遅延となる（特に終盤に差し掛かったテストになると影響は大きい）。グローバルPMOの「仕切り」が重要になることに留意する必要がある。

④　ツールの利用による効率化

　テストに関与するメンバーが多くなると，情報共有だけでも相当な工数を

費やさなければならず，かつ，共有する手段もマニュアル作業では限界がある。またテストは，大量データによるボリュームテストも実施しなければならないので，ここにも工数を配分する必要がある。しかしながらリソース（要員）は当然のことながら限界があり，コストもできるだけ抑制したい。

そこで，情報共有やプロジェクト運用が効率的に推進するためには，ぜひともツールを活用するべきである。特にグローバルでタイムリーに情報共有を行うのであれば，ツール活用が最もリーズナブルである。初期投資ではそれなりにコストはかかるが，グローバル展開を考慮すると，テストの進捗管理，状況の可視化，テスト情報の管理，大量データの投入など効率的で品質面も担保できるので，基本構想時には検討をしておくべき事項の1つである。

具体的には，プロジェクト管理のためのWeb上のツール（最新のプロジェクトプラン，最新の課題一覧，最新のシステム変更の情報等をグローバルでシェアできるもの）を活用することが多い。グローバルプロジェクトを手がけている外部コンサルタント・ベンダーは準備していることも多いので，問い合わせてみるとよいだろう。

4 稼働可否を決める移行とトレーニング

(1) システム導入の失敗の多くはデータ移行が要因

① ドキュメントは確実に残す

システム導入における移行作業は，本番稼働への切り替え時に1回しか実施しない単発作業であり，かつ誤りは許されない作業なので，事前の準備はできるだけ入念に実施する必要がある。

確実に実行する手段の1つとして，移行設計に関するドキュメントをきっ

ちりと作成するということである。最も注力しなければならない作業といっても過言ではない。特に移行の手順を記述した「移行手順書」は、そのドキュメントを見れば誰でもできるレベルでの「手順」として確立させておかなくてはならない。「移行手順書」といいながらデータ移行の順番だけが記述されているだけのケースが散見される。どのシステムから誰が、どのような抽出条件でデータを抽出し、どのサーバーにそのファイルを置き、次は誰がどうするといったレベルにまで落とし込まれていないと、誰かが想像でやった作業によって移行データが台なしになることも少なくない。

　本番で移行作業を行う際には、時間単位、あるいは分単位の作業になるので、考えながら実施する余裕はない。すべてが手順化されており、個人別の役割はもちろんのこと、データがエラーになった際の運用手順も含めて、詳細にドキュメント化する。また、データ投入だけではなく、検証の手順も明文化することで、何が合っていれば合格なのか、どのデータオブジェクトまで進捗しているのかも可視化できるようにしておく必要がある（図表5-15）。

② 環境は段階的に構築する

　本番で使用する新しい環境に切り替えるのは短期間だが、その環境は、ある程度の期間を使って段階的に構築することは可能である。取引明細、残高明細は、稼働直前まで固まらない「生もの」のデータなので、事前セットアップが困難であるが、例えば勘定科目のマスターなどは、いったん設定したら後は差分のみを修正すればよいので、短期間で投入するという作業に追われる必要はない。

　後述するが、移行作業の「リハーサル」は事前に数回実施することになる。リハーサルを経て、エラーをつぶした環境に登録されてあるマスターデータなどは、その時点で最終形である場合が多い。その状態になったデータは本番用に保存し、変更があれば稼働までにメンテナンスして維持すればよい。本番稼働時の移行作業における工数は、事前に分散して省力化を図ることで、

図表5-15 移行ドキュメント例

移行ドキュメント例	内容
移行方針書	移行に関連する基本的な方針を定義。移行ドキュメントの種類や，移行関連タスクのスケジュールなども含めて，原理原則を定義する
移行対象データ一覧	移行対象データの一覧（レガシー，新システム）
移行要件定義書	移行対象データ一覧の内容以外に特筆すべき移行要件が存在する移行対象データについて，要件定義内容を記述したもの
移行手順一覧／全体フロー	移行対象データの依存関係を整理し，移行順序を定義したもの 手順の依存関係および順序を各チーム／担当別にフロー形式もしくは一覧形式でまとめる（必要に応じては双方用意）
移行手順書	移行対象オブジェクトごとに，移行対象データの作成～データアップロード～内容確認までの手順と担当者を記述した手順書
移行データ項目定義書	移行対象データのデータレイアウトおよび各項目の定義書（移行オブジェクトごとに作成） 移行データ＋移行元システム＋移行先システム＋移行担当チームごとに作成（必要に応じて補足説明資料を用意する）
移行データ	データを投入するための実際のファイル
アクティブリスト	主要マスター（品目／得意先／サプライヤーなど）において，どのレコードが移行対象（Active）となるのか，全体として共通認識を持つためのリスト

リスクも分散できる。

③ データ変換はシンプルに

　既存システムから新システムへデータを移行する際には，データの構造も変わることが多いので変換作業が必要となる。よく発生するパターンとして，既存システムのデータ構造が明文化されておらず，属人的な知識，記憶を頼りに変換定義を行う場合がある。既存システムは構築後数十年経過している場合や，構築後に相当なステップで改修を行っていることもあり，ドキュメ

ントとして確実に残っていることは，逆に稀であると捉えたほうがよいが，新システムへデータを変換するロジックはできるだけシンプルに作成する必要がある。

そのためには，まず既存システムのデータ内でイレギュラーのもの，あるいは，不要データ（いわゆるゴミデータ）は事前にクリーンにする「データクレンジング作業」を行っておくことが重要である。これらのデータは後々の移行リハーサル，システムテストでのエラー発生の要因になることが多いので，余計な工数を省くためにもこの事前作業は確実に推進する必要がある。

会計関連業務／システムでは，トランザクションデータ（会計の明細データ）が既存システム（旧システム）よりも詳細になるケースは多い。残高を移行する場合は問題にならないが，明細移行を行う必要があるケースでは既存のサマリーデータを分解する（明細に分ける）必要が出てくるため，注意が必要である。明細移行を行うデータの量を最小限に抑えながら対応を行っていくことが重要なポイントである。

④ 現場の参画が必須

前項でデータクレンジング作業について述べたが，これは実際に現場でデータを扱っている担当者でなければ実施できない作業である。そもそも既存データの管理者，責任者は現場部門であり，最終的にデータが正しく移行できているか否かの確認は，現場部門の参画が必須である。

データ移行に関しては，会計システムに比してロジスティクス関連（生産，販売，購買，物流等）等のモノの流れに関連するデータのほうが，各企業での管理方法に即した処理を行っているケースが多く，データが複雑化，属人化しがちである。このようなデータの連携をグローバルで立て直したいということもシステム再構築の目的の1つになることも多い。そのためにも，実際にデータを取り扱っている現場担当者が，新システムでのデータの動きを理解し，変換後の内容も含めて一貫して確認することが重要なポイントとなる。

(2) 移行リハーサルの進め方

① リハーサルは本番と同じ

　移行処理は単発作業であり，失敗は許されない。そのためにはできるだけ事前のチェックを多く重ねることが必要であり，実際に構築した手順，計画が予定どおりに遂行されるかの検証を行うことが必須である。

　そこで実施しなければならないのが「移行リハーサル」である。システムの検証はテストだが，移行については「リハーサル」と称されることが多い。これは本番と同様の流れ，手順を本番さながらに実行できるかをチェックしなければならないからである。移行データの抽出から，データ投入，検証までの一連の流れがすべて手順どおりに実施でき，データが確実に投入できて，リハーサルは OK となる。

　しかしながら，1 回のリハーサルですべてが本番どおりに推進できることはまずないので，数回実施する必要がある。最終のリハーサルまでに本番と同様の手順で実施できなければならないので，それまでに何回実施する必要があるのか，各リハーサルでの達成レベルは事前に明確に定義する必要がある。少なくとも最終リハーサルでは本番とまったく同じ手順で最初から最後まで確実に実行できることを実際に確認しておく必要がある。不具合が出たけれども本番のときには修正しておくので大丈夫という判断は，決して行ってはならない。確実に実際の作業ができることを検証する必要がある。

　図表 5-16 は，本稼働までに 3 回のリハーサルを実施したスケジュール例である。

　プロジェクト全体のスケジュールを作成する段階で，移行のリハーサルを何回実施するのかは十分に議論を重ねる必要があるが，最終的にデータが完成する日程を考慮しながら，できるだけ検証の回数は多く積む前提で計画を立てる必要がある。追加のリハーサルが入ることも考慮した全体計画にしておく点に留意してもらいたい。

図表5-16 移行リハーサルスケジュール

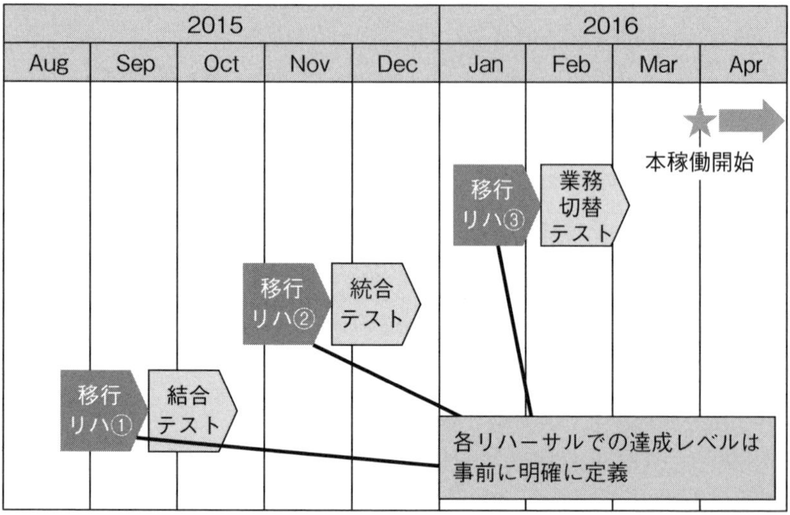

	2015					2016			
	Aug	Sep	Oct	Nov	Dec	Jan	Feb	Mar	Apr

本稼働開始

移行リハ③ → 業務切替テスト

移行リハ② → 統合テスト

移行リハ① → 結合テスト

各リハーサルでの達成レベルは事前に明確に定義

② テストとの連携

　データをシステム的に移行することと，それが業務として使える状態になっているかは，別の側面で確認する必要がある。現場の担当者がデータ変換の段階で内容を確認することで，業務上使用できる可能性は高まっているが，実際に新システムで，そのデータを使用できるか否かのテストを実施しないと見えてこない部分も存在する。それを確認するためには，移行リハーサルとして投入して OK になったデータを「業務視点」でのテストで使用してみる必要がある。

　このような移行とシステムテストとの連携は，データ精度の向上だけでなく，テストデータの準備における工数削減にもつながる。必ず各リハーサルは終了していることが前提であり，課題が山積みのまま，そのテストでリハーサルデータを使用すると，テストで発生する課題が，システムの問題なのか，データの問題なのかを分析するために工数がさらにかかってしまうことがあるので，注意が必要である。

移行リハーサルで思ったとおりの結果が得られずに，スケジュールの問題からそのままテストに突入するケースも多い。そのようなことが起こらないよう移行リハーサルをなるべく前倒しに行う計画を立てることが重要なポイントである。日本企業でのプロジェクトを見ていると，移行よりも開発やテストを優先しすぎているような傾向があり，結果として本番前に難しい局面を迎えてしまっている。移行こそが成功の鍵ということを肝に銘じてもらいたい（図表5-17）。

図表5-17　移行リハーサルとテストの連携

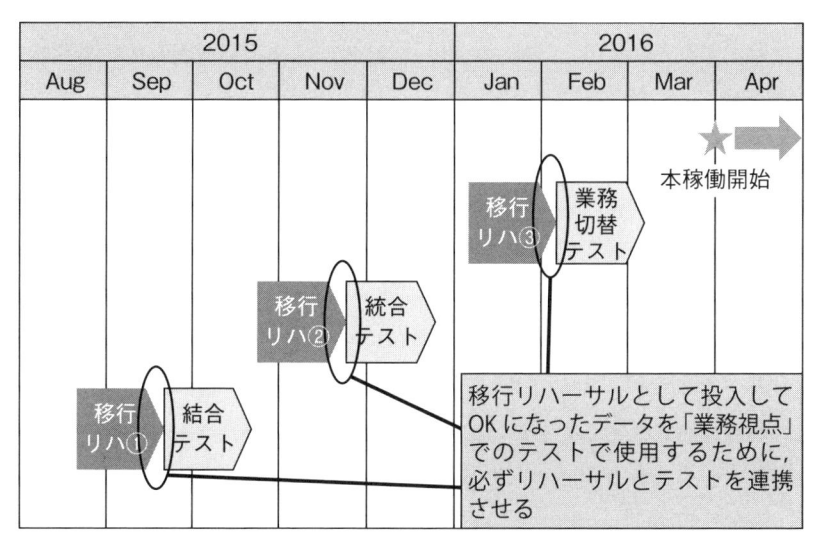

	2015					2016			
	Aug	Sep	Oct	Nov	Dec	Jan	Feb	Mar	Apr

- 移行リハ①　→　結合テスト
- 移行リハ②　→　統合テスト
- 移行リハ③　→　業務切替テスト
- ★本稼働開始

移行リハーサルとして投入してOKになったデータを「業務視点」でのテストで使用するために，必ずリハーサルとテストを連携させる

※　必ず，各リハーサルは終了していることが前提。課題が山積みのまま，テストでリハーサルデータを使用すると，テストで発生する課題の分析が難しくなる。

(3) トレーニングによるスキルアップ

① トレーニングの種類

　新システムを現場に理解させ，浸透させる重要なタスクが，トレーニング

である。チェンジマネジメント（意識改革）の手段として位置づけ，単なる操作方法の理解にとどまらず，システム再構築の目的，業務の変化点など，スムーズに切り替えを行うために重視すべきタスクである。

　ただし，全社員に向けて，同じレベル，カリキュラムのトレーニングを実施することは物理的にもスキル的（理解のレベルとして）にも困難であるため，段階的に展開するなどの工夫が必要となる。

　そのためには，少しずつシステムの理解者を増やしていくために，まずは少人数のメンバーに新システムの内容を徹底的に理解してもらい，「スーパーユーザー」を育成することが必要である。各部門単位に職場を代表するユーザーを任命し，自部門の業務に特化して内容を習得する。自部門のユーザーが理解することにより，現場ユーザーには新システムを通訳して浸透させる役割を与える。このようにスーパーユーザーを育成することにより，図表に示すように段階的に効率的なトレーニングステップを踏むことが可能となる（図表5-18）。

② グローバルテンプレートの理解

　グローバルでのシステム再構築の場合には，効率的なグローバル展開の項でも述べたように，テンプレートを用いるなど共通化の管理が必要となる。その共通理解を深めるためには，グローバルでのトレーニングも実施しなければならない。プロジェクトの背景，目的，システムランドスケープ，グローバル共通プロセス，定義などのコンセプト部分を各拠点が理解するためのトレーニングである。

　これは，新システムの操作がわかればよいという内容ではないので，グローバルPMO，およびテンプレートを管理するグローバルチームが各拠点にそれぞれ貼りついて伝播していくことが求められる。通常のシステムトレーニングとは違った位置づけであることを理解し，チェンジマネジメントの一環として効果的なタイミングで行っていく必要がある（図表5-19）。

第5章　会計関連業務／システムのグローバル再構築の進め方　219

図表5-18　トレーニングの実施ステップ

ユーザートレーニング実行上のポイント
■ トレーニングを受けたキーパーソンが他のユーザーに対するトレーナーとなり，また問い合わせの窓口となることで，新システムに関するナレッジを蓄積する
■ キーパーソンが業務部門内でのハブとなることで，新業務の早期定着化を促進する
■ ユーザートレーニングの効果を確実なものとするために，トレーニングコースを予定どおりに完了させるだけに留めず，トレーニング完了後に必ず理解度テストを実施し各自の理解力を確認しながら進める

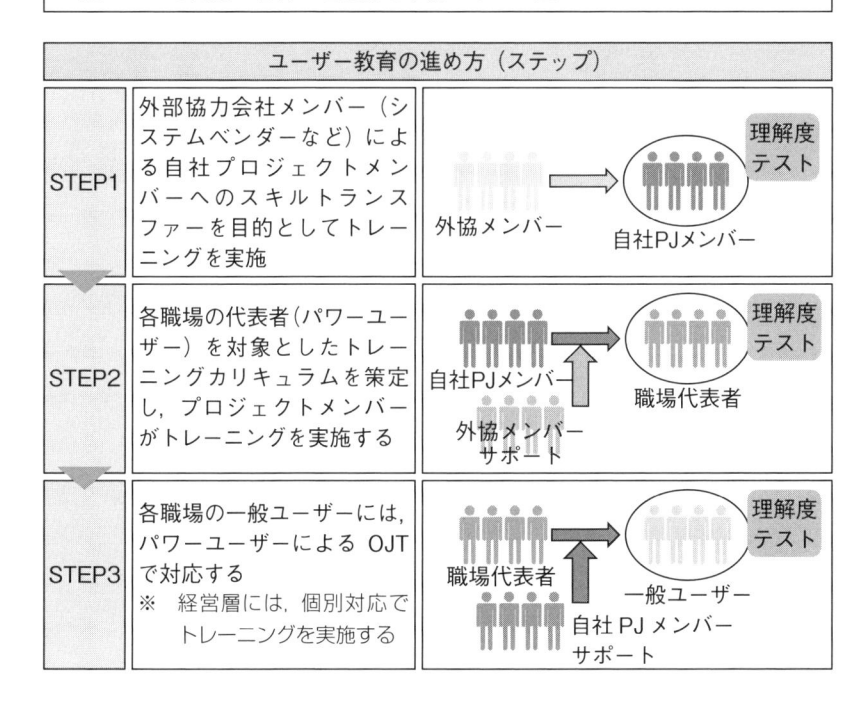

	ユーザー教育の進め方（ステップ）
STEP1	外部協力会社メンバー（システムベンダーなど）による自社プロジェクトメンバーへのスキルトランスファーを目的としてトレーニングを実施　　外協メンバー → 自社PJメンバー　理解度テスト
STEP2	各職場の代表者（パワーユーザー）を対象としたトレーニングカリキュラムを策定し，プロジェクトメンバーがトレーニングを実施する　　自社PJメンバー → 職場代表者（外協メンバーサポート）　理解度テスト
STEP3	各職場の一般ユーザーには，パワーユーザーによるOJTで対応する※ 経営層には，個別対応でトレーニングを実施する　　職場代表者 → 一般ユーザー（自社PJメンバーサポート）　理解度テスト

③　マニュアルの作成，および活用方法

　マニュアルはシステムの操作の説明を記載した「操作マニュアル」と，業務ルール，業務フローを説明した「業務マニュアル」の2種類が存在するが，操作マニュアルはシステムのオペレーションの説明だけでは現場の運用とし

図表5-19　テンプレートの展開図

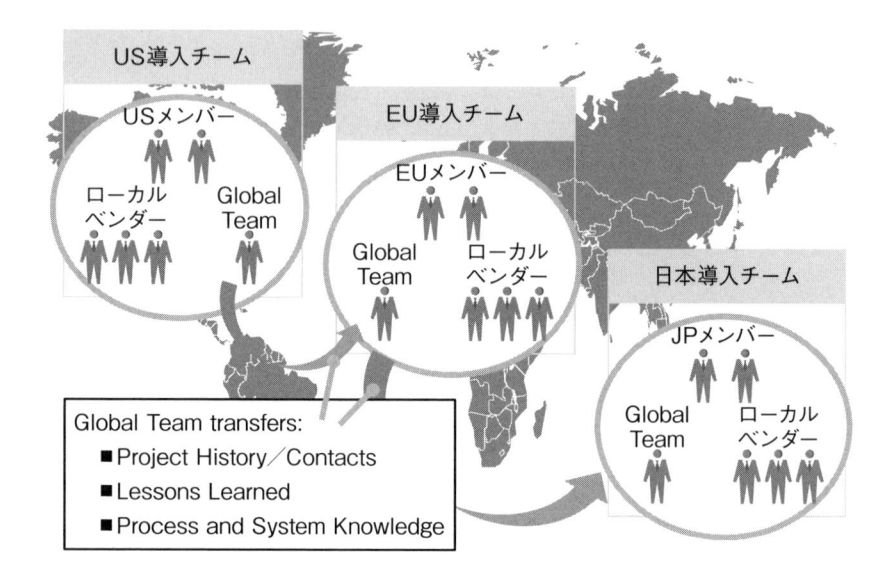

（図：US導入チーム（USメンバー、ローカルベンダー、Global Team）、EU導入チーム（EUメンバー、Global Team、ローカルベンダー）、日本導入チーム（JPメンバー、Global Team、ローカルベンダー））

Global Team transfers:
- Project History／Contacts
- Lessons Learned
- Process and System Knowledge

て活用することができないため，業務運用が実行できるレベルの内容が記載されていなければならない。したがって操作マニュアルは，開発ベンダーが提供するシステム操作マニュアルのドラフトに対して，前出のスーパーユーザーが加筆修正していくやり方が最も有効である。

　また，マニュアルはすべての業務を網羅したものが最終的には必要となるが，稼働当初からすべてが準備されている必要はない。網羅的にマニュアルを作成することは，非常に膨大な工数がかかってしまう。タイトなスケジュールの中でこなすことは，担当者にも負荷が大きくかかってしまう。

　そこでマニュアル作成に関しては，業務内容に優先順位をつけて，半期，年次の処理など稼働直後に実施しない業務は，稼働後に対応するなど考慮すべきである。ただし，システムテストのエビデンスは必ず詳細に残しておく必要があるので，そのあたりを誤解しないように進めておく必要がある。作成しないのではなく，あくまでも作業を後回しにしているということであり，何が残っているかに関してはPMOが把握し，しかるべきタイミングで実行

に移す必要がある。

5 稼働後の過ごし方

(1) カットオーバープラン作成の留意点

① カットオーバープランとは？

　新システムの稼働直前直後は，システム，業務の切り替えということで，内容によっては社内だけではなく社外にも大きな影響を与える，社運を賭けたといっても過言ではない重要な期間となる。したがって，その期間だけの特別な対応，体制も考慮しなければならないので，入念なプランニングが必要となる。

　生産，購買，販売，支払，請求に関連するような基幹システムを安全に切り替えるにあたっては，データを移行するタイミングに既存システムを停止するなど，会社の業務を一時停止しなくてはならなくなるケースもある。システムの再構築なので，当然のことながら安全な切り替えを最優先に考えなければならないが，その方針に従った移行を行うための業務インパクトへの対応については，企業の経営判断となる。業務は絶対に停止しないのか，システムを安全に切り替えるのか，トレードオフを検討し，必ず経営者が意思決定すべきである（図表5-20）。

② 有事を考慮したプラン

　本番稼働の移行作業中には，天災，人災を問わず不測の事態が発生する可能性もある。そのような「有事」も事前に想定し，必ずカットオーバープランに盛り込んでおかなければならない。少なくとも稼働予定の日程までにデータ移行が完了しなかった場合の変更スケジュールは，有事対応プランと

図表5-20　業務切替検討フロー

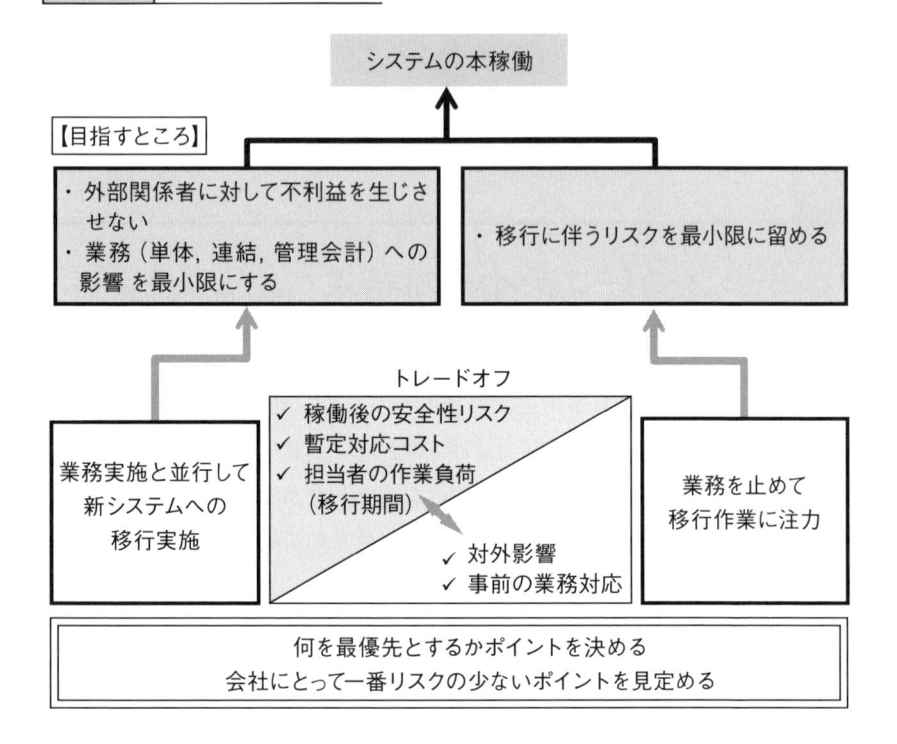

【目指すところ】

システムの本稼働

・外部関係者に対して不利益を生じさせない
・業務（単体，連結，管理会計）への影響を最小限にする

・移行に伴うリスクを最小限に留める

トレードオフ

✓ 稼働後の安全性リスク
✓ 暫定対応コスト
✓ 担当者の作業負荷（移行期間）
✓ 対外影響
✓ 事前の業務対応

業務実施と並行して新システムへの移行実施

業務を止めて移行作業に注力

何を最優先とするかポイントを決める
会社にとって一番リスクの少ないポイントを見定める

して日次のスケジュールまで落としておく。直前に稼働判定を行っても，どちらのスケジュールでも対応できるような状態にしておけば，稼働リスクは格段に下げられる。いわゆる「コンティンジェンシープラン」と呼ばれるものであるが，本番開始直前に作るというよりは，やや余裕を持った状態の時に作成しないと，網羅的なプランを描けないことがあるため注意が必要である（図表5-21）。

③　関係者へのアナウンス

　業務／システムの切替えに際して，実際の切替スケジュール，変更内容を，稼働の事前に関係各方面へアナウンスすることが必要である。大きく分けて，社内と社外の2つの領域へ連絡しなければならない。

第5章 会計関連業務／システムのグローバル再構築の進め方　223

図表5-21　有事対応プラン例

■本番稼働切替えスケジュール（例）

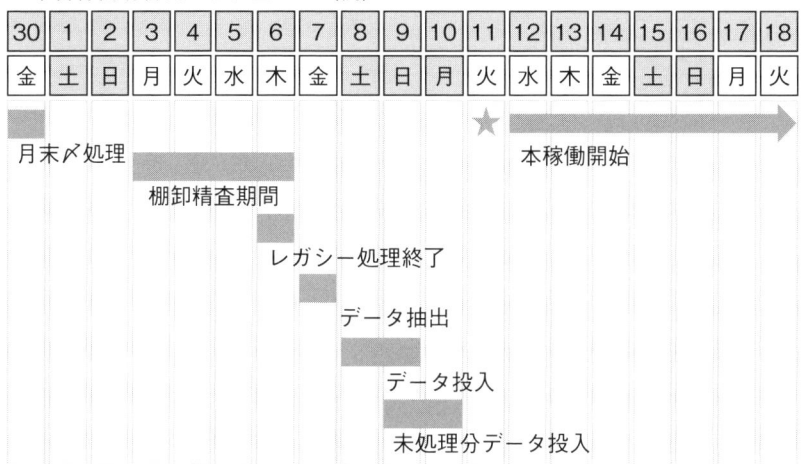

30	1	2	3	4	5	6	7	8	9	10	11	12	13	14	15	16	17	18
金	土	日	月	火	水	木	金	土	日	月	火	水	木	金	土	日	月	火

- 月末〆処理
- 棚卸精査期間
- レガシー処理終了
- データ抽出
- データ投入
- 未処理分データ投入
- ★本稼働開始

■コンティンジェンシープラン（例）

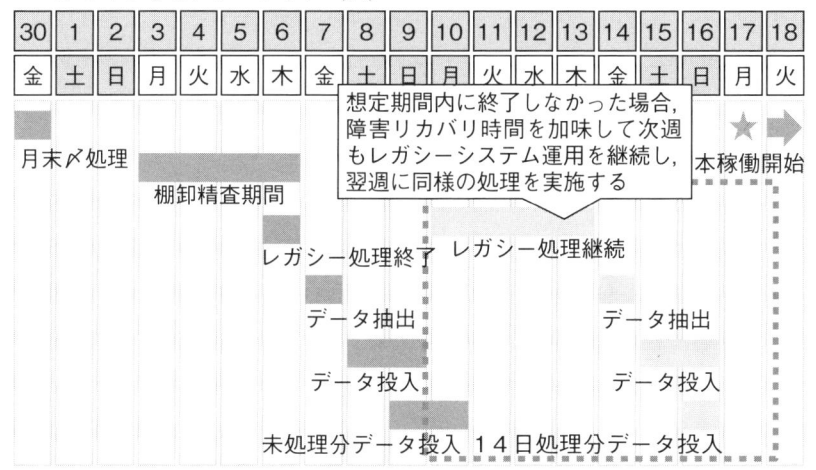

30	1	2	3	4	5	6	7	8	9	10	11	12	13	14	15	16	17	18
金	土	日	月	火	水	木	金	土	日	月	火	水	木	金	土	日	月	火

想定期間内に終了しなかった場合，障害リカバリ時間を加味して次週もレガシーシステム運用を継続し，翌週に同様の処理を実施する

- 月末〆処理
- 棚卸精査期間
- レガシー処理終了　レガシー処理継続
- データ抽出　　　　データ抽出
- データ投入　　　　データ投入
- 未処理分データ投入　14日処理分データ投入
- ★本稼働開始

・本番移行作業期間内に，不測の事態が発生して稼働予定までにデータが移行できない場合には，翌週末に実施する
・その間は，従来どおりレガシーシステムで運用
・この1週間で問題点を解消し，再度1からの移行タスクを遂行し，本番稼働

社外は，出荷（販売）先，購買業者，物流業者，銀行などの金融機関への連絡等が挙げられる。先方の対応期間ということも考慮する必要があるので，アナウンスに関しては詳細が直前に変更される可能性を伝えつつ，なるべく早く予告しておくことが重要なポイントである。

また，社内（グループ内）は，今回のシステム再構築対象外になっている組織への連絡を怠りがちなので，もれのないよう留意しておきたい。システム再構築の対象外であっても，グループ間取引は何らかの形式で実施しており，システム間の連携テストを通じて運用も確認しておくべき事項だからである。

(2) 稼働後の体制（ヘルプデスク）

① 稼働直後の体制

本番移行が完了し，稼働を迎えると，そこからはシステム運用維持体制に切り替わっていく。しかしながら稼働直後のシステムは，データも含めて不安定な状態なので，全面的にサポートを行うことができる「スクランブル体制」を構築しておかなければならない。システムの稼働時間も，稼働直後はエラー対応，イレギュラー対応も考慮し，24時間フルで運用を行う場合も多い。特にデータ移行が完了するまでと，夜間ジョブが一通り回るまでは十二分にサポートを行うことができる状態にしておく。

体制も，スキルが強化されていない部門，および成熟していない業務領域に対して重点的に人を配置し，トラブル発生時のコールフローやヘルプデスクも全社的に周知させ，「課題が発生してもすぐに対応できる体制」を構築しておく。

このスクランブル体制は，稼働後1ヶ月から長くて3ヶ月は継続することを想定しておかなくてはならない。コスト削減のために導入ベンダーとの契約を早期に切ろうとする企業も多く見てきたが，往々にして十分にサポートされないままの本番ではトラブルが続き，プロジェクトに対する不満の醸成やシステムを使わないという本来の経営上の目的を達成できない動きに発展

することが少なくない。また，一度契約を切ってしまうと，その企業のシステムに精通したメンバーを再度アサインしてもらうことは非常に難しい。その点も考慮して，自社の体力（実力）に合わせたサポート体制の構築をプロジェクトとして考えておく必要がある。

② 安定化後の体制

　スクランブル体制は長くて3ヶ月と前述したが，できるだけ早く定常運用に移管して進めなければ，コスト上も厳しくなるだけでなく，システム再構築後の効果創出そのものが遅延するという事態になることは認識しておかなければならない。また，グローバルの複数拠点に順次展開していくことを考えると，途中で足踏みをしているとグローバル再構築のメリットを享受できるタイミングが遅くなるだけでなく，それが致命的なグローバル競争力の欠如につながることも否定できない。

　そうならないためにも早期に課題を解決し，トラブルシューティングをパターン化し，日次，月次の運用処理もそのエラー種別に応じて自社要員でこなせるレベルへ早くこぎ着けなくてはならない。このレベルまでくると，ようやく安定化体制としてのヘルプデスクが構築できる（図表5-22）。

③ トラブルシューティング

　本番稼働直後は，少なからずトラブルは発生するものである。データ，システム設定，業務運用，権限設定など，トラブルの種類は多岐にわたるが，最優先に考えなければならないのは顧客への対応である。顧客へのサービスレベルや，信用が落ちるようなことは決してあってはならない。

　会計関連では，支払ができないというのが最も信用を失い，売上にも影響があるため，最も業務へのインパクトが大きいトラブルだと考えられる。もしそのような不測の事態に陥っても，支払だけはマニュアル作業（手作業）で行うなど，顧客への影響を最小限に抑えてからのトラブルシューティングを行うことを基本方針として考慮すべきである。

図表5-22　ヘルプデスク体制例（安定期）

ユーザーサポートレベル：

レベル0
- マニュアル等により自身で問題を解決
- 自身で解決できない場合，スーパーユーザーに問い合わせ

レベル1
- 現場ユーザーからの問い合わせに回答
- 問題を切り分け，回答できないものに対してプロジェクトメンバーサポートに解決依頼
- マニュアル，FAQ等を整備

レベル2
- スーパーユーザーからの問い合わせに対して回答（チケット発行）
- システムに対する修正の必要性を判断し，システムサポートにシステム修正依頼

レベル3
- プロジェクトメンバーからの問い合わせに対して回答
- 課題に対し新システムによる解決案を作成し，システムを修正
- システム修正に対応し，プログラム修正，Note適用，移送実施等

レベル4
- リモートでシステムサポートからの問い合わせに対応

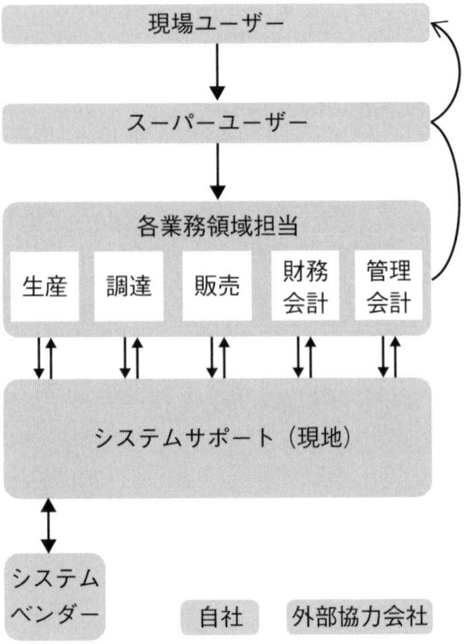

［図：現場ユーザー → スーパーユーザー → 各業務領域担当（生産／調達／販売／財務会計／管理会計）⇔ システムサポート（現地）⇔ システムベンダー。凡例：自社／外部協力会社］

　トラブルが発生すると，犯人探し，原因究明に全力を注ぎがちではあるが，トラブルの内容を見極めてすぐに業務が回るように即時に取り掛からなければならない。そして影響が少ないトラブルについては，先延ばしする判断も行う。稼働直後は，トラブルシューティングを実施しながらの前提で業務を動かすことを念頭に推進し，トラブルが発生する都度大騒ぎをせず，常に優

先順位を考慮することが重要である。また，このようなトラブルシューティングは経営者の判断が必要になることも多いため，本番稼働後は経営層とのコミュニケーション頻度を上げておき，定期的（日次から徐々に週次へ等）に状況判断を仰ぐ体制を築いておくことも必要である。

　本章では，会計関連業務およびシステムのグローバル再構築の進め方について述べてきたが，構想から本番稼働後のトラブルシューティングに至るまで，プロジェクトとして考慮すべき事項は多岐にわたる。グローバル展開を考えると，常にさまざまなフェーズにあるプロジェクトをコントロールしていく必要があり，難易度は非常に高い。

　グローバル再構築に関しては，必要性は理解されているものの，コストの観点が前に出すぎて中途半端な進め方になってしまい，結果として失敗することが日本企業には多いのではないだろうか。会社としては失敗だということを自ら告白することはなく，導入時の外部コンサルタント・ベンダーのせいにしがちである。客観的な立場からすると，すべて企業が必要と思って取り組みを開始し，それぞれの部分で自分たちの判断で推進している以上，その結果について自分たちで責任を負わなくてはならない。

　経営者の判断はコストに目が行きがちであるが，本社（日本）の基幹システムに数十億，数百億という投資を行ってきたにもかかわらず，海外子会社のシステムはそれよりもはるかに少ない金額で構築できるという考えは非常に危険である。海外売上比率が50％を超えている企業が多い日本企業において，日本よりもグローバルのシステム構築に投資する必要があるのは明白である。

　グローバル再構築の意味を考え，どんな機能をどのように配置すべきか，どのような進め方が自社に最も合っているのか，そしてグローバル競争に打ち勝つためにどこまで投資すべきなのか。今一度，こういった部分を経営者，企業を形作っている従業員の人たちが本気で考えなくてはならない局面にあるのではないだろうか。

第6章

会計関連業務／システムにおける技術・サービスの活用方法

本章では，会計業務やシステムをグローバルに再構築して行くうえで検討するべきクラウドやモバイルといった技術トレンド，およびシェアードサービスセンター（SSC）や業務アウトソーシング（BPO）を積極的に取り入れている実例について取り上げる。また，SSC/BPO を積極活用してきたグローバル企業が，次のステップとして，間接業務をグローバル規模で共有インフラとして提供し，全体最適化を図るグローバルビジネスサービス（GBS）というモデルを取り入れていることにも触れていく。これらのトレンドや活用事例から，日本企業がグローバル化を加速するための業務およびシステム要件として考慮すべきポイントを引き出していく。

1 クラウド化の波はERPへ

従来，企業活動の根幹である財務・会計データを処理対象とする ERP システムは，社内施設で内部関係者のみが保守・運用することを前提としてきた。バックオフィスという業務の性質上，ユーザビリティや Web 化対応に後れをとっていた領域でもある。SAP や Oracle といった老舗 ERP ベンダーによる製品リリースの経緯を見ても，まずはアプリケーション機能を拡充し，次に処理速度を改善し，そしてミドルウェアによる管理機能の強化やハードウェアとの垂直統合化に注力し，エンドユーザーにとっての使い勝手やモビリティは後回しにされてきた。機能は充実していてもパフォーマンスが悪いというのは，初期の ERP ユーザーからよく聞く話であった。また，システムを熟知しないエンドユーザーが新たに導入する業務アプリケーションを使えるようになるまでには，操作性に欠けるがゆえに，一定のトレーニング期間と定着期間を要するのが当然とされてきた。

従来，高価な新しいテクノロジーはまず企業が導入し，ある程度の普及

が進んで手頃な価格帯になった段階から一般消費者への普及が加速するサイクルが通例であった。ところが，今やモバイル化およびソーシャル化が一気に進み，一般消費者が手軽に使うコンシューマー向けアプリケーションは，感覚的な使い勝手，いつでも・どこでも使える利便性，そして即座に反応が返ってくる即応スピードといった点において，重たい仕様で使い勝手にも欠け，かつ高価なエンタープライズアプリケーションよりも優れている。

　企業データを社外で運用することへの根強い抵抗や，ユーザビリティの向上が後回しにされてきたため，エンタープライズアプリケーションの中でもERPのクラウド化・モバイル化は遅れてきた。しかし近年になって，状況が一転しつつある。まず，CRMやEメール・コラボレーションツール（文書管理，Web会議）用途のクラウド利用が進み，先行ユーザー層におけるクラウド上へのデータ保存に対する抵抗感が薄れ，事業者による安定稼働への信頼感が増している。

　また長年，収益性の高いライセンスビジネスに固執していたERPベンダーが，市場での生き残りに対する危機感からクラウドサービス強化へと舵を切り始めた背景がある。例えば，Oracleは2011年にクラウド戦略を打ち出し，アプリケーション（SaaS），プラットフォーム（PaaS），インフラ（IaaS）に至る全方位のクラウドサービスを提供していくと公表している。SAPの場合，過去2～3年間にAriba（2012年10月），Concur（2014年12月），Success Factors（2012年2月）といったSaaS専業企業を買収し，40年来の中枢事業であったオンプレミス型ERPスイート製品事業に調達，経費精算，人事・タレント管理といった複数の単独機能をSaaSとして提供するハイブリッドビジネスを展開し始めた。

(1) クラウド化が進む背景

　導入時に多額・長期のリソースを要しない手軽さと，標準機能であれば即利用可能な利便性が評価され，salesforce.comが先行するCRMシステムや，Google，MS Office 365等に代表される業務系ツールのクラウド化は，

ここ数年で多様な業種・規模の企業に受け入れられてきた。一方で，オンプレミス型スイート製品が牙城を築いてきた ERP 領域や会計システムでは，クラウドの浸透が遅れてきた。ソフトウェアベンダー側の供給体制や，常にライセンス形態に対して不満を持ってきたユーザー企業側でも，ERP のクラウド化に対するニーズが顕在化してこなかった事情もある。新しいビジネスモデルや先端技術への取り組みが遅れがちな日本企業だけでなく，基幹システムや会計・財務に関わる自社データを外部事業者が運用するクラウド上に置くことを躊躇する企業や政府機関が多いのは世界で共通している。

しかし，ここ1～2年で状況が変わりつつある。まず，企業向けソフトウェアの世界でも，従来のライセンス販売と保守契約を前提とするビジネスモデルから，サブスクリプション契約へとシフトしつつある大きな流れがある。サブスクリプションの場合，その契約期間内におけるソフトウェア使用料とサービス利用料には，バージョンアップや機能追加，およびテクニカルサービスが含まれている。そのため，ライセンス購入時に必要となるバージョンアップ作業や，ライセンス更新時の手間を考慮することなく，常時最新の機能を使えるサービスがサブスクリプションの利点である。クラウド事業者が提供するアプリケーションサービス（SaaS）は，サブスクリプション契約が基本となっている。オンプレミス型でアプリケーションを導入・運用する際には，それらを稼働させるハードウェアの調達・保守をどうするかリソース計画を立てなければならないが，クラウドを利用する際にはハードウェアをどうするか考えることが不要になる。

また，基幹システムや企業データを社外で運用することへの抵抗は根強いものの，新規の IT プロジェクト発足時には，まずクラウドの選択肢を検討する企業が増えている。この「クラウドファースト」方針の生みの親となったのは米国政府といわれているが，国家機密を扱うがゆえに新興のサービスモデルには保守的であった連邦政府が，2012 年度予算から順次，年間約 800 億ドル規模の IT 予算のうちおよそ4分の1をクラウドに移行していく目標を打ち出した。政府向けテクノロジーサービスの調達先候補と

なる事業者は，厳格なセキュリティ標準とガイドラインを定めた Federal Information Security Management Act（FISMA）および The Federal Risk and Authorization Management Program（FedRAMP）に準拠することが求められている。巨大な公共セクターへのサービス提供を狙うベンダー各社は，自社のデータセンターやサービス管理のセキュリティレベルを引き上げると同時に，安定稼働の実績を積み上げ，FISMA や FedRAMP 認定取得に動いている。こうした政府機関が定める厳格な規定に準拠しようとする業界の動きにより，主要なクラウド事業者が市場全体からの信頼を得ることにもつながっている。

(2) クラウドで提供される会計システムとは

新興の SaaS/ASP 事業者が勃興しては淘汰された 2000 年代を経て，現在も市場に生き残っている SaaS ベンダーは，一定のユーザー層を抱えるまでに成長し，業績を伸ばしている。また，SAP，Oracle，Infor といった老舗 ERP ベンダーがクラウド市場に参入したことにより，ユーザー企業にとっての選択肢は増えている。グローバル規模で財務・会計システムをクラウドサービスとして提供している主なベンダーおよびサービス一覧は図表 6-1 のとおりである。

(3) ハイブリッド化による早期グローバル統合の実現

日本の大手企業のほとんどは，ERP 全盛期とも称される 1990 年代～2000 年代前半に複数年かけてシステムを構築し，機能追加・改修・アップグレードを施しながら 20 年来，オンプレミス型の ERP システムを保守・運用してきた。多くの場合，各業界または各社固有の業務プロセスに追従させるようにアプリケーションに手を加え，過度なアドオン開発をしてきた経緯がある。急速なグローバル化や海外進出をきっかけに，老朽化したメインフレームやオフィスコンピュータ上にカスタム開発された自社仕様の業務システムから，近年になってようやく ERP への移行に踏み切った日本企業も存

図表6-1　主要クラウドERPベンダー一覧

ベンダー	ベンダー種別	概要	クラウドERP展開実績	ターゲット業種	多言語・地域対応状況	主なユーザー
NetSuite	クラウド専業ベンダー	・1998年に創設、中小規模企業向けにCRM/ERP/Ecommerceを統合した初のビジネススイート「NetSuite」をリリース ・日本法人は2006年4月に設立、日本語版製品の提供を開始	・20,000社以上(中小企業、大企業の部門レベルなど) ・最大規模の展開は6,000ユーザー ・平均案件規模は年間48,000ドル	・ソフトウェア、卸売、小売、製造、サービス、非営利団体・教育	・日本語、英語、中国語を含む19ヶ国語、170通貨に対応	アシックス、ディーエヌエー、Peach Aviation、オリンパス、Prudential、TribeHR、Wine.com 他
FinancialForce.com	クラウド専業ベンダー	・2009年に設立(日本は未進出) ・プラットフォームはSalesforce1	・数百社、200,000ユーザー以上 ・平均導入規模は10-500ユーザー(企業の規模による)	・プロフェッショナルサービス、ビジネスサービス、IT、オンラインメディア	・ユーザーベースは42ヶ国 ・英語対応のみ、他の言語は今後対応予定	Akamai、Dell Secure Works、EMAP、IMS Health、Pandora、Seagate、Symantec、Trissential、U.S. News
Workday	クラウド専業ベンダー	・世界最大規模の組織を念頭に設計されたヒューマンキャピタルマネジメント、財務管理、および分析用アプリケーションを提供 ・2005年に設立、2015年1月に日本市場参入、サービス開始	・500社以上(平均従業員数5,000-10,000人) ・Workday Financial Managementは135社以上に導入 ・最大規模の展開は従業員約20,000人	・教育、州/地方自治体、金融、ビジネスサービス、ヘルスケア、小売 ・日本では、従業員数1,000人以上の事業をグローバル展開する企業が主要ターゲット	・米国以外の拠点ではローカライゼーションをサポート	ファーストリテイリング、日産自動車、日立製作所、ザ コカ・コーラ カンパニー、Dell、Toyota、SONY、Yahoo、Bank of America、tripadvisor、Time Warner、Johnson&Johnson、AstraZeneca 他
Oracle	ERPベンダー	・Oracle Fusion Applicationsをベースとして、一部機能をOracle ERP Cloudとして提供 ・Oracle Cloud、Oracleもしくはパートナーによるホスティング、もしくはオンプレミスでの導入が可能 ・2014年6月からOracle ERP Cloudの日本向けサービスを提供開始	・600社以上の中堅企業、大企業(Oracle ERP CloudとOracle EPM Cloudを含む)	・全業種/中堅～大企業	・日本語、英語、中国語を含む27ヶ国語、50ヶ国以上	イデア・コンサルティング、NS・コンピュータサービス、サンテック、Delaware Life Insurance Company、Frontera Consulting LLC、DAZ Systems, Inc.、Tower Ventures LLC 他
SAP	ERPベンダー	・小規模企業向けのBusiness One、中規模企業向けにBusiness ByDesignを展開 ・2013年11月から日本向けサービス提供開始(Business ByDesign)	・1,000社以上、最大規模の展開は8,500ユーザー(Business ByDesign) ・34,000社以上の中小企業(Business One) ・平均導入規模は50ユーザー	・サービス、流通、製造(Business ByDesign) ・25業種(Business One)	・19ヶ国展開済み、50ヶ国を超える地域に拡大予定 ・日本語、英語、中国語を含む9ヶ国語	サントリーグループ、Genomic Health、Hilti、Linde、Lufthansa Revenue Services、MolsonCoors、Shell
Infor	ERPベンダー	・業界固有ニーズに対応したソリューションを提供 ・1995年10月に日本法人を設立 ・Infor CloudSuiteのプラットフォームはAWS	・全世界で5,500サイト、日本で200サイトに導入(Infor SyteLine)	・全業界(主に製造業)/中堅～大企業	・20ヶ国以上のローカライズ	Herman Miller、Dematic Proprietary、Brentwood Industries、Metcam 他

出所：Explore The Emerging SaaS ERP Market (Forrester, November 27, 2013)、ERPはSaaS型が常識(日経コンピュータ、2014年10月16日)、クラウドERP"最後の大物"、ワークデイが日本上陸(日経コンピュータ、2015年1月15日)、ベンダー各社ホームページの情報を元にDTC作成

在する。

　マルチテナントかつ標準機能が前提の SaaS は，複雑な業務プロセスに合わせてカスタマイズ機能を付加することを好む日本企業の基幹システム用途には長らく不向きとされてきた。しかし，刻一刻と変化する外部環境に応じて意思決定のスピードを上げ，いかに戦略・戦術を軌道修正し実行していくかがグローバル競争での勝算を分けるようになった今日，事業の判断材料を提供すべき情報処理システムが新たに稼働するまでに 1 年以上かかっていたのでは，ビジネスを加速するはずの IT がかえって足枷となってしまう。

　そこで有効な選択肢となるのが，本国・本社機能向けには従来のオンプレミス型 ERP を維持するかたわら，新規参入する国や特定の事業所向けにはクラウド ERP を採用するようなハイブリッドモデルである。買収・合併で新たに連結対象に加わった子会社や，再編時に分離したグループ会社を対象にクラウド ERP を採用し，本国・本社で維持するオンプレミス型 ERP と統合していく方法が有効な手立ての 1 つとなる（図表 6 - 2）。

　例えば，日本の本社および主要拠点では SAP ERP をオンプレミス型で運用し，海外拠点ではクラウド /SaaS の SAP Business by Design もしくは，インフラのみクラウド /IaaS を利用する（例：SAP on AWS）ことも可能である。

　IaaS 上にユーザー企業がソフトウェアベンダーとライセンス契約した ERP を搭載する後者のモデルは，実は本社もしくは全社適用を前提とした使われ方も出てきている（図表 6 - 3）。

　従来はインフラ調達段階で綿密に立てたキャパシティ計画に基づき，時間をかけて調達手配や環境設定をしていたのが，IaaS 利用により稼働後の状況に応じて容易にサーバーのスペックを上下させることが可能になった。

　また，アプリケーション開発元のソフトウェアベンダーも IaaS 事業者との連携を強化し，ユーザー側の利便性を高め，台頭する SaaS 専業ベンダーからの攻勢をかわそうとする狙いもある。例えば SAP では，2008 年から開発や社内システム向けに AWS を利用しており，ドイツ本社に一定規模の

図表6-2　ハイブリッドモデル

＜SAPによる2層ERPアプローチ＞

2層 ERP アプローチ
SAP Business ByDesign for LE subsidiaries

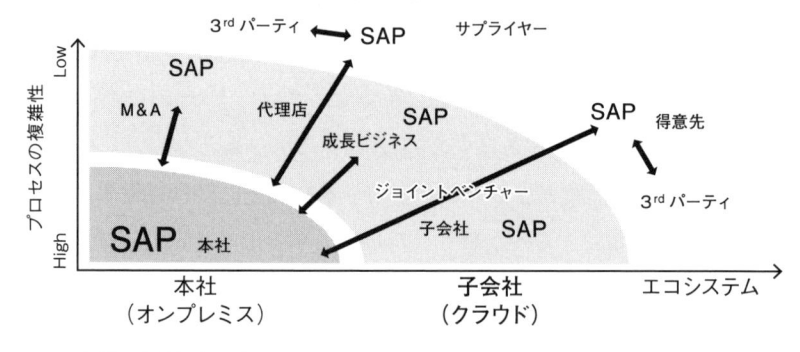

出所：SAPジャパン

＜NetSuiteとSAP ERPによるハイブリッドモデル＞

ビジネスのフロントを担う国内・海外拠点
NetSuiteのクラウドERPを展開

バックエンドを担う本社の基幹ERP
SAP, Oracleなど
オンプレミス型の基幹ERPシステム

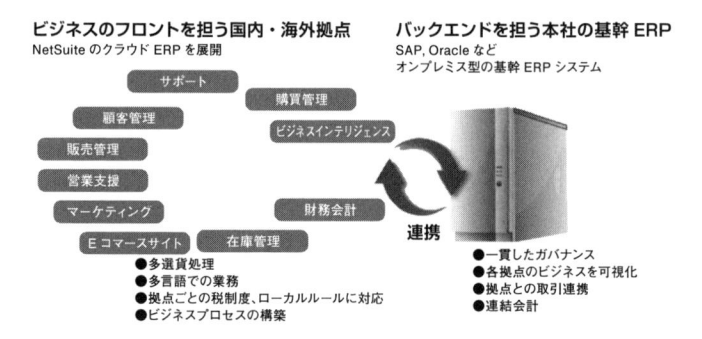

- 多通貨処理
- 多言語での業務
- 拠点ごとの税制度、ローカルルールに対応
- ビジネスプロセスの構築

- 一貫したガバナンス
- 各拠点のビジネスを可視化
- 拠点との取引連携
- 連結会計

各拠点で展開されたNetSuiteと
本社のオンプレミス型の基幹ERPシステムが、シームレスに連携

出所：NetSuite

第6章 会計関連業務／システムにおける技術・サービスの活用方法

図表6-3 クラウドERP事例

企業名	導入製品名	効果
ディー・エヌ・エー	NetSuite One World（会計，人事）	・経営情報の迅速な共有 ・グローバルで柔軟に事業展開できる会計・人事業務基盤構築およびオペレーションの効率化 ・人事情報をリアルタイムで把握・管理およびコンプライアンス強化 ・ワークフローと会計データの一元化による業務負荷の軽減
オリンパス	NetSuite	・新設海外現地法人の経営管理基盤を短期導入（6ヶ月） ・新会社のオペレーションに必要十分な業務アプリケーション機能を提供 ・コスト抑制，ITガバナンス強化
Peach Aviation	NetSuite Release J（財務会計）	・経営陣／株主／社員に経営情報をリアルタイムに共有 ・迅速な意思決定を支援
サントリー	SAP Business ByDesign（会計，販売，マーケティング，在庫，購買，SCM）	・短期間（6ヶ月）で複数拠点へ同時導入
ケンコーコム	SAP ERP on AWS	・初期および運用コストの削減 ・複数システムからSAP ERPへ集約，システム運用および障害対応を軽減
あきんどスシロー	SAP ERP on AWS	・短期導入（5ヶ月） ・会計業務の標準化 ・業務の効率化と内部統制の強化
ミサワホーム	COMPANY on AWS（人事）	・サーバー増強に伴うコスト削減 ・新会社でのオペレーションに必要十分な業務アプリケーション機能を提供
東急ハンズ	SuperStream on AWS（会計）	・初期投資（サーバー購入等）が不要 ・柔軟にインスタンスやリソース追加が可能 ・ユーザーへのレスポンス速度をアップ

出所：ベンダー各社ホームページの情報をもとにDTC作成

AWS専任のエンジニアを配置している。また，SAP ERP(ECC)はもとより，他モジュールのアプリケーション（CRM, PLM, SCM, SRM）から，ミドルウェア（NetWeaver），さらには最新データベース（SAP HANA）に至る主要製品のすべてについて，AWS上での本番稼働をSAPが認定している。

2 モバイルをどこまで取り込むか

　個人のライフスタイルにとどまらず，企業のワークスタイルにまでインパクトをもたらしているもう1つの技術トレンドがモバイルである。今やインターネットは，書籍，旅行，ファッション，広告・メディア・エンターテインメント，保険・金融・不動産，就職・転職活動といった多方面における消費者生活に広く深く入り込み，モバイルやネットワーク技術の進展が場所や時間の制限を取り払い，消費者生活を安価でより便利に楽しめるものに進化させている。さらに，仕事をする個人が複数台の携帯端末を持ち，空き時間や自宅で，手持ちの端末が何であるかを意識することなく，自由にインターネット上の情報やサービスにアクセスして消費し，クラウド上のツールやデータを自在に駆使するのがごく当たり前となってきている。もはや，PC・スマートフォン・タブレットもしくは会社支給・個人購入といった端末の種類や，購入費用の負担が企業か個人かにかかわらず，個人の1日の生活のうち，モバイルやクラウドの仕組みのうえに成り立つ活動の重要性とその範囲が大きなものになっている。

　こうしたサービス供給側となる企業の世界では，新しい技術を制する新興企業が老舗企業の従来ビジネスを脅かす存在として成長し，業界の勢力図を次々と塗り替えている。一方で，ビジネスのインターネット化やモバイル化に比例してセキュリティリスクや情報漏洩リスクも上昇し，サービス提供

側も利用者側も相応の対策を取らなくてはならない。このセキュリティ懸念がクラウドおよびモバイルの波に乗り切れない企業にとっての最大の壁であり，正しい理解に基づく対策を何も打てないままでは，従来ビジネスを展開する業界での競争に打ち勝つのはいずれ難しくなるであろう。

(1) 情報端末によるワークスタイル変革の波

　ネットワーク技術の進展と手軽に持ち運びできる情報端末の普及により，企業オフィス内での業務のやり方もここ数年で大きく変化した。固定電話から携帯電話への移行または両者の併存，座席のフリーアドレス制，申請や会議資料のペーパーレス化，遠隔地の参加者を間近に見ながら資料を画面共有できるTV会議や電話会議，時間と場所にとらわれずにEメールを確認・返信等，ネットワーク技術のモバイル化へのシフトによってオフィス環境の制約が解消されてきている。また，スマートフォンやタブレットを業務用の情報端末として駆使し，業務効率を向上させる例も増えている（図表6-4）。

　そもそも，対面による商習慣が根底にある日本企業のあらゆる業務の場面において，モバイル化や情報端末の積極活用による潜在的な効果は非常に高い。しかし，いざ企業情報や社内データの保存やそれらへのアクセスとなると，利便性や効率化よりもデータセキュリティへの懸念を払拭できずに，バックオフィス業務の変革にまでは踏み切れない企業がほとんどである。

(2) Concurに見られるモバイル活用

　バックオフィス業務のうち，モバイル化が進み始めた領域の1つが経費精算である。経費申請の際に要する証憑書類の保存義務（法規上7年間）により，精算業務のペーパーレス化は現実性が低かった。2006年のe文書法施行とともに領収書の電子化が解禁されたが，施行後すでに数年が経過した現在も，領収書類の電子化を推進する企業はまだ少数派である。

　しかし，経費精算に特化したSaaSベンダーのConcurは，クラウドなら

| 図表6-4 | モバイル導入によるワークスタイル変革事例 |

企業名	導入時期	取り組み内容
ユナイテッドアローズ	2010年～2012年	・私物端末（スマートフォン，タブレット，PC）を段階的に許容 ・仮想デスクトップ導入，私物端末の用途とアクセス範囲について規程 ・会社支給のiPhone/iPadによる店舗での在庫確認，カタログ閲覧／着替えアプリ導入により，時間の有効利用と生産性向上を図る
ミツカングループ	2010年～2011年	・拠点PBX（構内交換機）を撤廃，段階的に固定電話のIP化（拠点間VoIP），クラウド型PBX，内線ワンナンバー型FMCサービス*を組み合わせた環境へ移行 ・ネットワーク管理の効率化と年1千万～2千万円のコスト削減に貢献
ANA	2012年～2013年	・客室乗務員（約6,000人），パイロット（約2,500人），ライン整備部門にiPad導入 ・運航，客室乗務，点検・整備の大量な業務マニュアルを電子化 ・バックオフィスとの連携，現場作業／対応の品質を強化，業務の全体効率化
第一三共	2012年	・役員とMR（医薬情報担当者2,400人）にiPhone，iPad配布 ・営業ツール，決済システム，会議システムをモバイル化 ・医療機関への最新情報の提供，社内決済を迅速化
キョーリン製薬	2012年	・グループウェア／メールシステムのクラウド化（Google Apps），タブレット配布 ・MRによる社外業務を可能にし，業務効率と利便性を向上 ・従来グループウェアのアップルグレードよりも5割～7割のTCO削減
大成建設	2013年	・全社員対象（約9,000人）にBYOD／シンクライアント導入，グループ会社へ拡大 ・端末にデータを残さず，社外から約80の社内システムへアクセス可能 ・営業，設計，施工，調達，労務管理等の部門横断の業務を効率化
キユーピー	2013年	・グループウェアのクラウド化（Google Apps for Work），上層部にiPad-mini配布 ・本社オフィスは仕切りなしスペース，出先の端末から業務が可能に ・グループ全体の情報共有・連携を促進，ワークスタイル効率化，BCP強化
カネカ	2013年	・本社移転時にPBX廃止，スマートフォン（Android）配布，FMCサービス導入，情報共有基盤のクラウド化（Office 365） ・社員同士，人と情報とがつながりやすいシームレス・オフィスの実現，BCP強化 ・レガシーコミュニケーション環境の刷新により，通信費2～3割削減
コニカミノルタ	2014年	・本社移転とソリューション事業への転換に伴い，フリーアドレス，ペーパーレス，作業スペースの「魅せる」化を実践 ・ノートPCからモバイル型（Ultrabook）に移行，ビデオ会議スペース設置 ・創造性／生産性を高めるワークスタイルの実践，社員の意識改革，社外への宣伝効果に貢献
伊藤忠商事	2014年	・グループ150社の老朽化したメールシステムからクラウドへ移行（Office 365） ・PC社外持ち出し禁止から，BYOD（スマートフォン，タブレット）／MDM導入へ転換 ・MDM／コンテナ化機能により，私用と業務用のアプリ／データを分離

*FMC(Fixed Mobile Convergence)：有線通信・移動体通信を組み合わせた電気通信サービス。固定網と携帯網をシームレスに利用できる。
出所：IT Proおよび上記企業およびベンダーの各社ホームページの情報をもとにDTC作成

ではの導入のしやすさと，モバイル端末による使い勝手のよさ，また間接経費の管理業務を効率化させたい企業ニーズと，面倒な領収書保管の手間と申請処理を簡素化し，確実な現金化につながる社員にとってのインセンティブとをうまくマッチさせるコンセプトが支持され，世界の3万社，2,700万人にまで企業ユーザー数を拡大した。2011年2月に日本法人を設立してから約3年間で400社に国内ユーザーが増加した。Concurユーザーには，野村證券，クレディ・セゾン，ディー・エヌ・エー等が含まれる。

(3) 効率化の対象は原始伝票入力とワークフロー

Concurのようなクラウド対応モバイルアプリを導入することにより，タクシーや飲食代等の領収書を受領して直後もしくはすき間時間にモバイル端末からスキャンでき，同時に自動入力が行われ，指定されたタイミングで上司への承認プロセスが走ることになる。また，こうした後日の伝票入力の手間を省き，領収書類の紛失リスクを未然防止するだけでなく，不正チェックや，部門別の対予算比較等をリアルタイムで見ることができ，経費精算業務の効率化だけでなく，経費状況の全体コントロールやガバナンス強化にも役立てる等の相乗効果が期待できる。

3 新たなシェアードサービス化の潮流

(1) SSC/BPO活用の変遷

欧米の大手企業は，過去20年にわたって間接業務にシェアードサービス(SSC)や，アウトソーシング(BPO)を導入し，コスト削減や業務効率化を図ってきた。日本でも2000年前後から本格的にシェアードサービスの導入を開始し，単一もしくは複数機能の業務サービスを専門とする子会社が，親会社

もしくはグループ会社向けへの間接業務を担ってきた経緯がある。世界全体で見ると, SSCへの移管対象となった業務は経理・財務 (9割) が圧倒的で, 人事 (7割), IT (5割) と続く (図表6-5)。

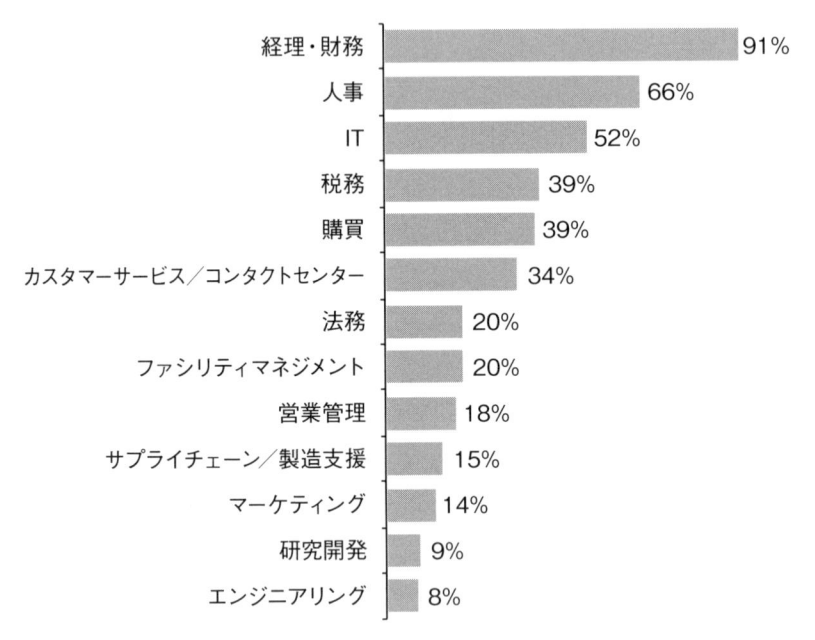

図表6-5　SSCの機能別対象領域

領域	割合
経理・財務	91%
人事	66%
IT	52%
税務	39%
購買	39%
カスタマーサービス／コンタクトセンター	34%
法務	20%
ファシリティマネジメント	20%
営業管理	18%
サプライチェーン／製造支援	15%
マーケティング	14%
研究開発	9%
エンジニアリング	8%

出所: 2015 Global Shared Services survey, Deloitte

　日本のシェアードサービスセンター事業者の場合, 親会社やグループ会社の人事部門が分離・独立して設立されたケースが典型的である。また, 給与計算業務を銀行系列の計算センターや, 地方のデータ処理サービス会社, もしくは会計・税理士事務所に委託するアウトソーシングモデルは1980年代から存在するが, 人事業務を専門サービスとして外部委託する人事BPOとは性質が異なるものである。
　1990年代後半からは欧米の先駆的なSSCユーザー企業を中心に, 間接業

務のスリム化と徹底的なコスト削減を実現する手法として，オフショア拠点でのSSC/BPOを活用するケースが増加した。コスト競争力とITインフラによる自動化・効率化を得意とするインド系のITベンダーやBPO事業者が発展し，24時間×365日体制で経理・財務といったバックオフィス業務のほかにも，IT，コールセンター，さらに請求処理やクレーム処理等のフロント業務からアフターサービス業務まで，広範囲にわたる業務を世界の適所で遂行する体制が築かれていった。

DeloitteによるSSCの最新のグローバルSSCサーベイ結果では，SSC設立における第1の理由はコスト削減であり，設置国の候補として中国，ポーランド，ブラジルが候補として追い上げているものの，依然としてインドが首位であった（図表6-6）。

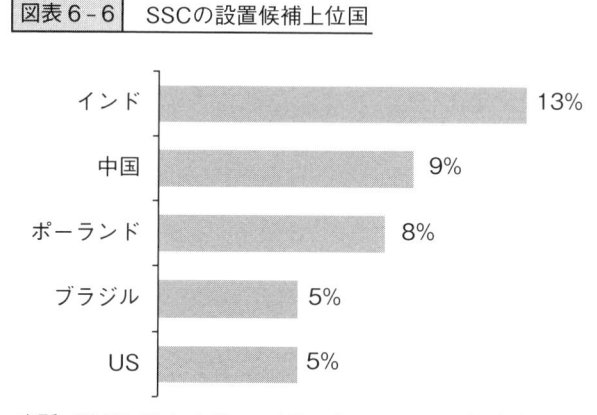

図表6-6 SSCの設置候補上位国

国	割合
インド	13%
中国	9%
ポーランド	8%
ブラジル	5%
US	5%

出所：2015 Global Shared Services survey, Deloitte

また，日本企業はSSCロケーション選定時にオペレーション拠点との近接性を重視し，SSC拠点としては日本国内が最多，中国が2番手となり，国内拠点のみ許容するオンショア，もしくは近隣国からサービス提供を受けるニアショアへの志向が強い（図表6-7）。

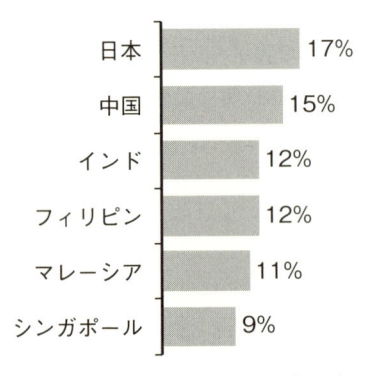

図表6-7　日本へのサービス提供国

- 日本　17%
- 中国　15%
- インド　12%
- フィリピン　12%
- マレーシア　11%
- シンガポール　9%

出所: 2015 Global Shared Services survey, Deloitte

(2) SSCからGBS（グローバルビジネスサービス）へ

　最近では，SSC/BPOをテコにして業務改革を成功させた先進的なグローバル企業が，全体最適を目指してさらに進化させている取り組みとして，GBS（Global Business Service：グローバルビジネスサービス）という新たなモデルが出てきている。GBSでは，標準化した定型的な業務をグローバル規模で集約し，効率化とスケールメリットを追求するために，各業務を高度化・高付加価値化させる点に重点を置いている点が，これまでのSSCと異なる。また，経理・財務，購買，人事，ITなど，多種の機能を集約するマルチファンクション化が進んでいるのも大きな特徴である。

　SSC先進ユーザー企業は，適材適所で業務のSSC化を進め，BPO事業者を選定してきた結果，グローバルでのオペレーション全体で見ると複数のSSCやBPOベンダーを国別・地域別で管理しているケースが多々ある。GBSを適用することにより，集約化・効率化によって生み出されたリソースを，ガバナンス強化や，一元化されたデータを活用した分析活動に基づく事業への提言，キャッシュフローを改善する財務管理の高度化といった，より付加価値の高い業務へとシフトすることが可能となる（図表6-8）。

第6章 会計関連業務／システムにおける技術・サービスの活用方法　245

図表6-8 グローバルビジネスサービス（GBS）のフレームワーク

地理的スコープ		ローカル		地域		グローバル
自動化度合い		低い （マニュアル業務が多い）				高い （マニュアル業務が少ない）
付加価値度合い		トランザクショナル				トランザクショナル＋ アドバイザリー
機能スコープ		1機能		2-3機能		多機能
機能統合度合い		ほとんど 未統合	ツール・プロセスの統合		インフラの統合	すべての統合
顧客との連携		多種多様な連携ツール				標準のツールに サポートされた共通顧客連携
ガバナンス	ガバナンス	機能単位／内のガバナンス			GBSリード（Cレベル）によるグループ全体で 1つのガバナンス	
	継続的改善	機能単位／内の継続的改善			共通の予算・ツールによる グループ全体の継続的改善	
	サービス管理	機能単位／内のサービス管理			グループで一貫したサービス管理	
	人材開発	SSC／機能ごとの教育			GBSで定義された資格ごとの教育	
	文化	SSCごとに異なる文化			GBSの強い文化とブランド	
オペレーション	システム＆ マスターデータ	複数システム・分散マスター管理			1つのシステム・集中マスター管理	
	ロケーション	機能ごと別々のロケーション			複数の機能が1つのロケーション	
	調達	SSCとBPOのグループ方針なし			グループ方針に基づいたSSCとBPOを併用	

出所：アニュアルカンファレンス報告2013, Deloitte Global Business Services Better TogetherをもとにDTC作成

(3) GBS 最新事例

GBSに取り組む事例として，M&Aを積極展開するIT企業，およびSSC/BPOのハイブリッド型モデルを取り入れる小売企業の2社について紹介する。

① GBS 成功事例 1—数多くの M&A を実施する企業 A

(a) 会社と事例概要

　企業 A は，売上約 370 億ドル，従業員約 120,000 名規模の IT 業界の企業である。この事例の特徴は，80 件を超える M&A に対する SSC の貢献，短期間で多機能 SSC を実現したアプローチである。この企業では数多くの M&A で売上を拡大しているにもかかわらず，販管比率を維持または緩やかに減少させているのは驚きに値する。

(b) 取り組みの概況

　この企業では，1998 年に，バラバラだったグローバルの業務プロセスと情報システムを統合する計画を発表し，自社のビジネスプロセスの統合と SSC の設立を決定した。翌年の 1999 年には，アイルランドのダブリンに EMEA 地域向けの SSC を設立。この過程で標準的な業務プロセスの検討や，それらを支えるシステムの試験運用を実施した。直後には，カリフォルニア（アメリカ），シドニー（オーストラリア）にも SSC を設立した。その後，2004 年にブカレスト（ルーマニア），バンガロール（インド）にグローバルセンターを設立。2009 年にはサンホセ（コスタリカ）に南米地域をカバーするセンターを設立した。2012 年からさらなる SSC の役割強化に向けて改善の実施中である。

(c) GBS を支える基盤

　この事例の特徴としては，数多くの M&A に対応した SSC ということを述べた。そこでまずはそれを支える基盤のポイントを述べよう。

　1 つ目は，プロセスとシステムの統合である。具体的には，IT 全般統制として情報を統合（1 インスタンスに統合），全世界の業務プロセスの自動化を推進し，1 つのプロセスに統合，コンプライアンス文化を形成した。

　2 つ目はカバー範囲の広さである。この企業ではファイナンス，購買，受注管理領域といった 15 ものプロセスをカバーし，ダブリン（アイルランド）

とブカレスト（ルーマニア）のSSCで113ヶ国をカバーしている。

3つ目は，グローバル・プロセス・オーナー制度の採用である。SSCへの業務集約にあたっては，業務プロセス最適化のため，必要に応じて，変更するプロセスとその変更方法を決めるグローバル・プロセス・オーナーが重要な役割を果たしている。主なミッションは以下のとおりとなる（図表6－9）。

図表6-9 グローバル・プロセス・オーナーの役割

ミッション	概要
SSCのプロセス評価	・テクノロジーの使用状況 ・組織構成 ・責任範囲 ・効率性，有効性，信頼性 ・ベストプラクティスの追求 ・グローバルでの人員配置
グローバルプロセスに関する指揮	・戦略的な方向性の設定 ・グローバルからの要求事項の把握 ・ビジネス上のニーズとサービスレベル基準の確認

出所：アニュアルカンファレンス報告2013, DeloitteをもとにDTC作成

なお，この企業では，情報システムの管理を行う，グローバル・アプリケーション・オーナーもおり，変更されたプロセスをアプリケーションに反映する役割を担う。グローバル・プロセス・オーナーのパートナーといえるが，お互い干渉はしない。

(d) **M&Aへの対応**

この企業では，M&Aを加速する経営方針に舵取りをした結果，SSCの役割を変更し，コントロール機能の強化，グローバル全体での効率化とした。以前は，いわゆる通常のSSCに求められるコスト削減や効率化が主な役割であり，具体的には，グループ内のオペレーションの整備，簡素化・標準化・

集中化・自動化の推進，標準的なシステムの導入，意思決定と説明責任の強化，利益率の拡大などのミッションを負っていた。その役割を，コントロール機能の強化とグローバル全体でのさらなる効率化に変更した。

ここでコントローラー機能の強化の一例を挙げると，インドのセンターの設立・グローバル化により，記帳からのレポート，収益認識，受注処理以外の業務を移管するとともに，ルーマニアのセンターの設立・グローバル化により，経費支払，専門業務請負，サポート更新契約，教育業務を移管し，ダブリンのSSCはグローバルのコントローラー業務に注力させたことである。

2つ目のグローバル全体での効率化については，ダブリン（アイルランド）とバンガロール（インド）をグローバルセンターとして設立したことが挙げられる。特にバンガロールSSCは，24×7稼働で，あらゆるタイムゾーンに対応できるようになっている。

(e) **取り組みの成果**

この企業のGlobal SSCは，これまで以下の成果を上げている（図表6-10）。

今後は，よりビジネスに近いところでグループをサポートしていく役割を目指しており，現場でのビジネスパートナーとして，戦略的なリーダーシップを形成していく予定になっている。

② **GBS成功事例2—BPOを積極活用して付加価値向上に取り組む企業B**

(a) **会社と事例概要**

企業Bは，売上約100億ポンド，従業員約30,000名規模の小売業界の企業である。この企業ではSSCの活用を拡大した時期に大幅に販管比率を低減させ，その後も売上の順調な推移にもかかわらず販管比率をほぼ横ばいで推移させている。特徴としては，BPOを積極活用したSSCとBPOのハイブリッド型のモデルで，SSCの付加価値を向上させていることが挙げられる。

第6章 会計関連業務／システムにおける技術・サービスの活用方法　249

図表6－10　企業Aにおける取り組みの効果

項目	効果
人（従業員）	・人員数を25%削減 ・1人当たり人件費の削減 ・サービスおよびスキルレベルの向上 ・個々の業務範囲の細分化
プロセス	・効率性の向上 ・セルフサービスの導入による工数の削減 ・グローバルプロセスの標準化 ・クオリティ・マネジメント ・変化に対する迅速な対応
システム	・インフラの統合 ・拡張性のあるプラットフォームの実現 ・シングルデータモデルの実現 ・マネジメントダッシュボードの導入
CFO領域	・30%のコスト削減 ・28ヶ月で投資回収

出所：アニュアルカンファレンス報告2013, Deloitte をもとに DTC 作成

(b) **取り組みの概況**

　この企業では，2000年にシステムや業務プロセスをグローバルで統合する動きを開始した。その一環として，SSC の設立が提唱され，翌年，ブダペスト（ハンガリー）に，ヨーロッパ内のグループ企業のファイナンス・総務を手がける SSC を設立した。2004年にブダペスト SSC の拡大を開始，人員を70名から2005年末までに400人体制にする計画を発表。業務領域も高度化・拡大を進めた。2007年には SSC のサービス対象エリアをグローバルに拡大し，あわせて BPO の併用によるハイブリッド体制に移行し，SSC を付加価値化する取り組みを開始した。また，2010年には税務業務の SSC 移行を本格化し，2012年からはラテンアメリカのファイナンス領域の SSC をボゴタ（コロンビア）に設立した。ボゴタでは，オペレーションを BPO ベンダーと共同で実施している。なお，BPO ベンダーは，ナイロビ（ケニア），デリー（インド）の拠点もサポートしている（図表6－11）。

| 図表6-11 | 企業BにおけるSSC／BPOの配置状況 |

- ブカレスト（ルーマニア）●
- デリー（インド）▲
- 上海（中国）▲
- ナイロビ（ケニア）▲
- マニラ（フィリピン）▲
- ボゴタ（コロンビア）▲

●グローバル/リージョナルSSC　　▲BPOベンダーのセンター

(c) SSCのグローバル化とBPOの活用

　この企業では，2007年ごろからグローバル全体を対象としたサービス提供へシフトし，SSCの名称も"Global Business Services"へと変更された。また，グローバル化による多言語・24時間対応の必要性から，BPOを活用するハイブリッドモデルを採用した。これにより，24時間×365日のサービス提供体制を実現した。グローバル責任拠点となるブダペスト以外は，すべてハイブリッド形式の拠点となっており，BPOへの依存度が高い体制となっている。

　ハイブリッドセンターのあり方の一例として，ボゴタ（コロンビア）センターの特徴を下記に記す。このセンターは2012年に設立され，業務領域はファイナンス，カバー地域はラテンアメリカである。人員規模は，このBPOベンダーとの合計で200名程度となっている。この取り組みのポイントは2つ挙げられる。

　1つ目は，両社の協力による現地有力組織への働きかけである。この企業とBPOベンダーはセンター設立にあたって，協働してコロンビアの有力

第6章　会計関連業務／システムにおける技術・サービスの活用方法　251

組織への働きかけを行った。働きかけた先は，商工観光省，税務当局，ボゴタ市長，そして民間の投資促進機関などさまざまであった。

　2つ目は，両社にとってWin-Winの南米拠点の構築である。この企業は南米の間接業務の集中化により，本業への専念が可能になり，BPOベンダーはコロンビア進出の足がかりになった。経済の発展性や優秀な人材の多さから，コロンビアは，良好なビジネス環境があるとされている。

(d)　取り組みの成果

　グローバル化を果たした2008年以降，継続的に業務高度化の取り組みを行っており，BPOにトランザクション業務を移管したことも，高度化実現の大きな要因となっている。高度化の内容は，具体的には，旅費精算処理の改善，キャッシュサイクル部門のプロセス改善，コントローラー機能・CoE機能の強化，記帳からレポート業務の改革が挙げられる。ここでいうコントローラー機能とは，法務・税務上の要件対応力，レポーティング力の向上である。SSCの税務業務機能については，以下に詳細を述べる。

　税務業務のオペレーションには，①本社のグループ税務チーム（Group Tax），②自社のビジネスファイナンスチーム，③SSC，④BPOの4者によって担われている。役割としては，①の本社のグループ税務チームが，税務業務に関するフレームワークやガイドラインの策定や領域をまたぐ高額の税務処理に関する責任を引き受け，特定のテクニカルな税務問題への取り組みを実施し，②のビジネスファイナンスチームがビジネス上の課題に関する事項を引き受ける。そして③のSSCが税務コンプライアンスおよび法令に基づくレポーティング，税法順守について責任を負い，④のBPOがトランザクション部分のみ行うという分担となっている。

(4)　GBS活用ポイントと日本企業への示唆

　GBSは，グローバル規模のスケールメリットを活用し，ロケーションやプロセスを共通化することで，大幅な効率化が図るものであり，全体最適の

視点でオペレーションのコストと無駄を削減する手法である。GBS を実現し始めた企業は，そこからさらに次のステップへと進み，間接業務でありながら，経営戦略上の価値を引き出すことに着眼している。例えば，新規の事業領域や，新たな国・地域に進出するスピードを加速するにも，あらかじめグローバル規模でどの事業に対しても，経理・財務・人事等の間接業務サービスを提供できる共有インフラを用意しておく GBS モデルの構築が有効となる。また，上記の事例にあるように，成長戦略に欠かせない M&A の成功にも GBS が重要な役割を担う。すでに間接業務基盤が整備されているグローバル企業から，日本企業が事業部門を買収した場合を想定した場合，日本企業の側にも，獲得した事業会社に間接業務をサービスとして提供できる業務インフラがあれば，PMI（合併・買収後の統合）もすみやかに進めることができる。

　グローバル企業の取り組み事例を見てもわかるとおり，取り組みのアプローチはさまざまである。シェアードサービスの取り組みの開始時はコスト削減が中心であったが，グローバルでシェアードサービス，BPO を活用し，効率化を追求しながら，SSC の業務内容の高度化に取り組んでいる。グローバルビジネスサービスを実現するうえで，また，実現後の継続的な改善を行っていくうえでの効率化に向けて，8つの効率化のドライバーがある（図表6-12）。

　これらのドライバーは，グローバルビジネスサービスに取り組んでいない企業にも共通した切り口であると考えられる。自社に置き換えたときに，何をどのように実施していけばよいかを真摯に考えることは，日本企業にとって有益な取り組みとなるであろう。

第6章　会計関連業務／システムにおける技術・サービスの活用方法　253

図表6-12　効率化のドライバー

1. 廃止	2. 簡素化
重複業務を削除し，今後重複業務が発生しないように「隠れた役割」が発生するのを防ぐ	システム化を減らし，業務を「パッケージ化」しつつ，プロセスを再構築する
3. 自動化	4. 標準化
プロセスにおける手作業をできる限り削減する	従業員を単一の業務システムおよび一貫した業務方法の下に動かす
5. 統合化	6. オフショア
経理財務のプロセスを実施している拠点数を最小化する	経理財務のプロセス実施に最適なロケーションを選定する
7. アウトソース	8. 継続的改善
内部だけでなく，外部のリソースも利用する	コアコンピテンシーを再評価し，サービスレベルを向上させる

出所：アニュアルカンファレンス報告2013，DeloitteをもとにDTC作成

索　引

【 欧文 】

A/P（Advance Payment）............47
ABC原価計算..........................99
AP（Account Payable）...............34
AR（Account Receivable）............34
BI（Business Intelligence）..........85
BOM（Bill of Materials：部品表）.....97
BPM（Business Process Management）
　..................................164
BPMツール............................54
BPO（Business Process Outsourcing）
　.......................51, 152, 154
CIO（Chief Information Officer）......21
Concur...............................239
D/A（Document against Acceptance）
　...................................47
D/P（Document against Payment）
　...................................47
DWH（Data Warehouse）..............85
EA（Enterprise Architecture）........71
EDI（Electronic Data Interchange）
　................................43, 48
ERP..................21, 62, 103, 106, 196
ERP導入..............................20
ERPの老朽化..........................21
FA（Fixed Asset）....................34
GBS（Global Business Service：
　グローバルビジネスサービス）.....244
GL（General Ledger）................33
IFRS（International Financial Reporting
　Standards：国際財務報告基準）
　.......................3, 7, 59, 78, 123
IFRSへの組替え.......................9
IT資産..............................116

IT投資...............................19
KPI（Key Performance Indicator：
　主要業績管理指標）.................79
KPI管理..............................36
L/C（Letter of Credit）............47, 54
P-FDCA（Plan-Forecasting Do Check
　Action）............................32
P/Lで管理すべき項目.................93
PDCA（Plan Do Check Action）
　...........................32, 36, 96
Pre Close.............................63
RFP（Request for proposal）.........183
Technology...........................19
TTR（Telegraphic Transfer
　Remittance）.......................47
UAT（User Acceptance Test）.......208

【 あ行 】

移行手順書..........................212
移行リハーサル......................215
意思決定スピード.....................85
一般会計....................33, 37, 163
インスタンス.........................196
インターフェース開発................206
インボイス.......................41, 46
インメモリデータベース...............96
売掛金...............................40
売掛金勘定...........................34
オーナーシップ......................187
オンプレミス型......................233

【 か行 】

買掛金勘定...........................34
会計関連業務の最適化.................3
会計基準.............................28

開示対応‥‥‥‥‥‥‥‥‥‥‥‥‥‥77
会社間取引照合‥‥‥‥‥‥‥‥‥‥73
開発ベンダー‥‥‥‥‥‥‥‥‥‥202
課題管理‥‥‥‥‥‥‥‥‥‥‥‥194
カットオーバープラン‥‥‥‥‥‥221
ガバナンス‥‥‥‥‥‥‥14, 116, 178
簡易ツール‥‥‥‥‥‥‥‥‥‥‥207
管理会計‥‥‥‥‥‥‥32, 78, 173, 185
管理会計業務‥‥‥‥‥‥‥‥‥‥‥35
管理会計システム‥‥‥‥‥‥‥‥‥28
管理会計制度‥‥‥‥‥‥‥‥‥‥‥24
管理会計ルール‥‥‥‥‥‥‥‥‥‥10
管理サイクル‥‥‥‥‥‥‥‥‥‥‥85
管理不能費用‥‥‥‥‥‥‥‥‥‥137
管理連結‥‥‥‥‥‥‥‥‥‥‥‥‥77
基幹システム‥‥‥‥‥‥‥‥‥‥‥9
期日現金‥‥‥‥‥‥‥‥‥‥‥44, 53
既存システム‥‥‥‥‥‥‥‥‥‥116
機能別‥‥‥‥‥‥‥‥‥‥‥‥‥‥87
基本構想策定‥‥‥‥‥‥‥‥‥‥176
業績管理‥‥‥‥‥‥‥‥‥‥‥35, 79
業務／システム連携‥‥‥‥‥‥‥158
業務標準化‥‥‥‥‥‥‥13, 128, 196
業務マニュアル‥‥‥‥‥‥‥‥‥219
銀行振込み‥‥‥‥‥‥‥‥‥‥44, 53
クラウド‥‥‥‥‥89, 115, 121, 141, 231
グローバルPMO‥‥‥‥‥‥‥189, 195
グローバル化‥‥‥‥‥‥‥‥‥‥‥25
グローバル競争‥‥‥‥‥‥‥‥14, 20
グローバル経営管理‥‥3, 10, 25, 26, 64
グローバル再構築‥‥6, 20, 23, 55, 77, 110
　　　　　　　　　132, 143, 144, 151, 177
グローバルシェアードサービス‥‥3, 11
グローバルテンプレート‥‥‥178, 218
グローバルの範囲‥‥‥‥‥‥‥‥112
グローバルプロジェクト体制‥‥‥188
クロスボーダーM&A‥‥‥‥‥‥‥3
計画‥‥‥‥‥‥‥‥‥‥‥‥‥‥‥79

決算‥‥‥‥‥‥‥‥‥‥‥‥‥35, 63
決算整理仕訳‥‥‥‥‥‥‥‥‥‥‥63
原価管理‥‥‥‥‥‥‥‥‥‥‥36, 96
原価計算‥‥‥‥‥‥‥‥‥35, 61, 169
原価計算システム‥‥‥‥‥‥61, 102
原価差異‥‥‥‥‥‥‥‥‥‥‥‥105
原価差異分析‥‥‥‥‥‥‥‥‥‥104
原価用BOM‥‥‥‥‥‥‥‥‥‥‥98
権限と責任‥‥‥‥‥‥‥‥‥81, 106
工事原価‥‥‥‥‥‥‥‥‥‥‥‥‥35
構想‥‥‥‥‥‥‥‥‥‥‥‥‥‥186
子会社間取引‥‥‥‥‥‥‥‥‥‥‥71
子会社システム‥‥‥‥‥‥‥‥‥116
コストダウン‥‥‥‥‥‥‥‥‥‥148
固定資産管理‥‥‥‥‥‥‥34, 58, 168
固定資産マスター‥‥‥‥‥‥58, 168
コミッション‥‥‥‥‥‥‥‥‥41, 43

【　さ行　】

財管一致‥‥‥‥‥‥‥‥‥‥130, 132
債権管理‥‥‥‥‥‥‥‥‥34, 39, 165
債権管理業務‥‥‥‥‥‥‥‥‥‥159
債権債務の消去‥‥‥‥‥‥‥‥‥‥71
再構築‥‥‥‥‥‥‥‥‥‥‥‥‥‥29
採算管理‥‥‥‥‥‥‥‥‥‥‥36, 90
財務会計‥‥‥‥‥‥‥‥‥‥‥‥‥32
財務会計システム‥‥‥‥‥‥‥‥‥28
債務管理‥‥‥‥‥‥‥‥‥34, 50, 166
財務諸表項目‥‥‥‥‥‥‥‥‥‥‥81
財務諸表作成‥‥‥‥‥‥‥‥‥‥‥28
サブスクリプション‥‥‥‥‥‥‥232
シェアード会社‥‥‥‥‥‥‥‥‥‥11
シェアードサービス‥‥‥‥51, 152, 241
事業軸‥‥‥‥‥‥‥‥‥‥‥‥‥‥90
事業別‥‥‥‥‥‥‥‥‥35, 64, 79, 80, 87
事業ポートフォリオ‥‥‥‥‥‥‥‥90
市場軸‥‥‥‥‥‥‥‥‥‥‥‥90, 91
システム間連携‥‥‥‥‥‥‥‥‥‥16

システムテスト	208
システム統合	14
システム標準化	126
システム連携	66
システム再構築	13
実際原価	96
自動消込み	48
支払	52
週次化	85
柔軟性	69, 123
償却費	58
仕様凍結	202
承認プロセス	54
仕様変更	205
情報技術	26
情報の源泉	10
諸費用	42
シングルインスタンス	196
進捗管理	203
人名勘定	34
スーパーユーザー	218
スクラッチ	62, 103, 106, 140
スクラッチシステム	89
スクランブル体制	224
スコープのコントロール	190
スピード	149
スレッシュホールド	72
制管一致	130
請求	40
請求プロセス	39
請求明細	45
製造原価	96
製造原価計算	35, 61
製造用BOM	98
製品軸	90, 92
製品別	29, 64
セントラルジャーナル	76, 142
早期化	63
相殺	57
相殺消去	71
操作マニュアル	219
組織別	35, 79, 87
組織別管理会計	26

【 た行 】

単体会計業務	33
単体会計システム	67
単体決算	170
単体テスト	208
地域別	29
小さな本社	23
着地見込み	86
追加開発	200
ツール	39
積上計算	97, 103
定性的効果	149
データ移行	211
データクレンジング	214
データ変換	213
データ連携	118
手形	44
テスト	208, 216
テストシナリオ	209
伝票登録	37, 63, 164
伝票入力の画面	38
テンプレート展開	115
同一会計基準	8
統合スピード	6
統合テスト	208
トラブルシューティング	225
トレーニング	217

【 な行 】

内部取引照合	171
日本型経営管理	23
入金消込み	159, 166

入金消込みプロセス……………44
年齢別……………………………50

【は行】

バージョンアップ………………18
バージョン管理………………173
配賦……………85, 94, 95, 99, 135, 138
配賦基準…………………86, 94, 135
ハイブリッドモデル……………250
バックオフィス業務……………11
パッケージ………89, 102, 106, 140, 198
半金半手…………………………53
ビッグバン方式…………………21
標準化………………18, 110, 123, 146
標準原価…………………………96
費用対効果………………………147
品質管理…………………………204
ファームバンキング（FB：Firm Banking）…………………53, 167
ファクタリング…………………44
プラットフォーム………………89
振替伝票…………………………33, 37
プロジェクト体制………………186
分析軸……………………………90
ヘルプデスク……………………224
ベンダー選定……………………184
ベンチマーク……………………8

【ま行】

前払金……………………………46
マネジメントレベル……………149
マルチインスタンス……………196
マルチテナント…………………235

未収入金勘定……………………34
見直しタイミング………………87
未払金……………………………50
未払金勘定………………………34
無形資産…………………………60
目標原価…………………………96
モニタリング指標………………81
モバイル…………………………238

【や行】

要件（要求）定義………………191
予算………………………………79
予算管理……………………36, 86
予算管理システム………………88
予算策定…………………………36
予算種別…………………………86
予測………………………24, 36, 79, 86

【ら行】

利益管理……………………36, 90
リハーサル………………………212
リベート…………………………41, 43
例外処理…………………………53
連結会計…………………………171
連結会計業務……………………35
連結決算…………………………64
連結パッケージ……………64, 73, 77
連結パッケージ収集システム…69
ローカル対応……………………200
ローカル要件……………………129

【わ行】

ワークフロー……………………54

《編著者紹介》

安井　望（やすい　のぞむ）

デロイト トーマツ コンサルティング合同会社　パートナー
神戸大学大学院経営学研究科 MBA プログラム修了。同志社大学経済学部卒業。
外資系コンサルティングファーム数社を経て現職。
IT 戦略立案やテクノロジーを活用した経営改革を手がける Technology ユニットの責任者。IT 戦略の策定，グローバル経営管理やグローバル SCM（サプライチェーンマネジメント）に関するコンサルティングに長く従事し，これらの分野を統合した企業全体のオペレーション変革やマネジメント変革におけるコンサルティングを得意としている。
主な著書に『グローバル経営の意思決定スピード』，『導入ガイド　グローバルシェアードサービス』，『BOP 導入ガイドブック』（以上中央経済社），『図解ロジスティクスマネジメント』（東洋経済新報社）がある。経営管理および IT の分野で雑誌等への寄稿多数。
本書では監修および各章の執筆を担当。

《執筆者紹介》

柏木　成美（かしわぎ　まさみ）

デロイト トーマツ コンサルティング合同会社　Technology ユニット専属リサーチャーマネジャー
英国サセックス大学大学院国際経済学研究科修了。国際基督教大学教養学部理学科卒業。
外資系コンサルティング会社，米国系 IT 調査会社を経て現職。
Technology ユニットにて，リサーチ＆ナレッジマネジメントチームリーダーを務める。
テクノロジートレンド，IT 組織の調査・分析プロジェクトを多数経験。
本書では第 6 章の執筆を担当。

川嶋　三香子（かわしま　みかこ）

デロイト トーマツ コンサルティング合同会社　マネジャー
カリフォルニア州立大学バークレー校卒業。
IT コンサルティング会社，外資系コミュニケーションコンサルティング会社を経て現職。
現在は Technology ユニットにて，IT 戦略立案や IT オペレーティングモデル変革に関わるサービスを提供している。また，主にグローバル大手企業における会計や経営管理の業務改革と，関連するシステム導入に関するプロジェクトも多数経験している。
本書では各章の編集を担当。

グローバル情報システムの再構築・1
会計関連業務／システム

2015年10月15日　第1版第1刷発行
2018年9月25日　第1版第3刷発行

編著者　安　井　　　望
発行者　山　本　　　継
発行所　㈱中央経済社
発売元　㈱中央経済グループ
　　　　パブリッシング

〒101-0051　東京都千代田区神田神保町1-31-2
電話　03 (3293) 3371 (編集代表)
　　　03 (3293) 3381 (営業代表)
http://www.chuokeizai.co.jp

©2015
Printed in Japan

印刷／文唱堂印刷㈱
製本／誠　製　本 ㈱

＊頁の「欠落」や「順序違い」などがありましたらお取り替えいたしますので発売元までご送付ください。(送料小社負担)
ISBN978-4-502-14841-5　C3334

JCOPY〈出版者著作権管理機構委託出版物〉本書を無断で複写複製（コピー）することは，著作権法上の例外を除き，禁じられています。本書をコピーされる場合は事前に出版者著作権管理機構（JCOPY）の許諾を受けてください。
JCOPY〈http://www.jcopy.or.jp　eメール：info@jcopy.or.jp　電話：03-3513-6969〉

トーマツの好評既刊

▼

会計処理ハンドブック
有限責任監査法人トーマツ［編］

連結会計ハンドブック
有限責任監査法人トーマツ［編］

会社法計算書類作成ハンドブック
有限責任監査法人トーマツ［編］

勘定科目ハンドブック
有限責任監査法人トーマツ［編］

経理規程ハンドブック
有限責任監査法人トーマツ［編］

組織再編ハンドブック
有限責任監査法人トーマツ［編］

株式上場ハンドブック
有限責任監査法人トーマツ
IPO支援室 ［編］

中央経済社